U1007758

CONNECTIONS

联结

通向未来的文明史

〔英〕詹姆斯·伯克 著　阳曦 译

北京联合出版公司
Beijing United Publishing Co.,Ltd.

新经典文化股份有限公司
www.readinglife.com
出　品

献给玛德琳

目录 CONTENTS

英制单位换算表

长度

1 英里 ≈ 1.6 千米

1 码 ≈ 91.5 厘米

1 英尺 ≈ 30.5 厘米

1 英寸 ≈ 2.54 厘米

重量

1 磅 ≈ 453.6 克

1 盎司 ≈ 28.35 克

容积

1 加仑 ≈ 4.55 升

序

12 年前，在本书修订版的前言中，我曾写到，由通信和信息技术带来的重大变革已近在眼前，我们亟须理解科技变革发生的过程，以更好地应对势必越来越出人意表的涟漪效应。

自那以后，这场变革的汹涌之势已初现端倪。冷战结束后，全球政治格局走向碎片化，同时，宽带通信和手机以惊人的速度发展，计算机的储存能力和计算能力以同样惊人的速度不断升级，变化比预料中来得更快、影响更广，而它带来的初步影响正在让社会的几乎每一个层面变得更加动荡。

现在，特殊利益集团[①]可以更有效率地组织起来，让自己的声音在瞬间传递到世界每一个角落。制作炸弹的说明书在网络上流传。网络为恐怖活动的组织和实施提供了极大便利。“九一一”事件过后，大部分工业化国家都制定了仅仅在此前 10 年看来必然过度严苛的安全法规。中国、印度、巴西和其他新兴经济体以出乎意料的迅猛之势

① Special-interest groups，指为了共同的经济、社会、政治目的而结成同盟的团体，经常以垄断、排他的方式最大限度地追求自身利益。（本书注释均为译注。）

发展，由此引发的劳务外包使发达国家感到自身的就业机会和工业发展遭受威胁。

在计算机的协助下，科学和技术的发展也盛况空前。我们还来不及学会使用手头的玩意儿，新的设备又已上市。全新的研究领域层出不穷，全然陌生的挑战也随之而至：干细胞研究给医学界带来蓬勃的希望，同时也引发了沉重的伦理问题；网络为个人提供了前所未有的海量信息，自穴居时代以来一直与人类相伴的、基于信息的稀缺性而诞生的文化似乎即将消亡。随着获得的信息越来越多，大家也似乎越来越没有耐心，无法忍受过时的社会系统用过时的技术来解决过去遗留的问题。比如说，现在有人觉得，未来的政府或许可以完全基于网络，让每一个人直接参与决策。

在种种新兴科技中，最具颠覆性的也许是纳米技术。如果我们能用原子构建分子，再用分子搭建材料，就无异于发现了点金石，从此可以随心所欲地制造出任何东西。从古至今，原材料一直是人类社会运作的核心，为了得到原料，我们甚至不惜兵戎相见；因此不难预见，原材料一旦能取之不尽，对人类社会的影响将不亚于天启。如果每个人都能得到自己想要的任何东西，那么全球的社会基础与政治基础都需要重新构建。

面对物资可能极大丰富的未来，强调专业与筒仓思维[①]的传统教育形式提供不了太多帮助。推动知识前沿发展的专家们往往孤军奋战，且常常对其他人的工作毫无所知，目标倒是十分一致："研究力求更深，范围但求更窄。"当这样的研究成果进入现实世界，常常引发令（埋首于案头的）创造者始料未及的变化。典型的例子有：石棉、氟利昂、

① Silo thinking，指孤立思考，不与外界交流信息或整合。

DDT、二氧化碳、不可降解塑料，也许还包括转基因食品。

创新正在以各种方式迅速改变生活，原有的社会机制已难以应对，我们开始意识到，需要以更宽广的思路来理解这些改变。在环境、健康、安全、食品和药品等领域，我们已经提前制定了法规来缓和可能产生的有害影响。不过，随着全球联系越来越紧密，变革的速度越来越快，现在我们似乎应该进一步拓宽视野，从更广泛的领域审视创新及其影响，以此决定到底应该鼓励、适当节制还是彻底反对某个项目，这或许可以被称为“社会生态学”。

在过去，想要推行这种举措，要么需要集权（但即便是当年的苏联也无能为力），要么需要超越当时技术水平的数据分析能力（20 世纪 70 年代，美国技术评估局正是因此而遭遇挫败）。不过如今，信息技术提供了新的机会，整个社群能以前所未有的规模协作，共同参与数据的分析和整理。未来几年内，我们可以利用知识地图（我创立的网站 k-web.org 就是一例）、数据挖掘和电子代理[①]来搜集海量信息，再以此创建网络场景，以较准确的判断力和前所未有的精度，评估某个创新可能造成的结果。

知识地图之所以能够帮助我们从不断变化、切合大局的角度分析创新及其可能影响，是因为这种技术可以将创新置于更广阔、交互性更强的协作网络之中，由电子代理执行的数据挖掘还能不断升级这样的网络。

伟大的美国数学家诺伯特·维纳（1894－1964）肯定了这种方法的价值：“大部分变革出现在既有学科之间尚未探索的空白地带。”过去，这样的变革往往诞生自偶然。19 世纪，煤气灯与化学的碰撞（对

① Electronic agent，指可以独立执行命令、不需人为操作的程序、电子设备或自动化手段。

煤焦油的研究）催生了制药业；分子生物学诞生于植物学与物理学之间；激励式营销来自心理学与大规模生产的交融。维纳本人也糅合电子学与生理学，提出了控制论。但是，由于没有合适的手段，直到如今，我们的专家型教育仍不鼓励人们去探索这些学科之间的处女地。现在，知识地图让这样的探索变得相对简单，事实上，它在鼓励我们跨出这一步。

此外，知识地图可以帮助我们通观全局，实现全社会范围的交流，让所有人共同评估创新可能造成的影响。

要成功运用这种新手段，最关键的是，我们必须学会跨界思考。从这个角度来说，我希望本书（它本身也是一种知识地图）能让读者看到历史上不同学科的交融和碰撞如何催生伟大的创新，并且因此成为通往网络交互式思考的未来之路上的一小步。未来，依靠手中的技术，我们或许可以反转传统的方式，不再“研究力求更深，范围但求更窄”，而是努力成为新一代的博学家。到那时候，我们也许能够实时监控知识地图，让它成为社会与政治决策的主要工具。那一天，或许并不遥远。

詹姆斯·伯克

伦敦，2007 年

前言

我们每一个人都在以某种方式影响历史进程。变革极为偶然、莫测，你今天所做的某件事，可能最终会改变世界。

在本书中你将看到，伟大的变革常常诞生于普通人之手。一名自学成才的苏格兰工程师略微改进了一下蒸汽机，就这样引发了工业革命；19 世纪某气象研究员发明了一种制造云雾的装置，他认识的一位物理学家欧内斯特·卢瑟福就此发现了原子可以分裂；多亏了某个在意大利文艺复兴水景园里研究水压的家伙，我们才发明了内燃机。所以，名垂青史的并不全是爱因斯坦那样的天才，每个人都可能在历史上留下印记。

历史的走向没有预定轨迹。现实事件并不像教科书上那样按部就班、分门别类。比如说，在促进了运输业发展的诸多因素中，大部分都与交通工具完全无关。所以，想在变革之网中占据一席之地，并不拘于一定之规，没有所谓最正确的道路。与此相对，尽管总有人觉得自己的伟大规划必将改变历史，但谁也无法确保如愿。

历史很少遵照人们的预期而演变。电话刚刚发明的时候，大家觉得它只能用于广播；无线电最初只是为了在船上使用；就在几十年前，IBM 的总裁还说过，整个美国最多只需要四五台电脑。

变革往往来得出乎意料，因为事件并不是按一条直线演进，而是由偶然的因素形成许多联结。推测某一事件的影响是桩吃力不讨好的差事，因为一旦人物、事件和想法以新的方式组合，计算规则也会随之改变，1 加 1 可能突然得出 3。这就是创新的本质原理，一旦水到渠成，结果往往大于所有部分的简单相加。一台丝织机加上 1890 年的美国人口普查，使计算机应运而生；煤气灯和美国独立战争的碰撞带来了雨衣；玻璃制造术和英国黏土让跨越大西洋的航行得以实现。

现代世界的每一项技术成就背后都交织着这样的复杂故事，这些技术影响着每一个人的生活。我们周围随处可见各种联系促成的终端产物，每一秒钟又有无数新的联系悄然形成。就在你阅读这些句子的时候，世界正飞速变化。

历史上的各种力量相互作用，最终造就了当今世界最强大的工具和系统：计算机、宇宙飞船、生产线、电视机、核武器、塑料、远程通信和飞机。本书探寻的正是它们诞生的奇妙过程。历史的网络将人与人相联结，将人与过去，乃至未来相联结，因为我们每个人都在触发变化；在这张浩渺无垠的网络里，无数事件相互交织、彼此推动，塑造了我们的当下。

很难猜测明天会诞生哪些新的联系。伟大的物理学家尼尔斯·玻尔曾说："预测是一件非常困难的事，尤其是预测未来的走向。"断言未来的主要难点在于它尚未发生。无论你如何细心规划，别人的行为总会不可避免地与你的计划相交，使它改变。不过，如果能够理解过去的变革因何而来，我们或许可以从中找到线索，推测未来可能的走向。说到底，审视历史就是探寻未来。

创新的推动力有很多：贪婪、野心、信仰、巧合、不可抗力、错误、绝望。但是有一种力量似乎具有压倒性的优势：沟通。沟通越是顺畅，变革就来得越快。每当把形形色色的人物与思想汇聚起来的技术有所进步时，都有剧变随之诞生。希腊字母表滋生了哲学、逻辑学和民主程序；印刷术带来了科技革命；电报造就了现代商业手段，联结起庞大的帝国。

在本书短暂的生命历程中，历史的步伐也匆匆向前，带来诸多惊喜。本书首次出版于 1978 年，那时，笔记本电脑、PDA[①]、电子代理、万维网、商用在线服务器和移动电话都还不存在。由此我们不难看出，随着信息时代的到来，变革的速度和规模正在不可思议地膨胀。

今天，超级计算机和光纤网络让数以亿计的人能够即时轻松地获得海量数据，由此大大加速了变革的进程。已经有某些学科依靠的方程式只有运用数据处理系统才能计算出结果，若是靠人力，恐怕穷尽一生也进展甚微。日常生活的交互性变得越来越强，随着虚拟现实技术和个人移动通信账号的普及，时间和空间的约束将消失，世界将出现翻天覆地的变化。未来的技术将大大加速知识更新的频率，评估一次就终生有效的专业资格认证制度将被淘汰。或许我们必须每隔十来年就升级自己的知识和技能，才能保住一份工作。此外，居住地也将变得无关紧要。在网络上，人人都可以无所不在。

变革的浪潮已近在眼前，未来的复杂性必将超过我们的认知，与之相比，迄今发生的一切就像喜剧电影一样简单明朗。潮来之前，有

① Personal Digital Assistant，又称“掌上电脑”，包含操作系统，可以联网。在工业领域有广泛应用。智能手机也可以看作一种 PDA。

一件事至关重要：我们必须理解变革如何发生，才能更好地掌握它，为所有人争取更有益的结果。我衷心希望这本书能对此做出微薄的贡献。

詹姆斯·伯克

伦敦，1995年

1 连锁效应

曼哈顿——一座完全依赖技术而运转的岛屿。黄昏临近的“魔术时刻”，摩天大楼的灯光次第点亮，整座城市的电力消耗直线上升。

1965 年 11 月 9 日下午 5 点 16 分 11 秒前的一瞬，寒夜渐沉，一个黑色方盒里的小小金属杯慢慢转了起来，杯子中央的转轴和轴上的细臂也随之旋转，越来越靠近某个金属触点。只有寥寥几人知道这个金属杯的确切位置，而他们谁也不知道，它已被触发。5 点 16 分 11 秒整，两个小小的金属触点接通，牵动一系列连锁反应，接下来的 12 分钟里，西方世界最富庶、工业化程度最高、人口最密集的 8 万平方英里区域将濒临瘫痪。逾 3000 万人受到影响，有人只耽搁了 3 分钟，有人则经历了 13 个小时的煎熬，甚至有人因此丧命。对他们每个人来说，这一刻之后，生活将永远不复以往。

这只引发了北美城市生活史上最可怕浩劫的小小金属杯，就藏在尼亚加拉瀑布市亚当 · 贝克爵士电站的一个备用电力继电器里。一旦电站向北输出的电力过高，这个小零件就会被触发，切断过大的电流，保护电网。然而它的触发条件是在两年前设置的，在那之后，电站输出的电流日渐增加，触发值却没有相应调整。因此，当电站通往多伦多的某条输电线功率在波动中越过 375 兆瓦，方盒子里的磁铁立即反应，金属杯开始转动。随后，金属杯的轴臂接通触点，发出信号，切断了过载线路与电网之间的联系。这条线路的电力即刻流向其他四条向北的线路，导致后者也严重过载，相继被切断。至此，通向北方的电流完全枯竭。继电器被触发后仅 2.7 秒，向北的电流通通被导入东南方向，流向纽约州和纽约城，这些线路也无法承受如此巨大的载荷，相似的一幕继续上演。正如后来的总统报告所说，这次事件“发生在人口最密集的地区，发生在一天中电力需求最大的时间段，因此造成了最为严重的破坏”。

事件最直接的后果是，美国东北部和加拿大的电网几乎全部陷入瘫痪。电网是现代社会的生命线，它为城市供暖、照明，维持通信和交通，驱动电梯和排污、供水、供油所需的泵。我们不想污染城市与近郊的空气和环境，因此电站通常建在远离城市和工业区的地方，输电线路十分漫长。工业体系的运转方式非常复杂，不同地区需要电力的时间段不同；所以，输电系统是一套庞大的网络，由众多发电站提供能源。某个地区用电需求大的时候，就会从其他区域发电量有富余的电站获取能源；而在供大于求的时候，该区域的电站又将多余的电力输往别处。在这套复杂的系统里，局部区域故障就意味着整体故障。为电网提供电力的发电机可以设置不同的转速，产生不同频率的电流。而为了让所有电流融入同一套网络，就需要将发电机设置为同样的频率，所以它们必须以特定的速度运转，使系统维持在“稳定”状态。一旦出现意外，例如 11 月 9 日这样的大规模过载，系统就会变得极不稳定。保护装置自动介入，将发电站与电网隔离开来，使前者免受过载影响。这意味着电网的协调作用失效，所有电站产出的电力只能用于本地，因此各个地区产出的电力要么过剩，要么不足。此时，若要使输出电流频率满足新的条件，发电机需要立即调整转速，而这可能造成严重的损伤，因此，发电机必须立刻关闭。

在贝克电站的继电器被触发后的 12 分钟里，美国东北部大部分地区都上演了上述剧情。纽约城里几乎所有的电灯都眨了眨眼，熄灭了。城市设施失去了能源，地铁里困住了大约 80 万人，受影响的医院多达 150 家，其中只有约半数备有辅助电源。原定在肯尼迪机场降落的 250 架航班不得不改道飞行，停电的瞬间，其中一架飞机已经开始对准跑道，突然，跑道上的灯全部熄灭，与塔台的通信也彻底中断。

在这张夜间拍摄的美国东海岸卫星地图上，我们可以清晰地看到从右上角波士顿到右下角迈阿密的城市灯光。1965 年的大停电影响范围从新泽西绵延向北，覆盖了纽约和波士顿——这张地图中灯光最璀璨、人口最多的地区。

人类对技术一直爱恨交织。比如汽车，它让我们得以自由驰骋，与此同时，堵车又让我们寸步难行。未来我们或许会彻底抛弃汽车，届时高速公路是否会遗留下来，成为大地上的丰碑，象征着技术改变世界的能力？

电梯罢工，自来水停供，交通灯熄灭，路上的车堵成一片。在这座人口超过 800 万的城市里，街道上没有一点光亮。对亲历者来说，这次大停电有力地证明了现代生活对技术的依赖程度。那一晚输电网络的瘫痪把技术社会相互依赖的特性展示得淋漓尽致：一个小小的故障足以摧毁整套系统。

这样的相互依赖浸透了现代生活的方方面面。我们早已对周遭的很多事物和系统习以为常，但实际上，它们深深影响着我们行动、思考、工作、娱乐的方式，也悄然引导着我们的生活，继而引导我们的孩子。比如说，现在请抬头环顾，你对身边事物的运作原理有几分了解？一旦出了问题，你能自己动手修好它或是做个新的吗？当我们发动汽车、按下电梯里的按键、在超市里购买食物的时候，我们未必想过这些东西背后的运作设备和系统：是什么让汽车开动，让电梯上升，让食物出现在货架上？今天，我们极大地依赖各种科技产品，每个人的生活也早已因此改变：从最简单的层面上说，交通工具的存在让我们失去了祖先曾经拥有的匀称身材。很多人之所以能活着，完全是借助药物获得了对疾病的免疫能力；对于世界上绝大多数人口来说，想获得食物都离不开生产或是运输技术；保障食物充足，必须依靠肥料；工作日系统配合的是大规模生产系统的需要；道路的建设是为了应对高峰时段的交通，平时的路上总是空荡荡的。如今，技术一旦消失，我们将饥寒交迫、衣不蔽体。

提供这些服务的技术产品和系统相互配合，自顾自地运行，不为人所动。如果某家汽车零件工厂因机械故障或者生产状况不稳定而生产出瑕疵产品，这一种零件就可能影响同一辆车其他零件制造厂里成千上万人的工作状态。倘若你横穿马路时有一辆汽车飞驰而来，那么你的生死可能完全取决于刹车调试人员的专业程度，尽管你与他素昧平生，未来也不会有任何交集。巴西的一场霜冻也许会让咖啡价格飙升，最终影响你的小嗜好。千里之外某个陌生国家的政策变化可能让你的生活天翻地覆——1973 年，产油国集体提高石油价格后，整个西方世界都出现了幅度惊人的通货膨胀。小国寡民安居一隅、一切尽在掌握的时代已经过去，现在的我们时刻面临着变化的冲击，这些变化可能大大超越了我们已有的经验，而且完全无法掌控。技术浪潮所到之处，没有人是一座孤岛。

矛盾之处在于，一体化的趋势反而让每一个人越来越孤独。我们赖以生存的技术支持系统越来越复杂难懂，人人都日益觉得自己难以参与它们的运作，无法理解其机能，也越来越不相信自己离开了这些东西还能活下去。虽然每天都有无数国际航班载着成千上万的旅客在空中纵横往返，但全世界坐过飞机的只是一小部分人，更别说出国或者学外语。我们通过屏幕获得对世界的体验。发达工业国家的民众花在看屏幕上的时间超出了其他任何业余活动。我们靠插头接入外部世界，兴高采烈地沉浸其中。当代流传甚广的神话，是远程通信技术使世界变小；但实际上，技术让世界大得无法估量。电视上的信息足以摧毁那些让你感到安慰的成见，却又无法提供第一手经验帮助你建立新的世界观。我们瞥见有新闻价值的陌生风土人情，时效一过，它们便消失一空，我们则尴尬地发现，自己对这些事物的了解只是极其粗浅的。

面对这一切，大部分人选择了同一条出路：忘掉自己的处境有多脆弱，因为我们别无选择。技术系统帮助我们规划出工作和休息时段，让每一天看起来井然有序，我们从这种规律中寻找安全感。在这个万物都息息相关的世界里，任何一点小意外都会激起涟漪，而我们却蒙上眼，假装意外不会出现。就算意外真的发生了，如 1965 年的纽约大停电，我们也认为问题一定会解决，技术必将一如既往地拯救一切。当时被困在地铁、电梯和公寓里的人们第一反应是联络周围的人——不是组织起来自救脱困，而是分享手里的一点点暖意和食物，齐心等待危险过去。每个人都坚信这只是暂时的故障，否则简直不可理喻。正如一位研究该事件的社会学家所说：“只能说，要让我们这些 20 世纪的可怜虫去思考、去相信、去领会‘这套系统也可能失灵’，这一要求实在太高……我们就是不理解，技术的保险丝也会烧断，哪怕它本是最基本的认识。”现代城市的居民不允许自己设想“如果落入这样的境地，我可能无力应对”。因为一旦思维进入这个方向，他就不得不承认，自己的生活其实朝不保夕——当储备的那一点点食物、灯火和热量耗尽，接下来该怎么办呢？

于是另一种神话应运而生：返璞归真，逃向更简单的生活。1973

年油价飙升以后，发达国家有很多人认真考虑过这件事，市面上的末日小说真切地反映了这种思潮。他们认为，如果系统遭遇蓄意破坏或者自身出现大规模故障，使得电力供应遭到某些永久性损伤，那么正好以此为契机回归自给自足的农耕生活。不过，我们来斟酌一下其可行性。就算这位城市农夫真的拥有一个园子，而且有耕种常识，拥有必需的种子和肥料，知道去哪里购买家畜，了解饲养流程，在他发现这园子的产出不足以满足全家对蔬菜、动物蛋白和脂肪的需求之前，他能坚持多久？然后，他是否会加入（甚至更惨，只能跟随）数百万耗尽了补给的市民大军，一起逃离城市？不走就得饿死，他别无选择。

他决定离开城市。假设他拥有交通工具，那时还能找到燃油吗？他是否拥有逃生之旅的必要设备？甚至他知道哪些设备是必需的吗？一旦决定踏上旅途，这位城市居民将陷入他此生从未经历的孤绝之境。有生以来第一次，他是生是死全凭自己。离开城市，他知道该往哪里走吗？对于自己国家里适宜耕种的地区位于何处，大多数人只有一点模糊的印象。靠着教科书上的知识，他决定前往其中某个丰饶之谷。他是否有能力沿途补充燃油，走完这征途？身处数百万开车、骑车或步行的同路人之中，他的财物是否会引起别人的觊觎？如果有人心怀不轨，他能否自保？假如奇迹出现，这位难民发现自己抢先到达了一片空旷迷人的乡村，但这里的主人是谁？他如何判断该在哪儿落脚？足以养活全家的肥沃土地应该是什么样子？这里有动物吗？如果没有的话，该上哪儿去找？他如何为一家人找到能遮风避雨的栖身之所？如果真的发现了一座农舍——里面有人住吗？如果有的话，他能说服主人收容他们，甚至让主人离开吗？如果没有如愿，他是否会使用武力，甚至不惜取人性命？就算他克服了以上所有困难，他又该如何经营一座想必极度依赖燃油或电力的农场？

农场里的问题千头万绪，紧要的是：这位难民会犁地吗？作物只有在犁过的地里才能茁壮生长。但是有多少城里人会犁地？要是没有这项才能，这位难民恐怕难免陷入绝境：如果仓库里没有足够的食物，他们全家肯定熬不过这个冬天。现在知道怎么使用犁的人已经不多了，但讽刺的是，或许正是这件普普通通的农具引领我们走到了今天。本书试图向你展示，所有变革都能激发连锁效应，若果真如此，那么犁就是这一切的起点。它是人类历史上第一件造成了重大影响的人造物品，可以说，此后的所有变革几乎都有赖于它才能产生。而它的诞生本身，则是气候变化的结果。

大约在公元前 10 000 年，末次冰期即将结束，冰川退却，夏季气温逐渐升高。随着天气回暖，降雨日渐稀少。这样的气候变化让高地草原上的游猎民族深受其害：草木枯萎，兽群随之凋零，游猎者陷入了窘境。水越来越短缺，到了大约公元前 6000 年至公元前 5000 年，在中美洲、如今的印度北部、叙利亚、埃及，也许还包括秘鲁，游猎者纷纷离开高地，寻找稳定的食物和水源。为了追踪那些同样离开高地寻找水源的动物，这些游猎者抵达了一片片河谷。其中有一片河谷独一无二，特别适合发展统一的社群，它位于尼罗河畔。

从叙利亚的高地来到底格里斯河和幼发拉底河畔的游猎者四下散落，最终形成了一个个独立的城邦。而在埃及，开拓者找到了一片狭窄的沃地，在周围大片不适宜居住的荒芜灌木丛和沙漠中绵延长达 750 英里。一条滔滔大河将人们联结起来，除此以外，他们无处可去。古希腊历史学家希罗多德曾说："埃及是尼罗河的赠礼。"尼罗河赠予开拓者的第一份礼物是无数生活在河畔沼泽地内外的动物。这里有鸟、鱼、绵羊、羚羊和野牛，猎物多不胜数。开拓者搭起能遮蔽风雨的原始居所，开始尝试驯养动物——他们的陵墓里甚至留下了试图驯养鬣狗和鹤的记录。在这期间有人或许是偶然发现，随风飘来的种子散落在河畔刚刚退潮的土里之后，新的植物就会萌芽。他们一定成功复制了大自然的这一杰作，因为大约在公元前5000年，这些开拓者决定放弃从前漂泊的生活，在这里定居下来。他们做出这个决定，原因只能是此地储备了足够的食物。尼罗河赠予了他们另一件礼物：肥沃的土壤。

尼罗河由两条支流汇聚而成：发源于非洲南部湖泊的白尼罗河，与来自埃塞俄比亚高原的青尼罗河。前者带来了湖中丰富的植物腐殖质，后者蕴藏着高原上富含钾肥的土壤。这样的组合灌溉出了肥美的沃土。尼罗河畔的土壤不需要额外施肥，只要稍加耕作，地里的二粒小麦和大麦就会争先恐后地猛蹿。最早的耕种大约是完全依靠双手，刨土、挖出一个个小坑、播种。但是，随着地里产出增加，人口也开始猛涨，终于有一天，这样粗放的耕作已无法满足需求，人们迈出了下一步。用手拉动一根底端削尖的挖掘棒能够更快地破开土地，这一决定性的改进出现时间不晚于公元前4000年。经过几个世纪的经验积累，人们发现尼罗河以年为周期有规律地涨落，于是一年被分成了3个阶段：涨潮季、退潮季和旱季。初步掌握河水在一年里的变化规律以后，人们发觉应当依此循环安排农事，并试图趁着退潮季截住一部分河水，以备旱季使用。他们堆起了原始的泥堤，把水留在塘里，又在堤外挖沟筑渠，引水灌溉庄稼。也是在这前后，挖掘棒的形状出现了变化，原始的抓犁初具雏形。它前端有翘起的木头尖刃用以开垦土地，另一端有一对水平把手用以掌握方向——这时候拉犁的已经从人换成了牛。这个农具虽简单，却堪称人类历史上最重要的发明之一。文明自此开启：正是犁的出现使得人类的食物破天荒有了富余。

只要食物充足，社群就能维系；如果食物供应能够跟上人口增长带来的新需求，社群就有机会扩张壮大；不过，社群要走向真正的繁荣，食物的产量必须有一定的富余，足以供养一些不从事食物生产的人。犁帮助人类迈出了这一步，埃及的社会由此出现了翻天覆地的变化。不晚于公元前3000年，这里已经出现了最早的政治架构，这个时期的遗迹显示，土地被纵横交错的沟渠划分成一块块矩形的“水区”，水区的统治者被称为“阿吉默”（adj mer），意思是“挖渠者”，他们的职责是保障土地得到定期灌溉。我们在最早期的统治者留下的遗物中发现了一枚权杖头，上面刻着统治者手握锄头开掘渠道或筑起水库堤坝的场景。

底比斯城纳克特陵墓的墙壁上，画着最古老的农具——挖掘棒。人们用这根棍子在地上挖洞播种，然后赶着驴子把地踏平。这种工具还曾被用来挖掘沟渠，这些沟渠对埃及经济至关重要。后来，挖掘棒成了法老权威的标志物之一。

文明萌芽之初，埃及在很短的时间里就发展出了高度集权化的社会结构。第一批不直接生产食物、由灌溉系统和犁带来的富余农产品供养的人，可能是挖掘、维护灌溉系统的工人，以及他们的管理者。后者的权威来自他们掌握的天文学知识：只有他们才拥有神奇的力量，知晓什么时候发洪水，什么时候该在退潮的土地上播种，什么时候收获。需要妥善储存的谷物越来越多，于是需要更多的容器。用芦苇编织成骨架、外涂干陶土的篮子逐渐被更耐用的容器取代；人们转动湿土捏出罐子，再用火烧制，从而有了陶器，我们发现的最古老的坚固建筑物便是陶罐堆成的中央谷仓。接下来，人们需要辨别罐子和谷仓的主人、罐里有多少谷子，文字应运而生。最早的象形文字出现在公元前 3000 年以前，内容主要是陶罐、储物箱里的物品清单和数量。剩余的谷物供养起了各行各业的手艺人：木匠、陶匠、织匠、厨师、

文明的起源——抓犁。这座木雕小模型来自公元前 2000 年左右的一座埃及陵墓。埃及附近的美索不达米亚地区也很早就出现了犁，那里的主要作物是大麦，或许这正是当地人沉溺于美酒的重要原因。

乐师、皮匠、金属工匠和负责记录这一切的书吏。要支撑这么大的消耗，食物的存量必须有保障，因此又需要一套税收系统；而要确保税收公平，就得有一套技术来评估每个人应该承担的份额。最初的计税依据可能是每年都会被洪水冲毁的土地边界，但是随着灌溉系统日趋复杂，社会需要更成熟精密的计税方式，数学也随之诞生，用来测量距离、面积和体积。

修筑沟渠的需求催生了最原始的算术与几何学：要挖多长、多宽、多深？也许正是为了打造挖渠的工具，人们开始对红海对岸西奈半岛上沉积的铜矿产生兴趣，随后顺理成章地打造出了金属武器、装备给那些专职保卫土地和庄稼的人。埃及人用多余的食物和其供养的工匠所做的产品作为等价物，与相邻社群交换物品，他们的富足不可避免

这是底比斯一座陵墓中的壁画，十分壮观，墓主是维齐尔（即宰相）莱克米尔。图中绘制了工作中的鞋匠（上排）和正在使用弓钻、锯子、锛子和凿子的木匠（中排）。请注意，那时候还没有刨子，所以图中有3个男人正在用石头打磨木梁。右下角一名金属工匠正吹着吹管提高火焰温度。

门纳墓（约公元前1400年）的浅浮雕局部，展示了埃及人运用早期算术和几何学的场景。他们运用这些知识测量田地、计算收成、确定纳税额。右下的书吏手持墨水板，用苇秆笔在莎草纸上写字。

地引来了忌妒。有了金属工具，埃及人得以加工石头，其初衷可能是为了加固沟渠。开罗城外，长达500英里的石灰岩峭壁沿着尼罗河向南蜿蜒，最早的金字塔正是用这些石料筑成。

在石头开始用于建筑仅约150年后，乔塞尔王的阶梯金字塔在开罗南面的萨卡拉沙漠中拔地而起。它由乔塞尔的宰相伊姆霍特普于公元前2800年左右组织修建，是世界上现存最早的石造建筑。筑渠者发明的工具和理论知识被巧妙地运用在阶梯金字塔的修建过程中。乔塞尔王入葬金字塔的时候，埃及已经发展出完善的社会结构，我们如今的社会与其相差无几。国王拥有至尊无上的权力，辅佐他的是顾问组成的内阁；内阁之下是公务员系统，负责管理社会的方方面面，并

本书作者站在乔塞尔阶梯金字塔前。这座建筑的地基由砾石和石块筑成，表层覆有石灰岩板。古埃及没有滑轮，所以当时的标准做法是沿着塔壁用土砌斜坡，借坡把石头拉上去，金字塔建成以后再把土坡推掉。

收集工匠和农民缴纳的税赋来供养自己和军队；这时已经出现了每年12个月、每月30天的历法，政府基于历法颁布法令、管理国家。到公元前2500年，埃及（及其邻居美索不达米亚的各族群）已经形成了高度成熟的社会结构，掌握了不少重要的基础工具：土木工程、天文测量、抽水机械、书写系统、数学、原始的冶金术、轮子。依靠这些工具，埃及人建立了古代世界最强大、最具影响力的帝国，而这一切的根基正是犁带来的粮食丰产。犁让社群得以生存并不断扩张，开启了此后的种种变化。

人类第一次借助工具获得了丰收，不必彻底靠天吃饭；不过，犁解放了人的同时也永远地绑架了人。我们生活的现代世界是这一发明的产物，因为正如犁引发了埃及社会的连锁反应，此后诞生的每一项变革都成为新的变革的基础，这一连串相互联结的事件造就了今天的世界。

一系列事件是如何朝某个方向演变的？这正是本书所要探寻的主题。某件事为何会在特定的时间和地点发生，原因错综复杂、引人入胜，其间有巧合，有气候变化，有人的智慧、技艺、宗教信仰乃至欺骗，不可尽数。沿着历史事件的轨迹，最终竟抵达某个影响我们生活的新发明，环环相扣，就像阅读一本精彩的侦探故事。在本书所有故事进展的每一个阶段，读者所知的信息都将被限定得和当时的人一致。我们常常误以为历史就是伟人和寂寞的天才在象牙塔里为我们指引着未来的道路，但随着故事展开，你会发现事实并非如此。从某种程度上说，社会的每一个成员都参与了创新和变革的进程，看完这本书你或许会明白，只要有普通人的智慧和当年的创新者掌握的信息，你也一样可以成为推进变革的力量。

第一个侦探故事即将展开，这里是一点小提示：2600 年前土耳其某条河流中的发现如何造就了一项威胁每个人生命的现代发明？

2 从亚历山大港启程

1783年11月21日，巴黎。热气球载着皮拉特尔·德罗齐埃和阿兰德侯爵从布洛涅森林升空，25分钟内飞行了5英里。在早期的上层大气活动研究中，热气球至关重要，它提供的数据奠定了现代气象学的根基。

在土耳其西北，离爱琴海不远处，伫立着一座山峰，古称为摩罗斯山。两条河流从这里发源，一名帕克托洛斯，一名赫尔穆斯。在几种因素的共同作用下，这两条河在历史上非同寻常：首先，河床坡度较小，所以水流相当缓慢；其次，沿岸山上的土石因风和气温变化逐渐被剥蚀，形成混合着金粒的细沙，散落入水；最后，两条河携带着大量细沙流入沿海平原，在那里，河流更加宽广平缓。根据古希腊历史学家希罗多德在公元前 4 世纪留下的记载，数百年来这两条河都是淘金业最繁盛的地区。2700 年前，这两条河位于吕底亚王国境内，在其中一条河畔，有一个不知名的淘金者（他可能受雇于当时的国王）在这里做出了人类历史上最重要的发现之一。

那时候人们搜集并熔炼金沙，通常是借助羊皮。羊皮里的动物油脂会吸附细微的金粒，等到羊皮吸满，淘金者就把它挂到树枝上晾干，然后扔进熔炉烧掉，从灰烬中筛出纯净的金珠。或许正是这种精炼黄金的方法催生了伊阿宋与阿尔戈船英雄夺取金羊毛的神话。无论如何，接下来金珠被熔铸成金砖和金锭，用来购买货物和服务——人类用

公元前5世纪的一只碗上雕刻着伊阿宋和守卫金羊毛的龙。神话的原型很有可能是一场为了从其他社群夺取更先进的冶金术而发起的袭击。

黄金交换商品的历史可追溯到公元前3000年的美索不达米亚和埃及，金锭（以及银锭和铜锭）的价值依其重量决定。这套系统的缺陷非常明显。金属锭十分沉重，难以运输，只能用于大额交易，例如两国之间的贸易，或者雇佣军服役结束后的最终结算。

帕克托洛斯淘金者的一项发现引发了一场巨变。除了金沙，河里还有很多小块的黑色燧石片，它的地质名称是页岩。人类使用页岩的最早记载来自希罗多德，根据他的描述，吕底亚人磨掉石片的表层，使其粗糙无光。金子在这样的平面上划过，就会留下明显的痕迹。纯金的划痕是黄色的，金银合金会留下白色的印子，金铜合金划出的则是红色。这种用来鉴别黄金纯度的石头，流传下来一个充满隐喻意味的词：试金石。

试金石发现于公元前8世纪前后。这偶然发现的不起眼石头即将带来深远的影响。大约在公元前 7 世纪，盖吉兹王在位时，吕底亚的统治者拥有了鉴别贵金属的手段。有了这种石头，哪怕是毫无鉴定经验的人也能轻松地分辨出金属品质的细微差别。之前数百年，巴比伦和埃及的王朝一直习惯在金锭上铸刻标记，用政府的权威为金属的价值背书，不过这样的举措并未促进金块自由流通，因为标记也许仅仅能保证最初的主人愿意按照原始价值回收它。而试金石让人们得以建立贵金属的品质标准，赝品无所遁形，国王的标记成了纯度和分量的坚实保障，流通变得顺畅进来。

对更小额货币单位的需求催生了西方世界的第一枚硬币——吕底亚斯塔特币。接下来的 100 年里又出现了一系列辅币，每种辅币的价值都是斯塔特币的若干分之一。到了公元前 550 年，吕底亚的克罗伊斯王首次确立标准的帝国货币制度时，吕底亚的钱币已经赢得了质量优秀、标准统一的口碑。其他城邦，如米利都、福西亚、基齐库斯、

公元前 6 世纪的吕底亚斯塔特币，由一种叫“琥珀金”的金银合金制成，上面压制了铸币者的标记。

亚历山大逝世后，在硬币上镌刻肖像逐渐成为定例。这枚 4 德拉克马银币大约流通于公元前 290 年，银币上铸印的亚历山大被神化，他头上长着公羊角，就像宙斯－阿蒙一样。这枚银币铸造于帕加马，发行者是色雷斯的统治者利西马科斯。

米蒂利尼和以弗所，也纷纷效仿，发行了自己的官方货币。随后，一些城邦结成货币联盟，比如吕底亚和米蒂利尼，其货币可以越过各自的边境，在双方领地自由流通。到了公元前 5 世纪的雅典帝国时期，雅典的货币已经通行于地中海东岸的大部分地区。

硬币的普及造成了两大影响。其一，政治上，它由中央铸币厂统一发行，潜移默化地培养了使用者对统一的认同感。代表政府的标记通过硬币出现在每一笔交易中，硬币的存在定义了政府权威的领地，它的价值映射着发行国的经济是否健康、政治是否稳定。第二重影响则是第一重影响的产物：随着各城邦日渐繁荣，跨边界贸易也越来越频繁，有了硬币，买家可以更方便地依自己的选择购买商品，卖家的货物品种也丰富起来。市场变得更加多样，交易范围越来越广。我们可以说，吕底亚斯塔特币的出现激发了地中海地区的贸易增长，因为是硬币满足了更多灵活的贸易需求。

在古老的时期，世界上最伟大的贸易路线就已初具雏形，商人从地中海东岸出发，驶出红海，穿越大洋，直抵印度和中国。有证据表明，早在公元前 1000 年之前，埃及人和巴比伦人的步伐就已南至索马里，东达印度。到了亚历山大大帝的年代，商路进一步发展，大帝的货币与商品一起流向世界各地。从印度到黎巴嫩，从俄罗斯南部到尼罗河上游，亚历山大大帝的印记无处不在。公元前 331 年，亚历山大大帝决定在最方便掌控帝国贸易洪流的位置建一座城市，这座城市要由石头筑成，东西两面各有一处天然港口，这样无论风向如何，船只都能顺利入港。

亚历山大港位于尼罗河河口，它成了全世界的贸易之都。从南方，如今的索马里，运来了香料；从苏丹运来了大象、铁和黄金；从如今

无人知道古亚历山大港的面貌，因为这座伟大的城市几乎没有留下任何考古遗迹。这幅画（绘于约公元1460年）展示了中世纪某位艺术家对亚历山大港的想象。请注意右下角向外探出的陆地（那是一座古代岛屿）上那座法罗斯灯塔，它的声名如此响亮，地中海沿岸的人们后来把“法罗斯”当成了灯塔的统称。

的法国、德国和俄罗斯，运来了皮毛与琥珀；从英国运来了锡。世界各地的货物流向亚历山大港，又从这里去往四面八方。公元1世纪时，狄奥·克里索斯托这样描写它：“这座城市垄断了整个地中海的航运……它位于世界的十字路口。”亚历山大死后，这座城市几番易主，先后由波斯人、希腊人、迦太基人和罗马人统治。建城后的600年间，亚历山大港蓬勃发展，它不仅是贸易枢纽，也是地中海的文化中心，后者在很大程度上归功于建城不久后就落成的大图书馆暨博物馆。在公共基金的资助下，当时最杰出的学者齐聚一堂，撰写著作、发表演说；博物馆内有10间礼堂，每一间对应一个专门的主题，供学者授课。除此以外，这里还有供人研究、学习的空间，以及供学者居住的场所。

亚历山大图书馆收藏着当时几乎所有的知识。公元前235年，馆内有约50万部书稿，到了尤利乌斯·恺撒的年代，藏书增至70万部。当时的亚历山大港有专门的法律条文，规定来访者必须将自己携带的书稿通通交给图书馆誊抄。船只入港时，会有官员上船搜寻书籍。公元4世纪，亚历山大港与雅典起了争端，因为雅典人发现亚历山大港人将希腊悲剧原稿私藏下来，还给他们的是图书馆抄写的复本。博物

罗马港口奥斯提亚的一幅镶嵌画上绘制着当地的灯塔，它的名气或许仅次于法罗斯。它比后者小一些，但建筑结构基本一致，面积逐层减小，塔顶燃烧着指引航道的灯火。

馆里教授的知识涵盖了当时所有的学科，包括数学、几何学、天文学、哲学、药学、占星学、神学和地理学。在这座港口城市，人们尤其青睐军事领域的研究、地理学和与之相关的天文学等。大约在公元 127 年到 151 年间，全世界首屈一指的伟大学者、曾在亚历山大港任教的克劳狄乌斯·托勒密撰写了一部 13 卷的著作《天文学大成》，总结了当时所有的天文学知识。

托勒密的宇宙观。7 座同心水晶球壳承载着当时已知的七大行星（包括太阳和月亮），最外则是恒星圈。在这套系统里，地球位于一切的中心。

早在近公元前 2000 年时，天文学就已成为一个专门的研究领域，巴比伦人对此钻研颇深，埃及人也略有踏足。人们对日月星辰的运动萌生兴趣完全始于实用目的，他们认为观察天空有助于编撰更准确的历法，让统治者更精确地预测洪水季节的时间，从而提高灌溉效率。渐渐地，这门学科染上了占星术的神秘与魔法色彩，用天文学规律预测日月食和星座在一年中的位置变化，成为祭司兼统治者的权威之源。公元前 539 年，波斯的居鲁士王应邀深入巴比伦腹地阻止内战，这时候的天文学家已经把天空分成了 12 个星座，每个星座各占 30 度，组成一道环带，这就是黄道十二宫的雏形。注重实用的波斯人借

亚历山大图书馆卷轴书的复制品，节录了一部分托勒密星表。星星的名字后面有几栏注释，说明其所属星座、在天空中的高度角、亮度等参数，当时测量恒星的基准是南北贯穿亚历山大港的子午线。

助巴比伦人晦涩难懂的研究成果，进行了更科学的观察，于是从公元前 300 年起，来自巴比伦的迦勒底星表逐渐发展完善。

这些知识为托勒密的著作奠定了根基。为了准确测量角度和时间，人们需要更精确的天文设备。托勒密本人也绘制了一张星表，列出了 1022 颗恒星，以及它们在亚历山大港的天空中的位置。他还描述了如何制作测量星体位置的仪器：星盘。接下来的 1000 年里，星盘成为观星者的基本工具。显而易见，托勒密的星表能为这座贸易城市的航海者提供莫大的帮助，然而遗憾的是，以目前的证据来看，在他生活的年代仅有极少数掌握天文知识的航海者懂得利用这些数据，更不用提更早的时期。那少数的几位佼佼者，例如尼多斯的欧多克索斯（记载于公元前 370 年）和马赛的皮西亚斯（记载于公元前 300 年），能够根据恒星的高度角，判断自己与母港在南北方向的距离。假如表中列出某颗星在母港的角度是 X，而他在某地的观察结果却是 Y，这种差别只取决于两地在南北方向的距离，推算便能得出这个距离究竟是多少。不过，对于当时希腊和罗马的绝大多数航海者而言，星辰的作用仅止于判断航向。正如罗马作家卢坎在公元前 63 年所言："永不落下的轴心指引着船只的方向。如果小熊座高悬在桅杆上方，那么我面

此画绘于16世纪，图中托勒密正在用四分仪测量星辰与地平线所成的角度。司掌天文的缪斯乌剌尼亚站在他身后。

朝的方向正是博斯普鲁斯。”（换句话说，如果位于北方的小熊座在你的左手边，那么船正在向东行驶。）

托勒密著书300年后，西罗马帝国灭亡。随着罗马人撤退，欧洲陷入了纷争与混乱，亚历山大港流传到地中海北岸的少许作品均告散佚失传。整个西欧与东面的帝国失去了联系，尽管拜占庭皇帝统治下的亚历山大港仍有开课讲授之风，但图书馆的地位日渐衰微。谁也不知道烧书事件发生的确切时间，只有许多种推测：也许是罗马人统治期间意外发生了火灾，也许是公元4世纪那些狂热的基督徒蓄意纵火，又或者按照阿拉伯作家的记载，公元646年，穆斯林最终占领这座城市后，将藏书扔进壁炉烧得精光。无论罪魁是谁，图书馆收藏的文本几乎全部毁于一旦。今天我们之所以还能看到托勒密的著作，全赖于幸好有一套复本散落在外，它即将经历曲折而奇特的旅程。8世纪中期，它流落到了伊朗西南部琼迪沙普尔的一座修道院图书馆里。公元765年，数百英里外的巴格达建城后不久，阿拉伯人发现这座修道院的图书馆里收藏了大量古希腊科学和哲学著作，于是他们立即动手，把这些书翻译成阿拉伯语，《天文学大成》就在其中的第一批书里。随着巴格达的翻译学校发展壮大，哈里发们从拜占庭人手中或买或抢，获得了更多的古希腊著作，尤其是药学和天文学作品。伊斯兰教扩张的脚步一直抵达了西班牙，阿威罗伊、阿尔布玛真、花拉子米等阿拉伯翻译家兼作家将这些古代著作和他们自己撰写的评注带到了西欧的大门口。正是因为拥有这些著作，到了13世纪中期，智者阿方索（长期以来西班牙一直是伊斯兰国家，阿方索是这个国家最早的基督徒国王之一）才能在托莱多建立学校，将这些阿拉伯语文本翻译成拉丁语。星表终于传入了欧洲，不久后它将在航海者手中大放光芒。

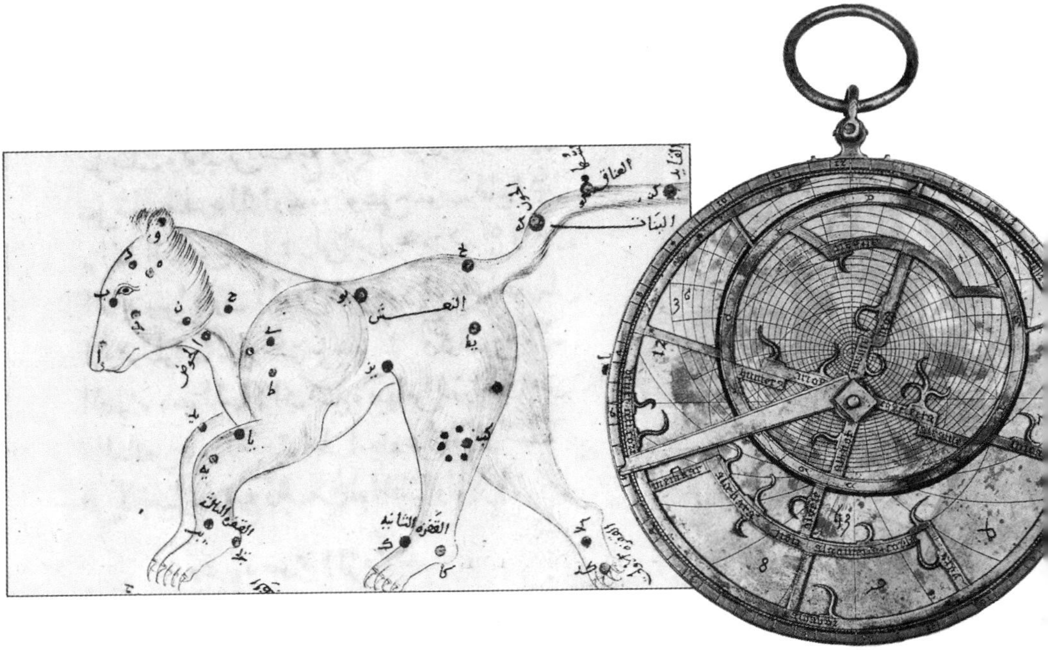

最早的伊斯兰天文手册(公元1009年)中描绘的大熊星座。这份手册以托勒密的《天文学大成》为基础编撰而成。右边是阿拉伯天文学家发明的黄铜星盘，每个星盘都只能在特定纬度上使用。转动星盘背面的金属结构，使正面标杆的尖端指向它代表的某颗星星在天空中的位置，观察者便可以通过星表查出相应的日期和时间。

13世纪，西罗马帝国崩溃800年后，欧洲的海上贸易终于走出绵延几个世纪的战争与混乱，逐渐复苏。记载显示，人们在11世纪初建造了罗马人撤退以来的第一座码头。随着欧洲经济回暖，地中海地区和北海地区恢复了联系。但是海上贸易发展的势头不如其他行业，因为富有经验的水手依然只在5月至9月出航，和罗马时代一模一样。从11月到翌年3月，天气变幻不定，商人都不愿意冒险，因为坏天气可能使货船迷航甚至沉没。在适合出航的季节里，海上导航仍然主要依靠地中海沿岸罗马时代的灯塔，或是参照其他地标；而在近岸航行时，数百年来积累的对特定海岸的了解让熟练的水手得以通过探测水底来辅助掌舵。12世纪，船驶近港口后，水手会将一根系有重物和一块黏糊糊的动物油脂的绳子扔进水里，令其沉至海床，通过绳子的长度判断水深，再收回绳子观察动物油脂粘上的东西，分辨海床的质地和成分，最后结合洋流、气温和风向，小心翼翼地操纵船只入港。

当时的船只样式也限制了航运发展。商人不愿意在冬天出航，同理，也不愿意冒险大幅改进船只。造船需要的投资本来就庞大，谁也不愿意尝试未经验证的改良。老旧的罗马横帆尽管早已过时，却继续统治了欧洲好几百年。横帆的局限说来简单，影响却十分深远。悬挂横帆的船只能顺风航行，如果风正向北方刮，即使你想去南边，也只能随风北去。因此，水手在出海前必须等待合适的风向，这又压缩了本来就已经很短暂的航海时段、减少了出海船只的数量。埃及人和罗

在这幅作于12世纪的手稿插画里，船只在英格兰东海岸沼泽中的一条河流里行进，最右侧的领航员正在使用一根长长的探测杆查看水情。

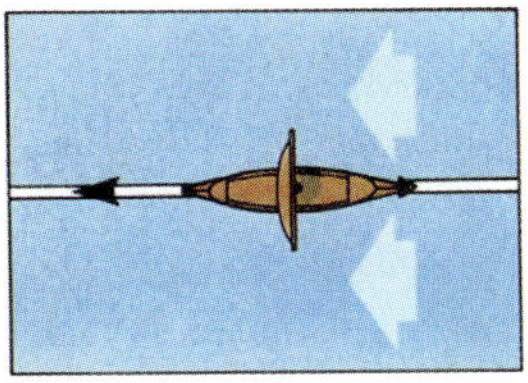

典型的横帆，始于古埃及时期。通过这张图解我们可以看到，悬挂横帆的船只航向完全取决于风向。虽然这种帆使得船在海战中可以出色地实现近距离机动，但若要逆风航行，就只能靠水手划桨了。

马人曾靠横帆跨越印度洋，那个区域的风向稳定，总是向某个方向一直吹6个月，然后反过来再吹6个月。欧洲海域的风向变化却复杂得多。

打破这一局面的改进或许早在8世纪就已流传到了地中海沿岸。它可能是阿拉伯人发明的，不过也可能是他们从中国人那里学来的。欧洲人叫它“大三角帆”，他们误以为这种帆是东罗马人从君士坦丁堡带来的。大三角帆装在桅杆上，顶部有一根可活动的桁，它让船只第一次得以逆

装备了大三角帆的船只可以在几乎完全逆风的情况下航行。如图所示，只需频繁变向，走出Z字形路线，船就能逆风前进。船只的体积仍然不大，这样船尾的舵桨才好灵活掌控方向。

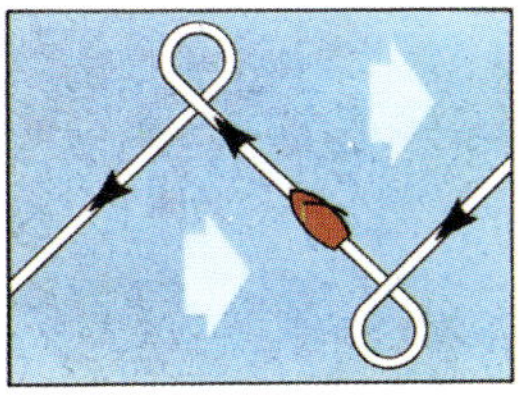

风航行。哪怕风向与航向几乎完全相反，大三角帆也能驾驭。大三角帆带来的第一个影响是出海的船只变多了，因为出港前不必再苦苦等风。贸易节奏随之加快，船舶的规格也变得更大：货物和港口数量飞速增长，人们自然希望以一条大船替代数条小船，这样更加经济实惠。从 12 世纪到 13 世纪，欧洲北部的麦地产量稳步增长，大宗货物出口成为常态。北方国家，尤其是如今德国波罗的海一带沿岸的商业城镇结成的汉莎同盟，和南方地中海区域的国家签署了贸易协定。从 1150 年到 1300 年，商品价格和利润、积累的财富和投入商业的资本都增长了约 30%。但水手们仍面临诸多困难：哪怕是安装了大三角帆，这些用来运输粮食的新船操纵起来也很困难，因为它们的形状根本不适合在浅水海滨或者码头附近航行，只有在天气理想的时候，船只才能顺利入港。这个问题在北方尤其严重，或许正是出于这个原因，解决它的办法也首先出现在北方，我们在两枚 13 世纪中期的印章上找

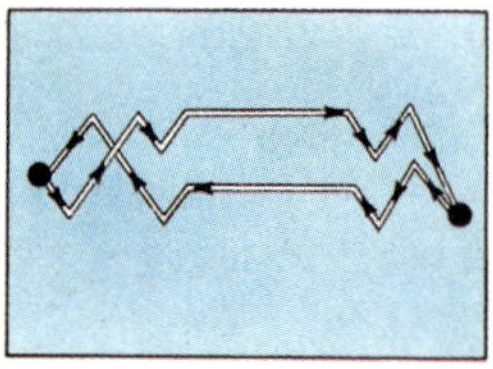

最早的远洋货船同时装备了横帆和大三角帆，尾舵加强了船只的机动性。如图所示，大三角帆让货船能够灵活地捕捉近海多变的风向，进入大洋以后，货船拉开横帆，顺着稳定的越洋信风一路疾驰。

到了最初的证据，这两枚印章分别来自埃伯林和维斯马，都是波罗的海沿岸的港口城市。印章上绘的船都装备了方向舵。

尾舵的最早证据之一，出现在波罗的海港口城市埃伯林的印章上（1242 年）。

在此之前，掌控航向基本靠舵桨，不过正如德国水手发现的，船大到了一定程度，舵桨就笨重得无法操纵了。新式舵可能源自中国，阿拉伯人在印度洋远航时采用了这种设备，随后它又流传到地中海沿岸和北方。这种“尾舵”装在船尾中央一根垂直的柱子上。要安装这根柱子，船尾必须是平的。于是船的形状再次改变：新式船尖头平尾，有更多装载空间。借助尾舵，水手操控大船时，有了必要的纵向操纵能力，这又进一步激励了商人投入资金。船变得更宽、更平、更长，装得也更满了。

到了 1300 年，又出现了更复杂的结构。东征归来的十字军士兵带回了许多欧洲市场上没有的奢侈品，例如香料、丝绸和染料。这些物品刺激了新的市场需求，威尼斯、热那亚、阿马尔菲……意大利早期的沿海共和国纷纷崛起，它们在阿拉伯和土耳其建立了殖民地和贸易站，想靠这里的奢侈品致富。从意大利港口运往北方和西方的货物不少采取了以物易物的交易方式：法国大西洋海岸的盐、斯堪的纳维亚的木材、德意志的谷物，不过最多的还是英格兰和佛兰德的羊毛。但是很快，这些欧洲国家依然为巨大的贸易逆差头疼起来：黄金源源不断地流向南方，始作俑者正是那些中间商，尤其是热那亚人和威尼斯人，他们手握定价权，赚得盆满钵满。1453 年，君士坦丁堡落入土耳其人之手，欧洲通往东方的商路随之中断，局面变得更加严峻。商品价格居高不下，为了找到香料的货源，14 世纪中叶，葡萄牙人开始沿着非洲海岸向南远航，“航海家”恩里克王子和他在大西洋海岸的萨格里什建立的航海制图学校为葡萄牙水手提供了莫大的帮助。随着第一批船队扬帆出发，远洋航海面临的严重问题也随之凸显。

中世纪领航员主要依赖 3 种工具来判断船只的位置：波特兰海图、

这是一幅创作于 15 世纪晚期的画作，来自纽伦堡。图中描绘的是建造诺亚方舟的场景，从中我们可以一窥君士坦丁堡陷落后西欧海上扩张时代的造船技术。

通过这张复原的波特兰海图，我们可以想象中世纪的领航员如何利用各个海区的风向玫瑰线来计算航向。

航向航速盘。直到 19 世纪末，它仍为水手所用。圆盘下方的几排小孔用来标记船只每次变向后航行的时间，每个小孔代表一段事先设定的固定时间长度，由沙漏测定。水手按照实际航线把钉子插进相应的孔里，一瞥就能轻松判断每段航程耗费的时间。

航向航速盘和打结的绳子。波特兰海图出现于 13 世纪初，它的名字来自意大利词语“portolano”，这是一部导航手册的名称。这种海图精确描绘了近岸地形——最早是黑海沿岸，并绘有“风向玫瑰线”。这些线条代表了通用的方向，并严格按照比例尺绘出，领航员可以比较准确地计算出两处风向玫瑰线交点之间的距离。航向航速盘用于确定船只的航线，它的主体是一块圆盘，中央有一根小钉代表船只的起点，周围则是一圈圈同心排列的小孔，盘上配有多个用线串联起来的小钉。假如船向西北航行了一段距离，领航员就会在圆盘上相应的位置插上一根钉子，船只航行的轨迹呈现为钉子间的连线，一目了然。要想知道船只航行的距离和速度，打结的绳子就派上了用场。绳子上

测量航速的两种工具。上方的沙漏适合航速较快、绳子也放得很快的时候。下方装置的主体是一根削成鱼形的木棍。木棍上的铰链结构让它能够悬浮在水里，方便水手更准确地测量绳子的长度。

的结是等距离排列的，末端绑着一根木棍。船员把木棍扔进水里，让它在船尾漂浮，然后用沙漏测量一定时间内绳子放出了几个结，通过时间和距离计算得出航速。运用这 3 种工具，水手可以推测船只的位置，这种方法后来被称为“航位推算法”。虽然当时的导航技术原始而粗糙，但已经足以应付地中海和欧洲北部的近岸航行。不过，随着远洋航海兴起，水手需要更准确的方法来判断船只的确切位置。

让远航非洲得以实现的设备可能源自中国，把它带到欧洲的依然是无所不在的阿拉伯人。早期历史记载中断断续续地出现过它的身影，最初的一份记载来自一位英国云游修士，名叫亚历山大·内坎。1180 年，从巴黎归来的内坎带来了一则新闻：据说有一种神秘的针会永远指向同一个方向。1269 年，另一位云游修士，马里孔特的彼得，记述了他在意大利卢切拉围城战期间与安茹公爵共同完成的一系列实验，其中用到了一种名叫“旱指针”的工具。1270 年以后，因托莱多星表而名望卓著的智者阿方索颁布法令，要求所有出海的水手携带这种指针。到了 13 世纪晚期，指南针已经传遍了地中海。原始的指南针仅仅是一根套在麦秆里的磁针，漂浮在装满水的碗里。不过1300年，意大利阿马尔菲共和国的水手为磁针绘制了一套盘面，标示出精细的方向，设计灵感正是来自风向玫瑰线。同时，罗盘还被装进了盒子里。现在，领航员测量航线的精度提高到了圆的1/32，方向也进一步细分成8个“主风向”,8个“半风向”和16个“1/4风向”。方向的标准化体系来自地中海水手的长期经验，这里的风向稳定而可靠。

盒装罗盘，盘面上的刻度将圆圈32等分。

罗盘对经济的推动作用怎么形容都不为过。大三角帆与横帆的组合、尾舵和罗盘彻底改变了航海业。13世纪初，一到冬天海面上便完全见不到船只，意大利的航海城市甚至立法禁止冬季出海。威尼斯的船队每年两次定期起航，开往地中海东岸。其中一次在复活节出发，9月返回；另一次则是8月出发，在异国的港口过冬，来年春天再返航。100年后，舰队离港的时间依然未变，但8月出发的舰队会在冬天越洋回到母港。借助罗盘，船只在阴云密布时也能辨别方向，日夜兼程。航行的班次翻了一番，船员得到了长期稳定的工作。投资者因此更安心也更慷慨，航班数量持续增长。君士坦丁堡陷落后，通往东方的商路被切断，人们不得不跨越大洋寻找新货源。正是这样的远航，让西方人发现了美洲。悬挂大三角帆的商船穿过多变的海风，抵达亚速尔群岛。从这里开始，稳定的信风鼓动横帆，将商船送到加勒比海域，水手升起三角帆，寻找机会靠岸。返航也遵循同样的流程，一路上无论天气是好是坏，指南针总能告诉人们目的地在哪个方向。

传说哥伦布在第一次穿越大西洋时，发现指南针其实并不可靠。1492 年 9 月，哥伦布抵达加勒比海附近时，恐慌开始在船员间蔓延：有人发现，指南针偏离了北极星的方向。这种现象当时从未有人见过。16 世纪初，返航的哥伦布船队带回了指南针出现异常的消息，这立即引起了人们的担忧。如果指南针不可靠，那么投资远航的风险就会大大增加；英国、西班牙和葡萄牙正在崛起为海上帝国，他们的经济命脉越来越依赖足够准确的导航技术。

当时的英国是整个欧洲最有活力的越洋帝国。顺理成章地，英国人率先通过实验找出了指南针异常的原因。1581 年，伦敦的罗盘制作者罗伯特·诺曼进行了一系列实验，并将实验结果写成了《新引力》一书。诺曼把磁针和不带磁性的针分别放在盛有水的碗里，结果出乎他所料，磁针指着的并不是正北方。他还注意到，磁针向北的那头微微沉进了水里。当时人们尚不知道，地理北极和地磁北极并不重合，要想让磁针指向正北，你必须位于地磁北极所在的经线上，而在其他地方，磁针的指向总会或多或少有所偏差，偏差大小取决于你所处的位置。诺曼的发现吸引了威廉·吉尔伯特的注意，他生活优裕，是英国皇家内科医学院的院长，也是伊丽莎白女王的

新出现的大三角帆(在船尾)和尾舵让15世纪的船只,例如图中这艘德国轻快帆船,在任何天气条件下都能远洋航行。哥伦布正是靠这样的船穿越大洋,抵达新大陆。

私人医生。

1569 年，25 岁的吉尔伯特在剑桥大学获得了医学博士学位，次年他来到伦敦，很快就在首都的上流社会里闯出了名头，成为许多高官望族的私人医生。1600 年他进入宫廷的时候，英国已经经历了两任统治时间长达数十年的君主——亨利八世和他的女儿，“童贞女王”伊丽莎白一世。当时的英国对外所向披靡，内部也很安定，而后者多亏了王室对秘密警察的审慎运用。亨利八世解散了修道院，海外贸易也飞速扩张，英国进入了繁荣期，在这样的环境下，只要勤奋工作、嗅觉灵敏，无论你梦想成为什么样的人，几乎都能实现。用今天的话来说，整个社会都在向上流动。如果你恰好有点钱，又明智地投资了那些处于上升期的产业，就大可高枕无忧，悠闲地鼓捣自己的爱好。大部分上层中产阶级和贵族选择了打猎，而吉尔伯特则开始解决罗盘指针之谜，他将在这个问题上花费 18 年时间。

嵌在铜盒里的天然磁石。

作为一名医生，吉尔伯特极富科学素养。少年时期吉尔伯特便耳闻目睹许多重大的航海发现，他是弗朗西斯·德雷克爵

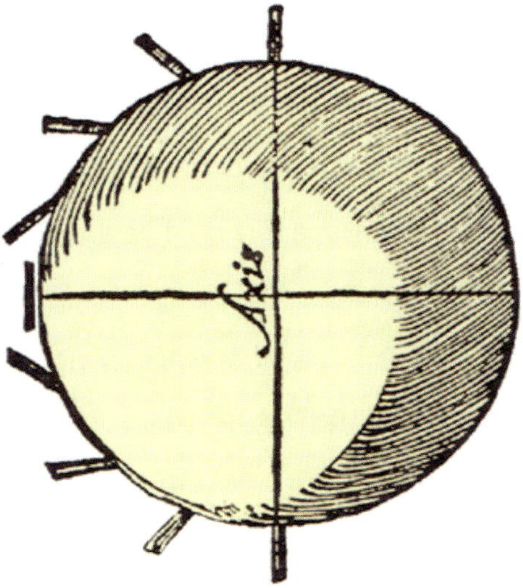

威廉·吉尔伯特把磁石磨成球形来模拟地球。利用这些“小地球”，他论证地球是一块巨大的磁体，地磁南北极分别位于磁轴的两端。这幅图出自他的著作《论磁石》，显示在“小地球”的不同纬度上，磁针下沉的角度各不相同：赤道上磁针呈水平，而在南北磁极，磁针则是垂直的。地球上罗盘的磁针也呈现同样的状态，于是吉尔伯特总结说，地球是一块巨大的磁石。

士①的好友，同时一直与英国和欧洲大陆的科学“激进分子”保持通信。在剑桥学习期间，他想必读到过前人关于具有神奇疗效的天然磁石的文献。天然磁石正是指南针磁性的来源，不过吉尔伯特一直对“神奇疗效”这部分嗤之以鼻。所以，他花了 18 年时间，殚精竭虑，研究神秘的磁石。吉尔伯特把天然磁石磨成一个个小球——他称之为“小地球”——然后用它去接触各种材料，例如金属、木头、水、琥珀和磁针。所有实验结束后，吉尔伯特于 1600 年出版了一本总结性的著作《论磁石》，这本书一出版便大获成功，短短几年内就传遍了欧洲。除了自己的实验以外，吉尔伯特还汇总了当时对磁力的认识。他得出了重要结论：地球本身是一个巨大的磁体，有南北两个磁极；地球绕地轴自转，同时围绕太阳在太空中公转。吉尔伯特指出，正是磁场的存在才让地球上包括大气在内的所有东西停留在现在的位置，而不是

①英国著名的航海家、探险家，完成过环球航行。

飞散到太空中去。他还重申了前人的观点：某些东西在摩擦后会产生磁性。此外，他轻描淡写地说，如果磁场维持大气的理论成立，那么行星之间应该没有空气。

吉尔伯特的结论清晰有力，欧洲各地的人们纷纷着手验证这一理论。结论中还有另一个引人遐想的部分：真空，虽然他的原话是“没有空气”。但是，根据亚里士多德的理论，真空根本不可能存在。亚里士多德曾说，“自然界厌恶真空”，他认为物体在空气中运动是因为存在一种“推动”。空气从物体前方移动到后方，物体由此被推动着前进。同时他又认为，介质对运动有阻碍的作用，因此，空气越稀薄，物体穿行就越迅速。依这套理论，既然真空中的物体不会遇到任何阻力，那么它的运动速度将达到无穷大。亚里士多德不接受“速度无穷大”的概念，所以他得出结论，能实现速度无穷大的条件不会被满足。

研究吉尔伯特理论的主要是军队工程师，他们正在钻研火药的新应用，以及增强火炮威力的办法。其中有一位名叫奥托·冯·居里克的德国工程师，他出生于《论磁石》出版后两年。居里克在荷兰莱顿大学（这所学校是政府为了表彰莱顿市民英勇抵抗侵略、守卫了城市而建立的）修完数学和法学课程的时候，欧洲人正兴致勃勃地尝试创造真空。1646 年，44 岁的居里克被选为马德堡市的市长，同时也因业余科学家的身份小有名气。1652 年，神圣罗马帝国皇帝斐迪南三世来到位于如今德国南部的雷根斯堡，召集各位亲王、市长和主教共议国政。皇帝听说了居里克的研究，要求他演示。那年 5 月，居里克研制的真空泵给达官贵人们留下了深刻印象。这真空泵实际上只是对当时常见的灭火器稍加改动的产物，安装有一套阀门，能将各种容器抽空。一次实验表明，含有空气的容器比抽空以后的容器更重；另一次实验表明，只有球形容器才能被抽空，其他任何形状的容器都会向中心塌陷。被抽空的容器里出现了奇怪的现象：蜡烛熄灭，小鼠死掉，铃铛摇晃却没有声音。不过居里克的巅峰之作还得数马德堡半球实验。他把两个空心的黄铜半球合在一起抽成真空，然后驱赶两组各 8 匹马在两头用力拉。马奋力向前，却始终无法拉开黄铜半球。然后，居里克重新向球内注入空气，两个半球轻轻一拉就分开了。居里克证明了我们可以创造真空，而且真空拥有可怕的力量。斐迪南三世大受震动，他命令维尔茨堡大学的数学教授加斯帕尔·肖特记

为了展示真空的力量，居里克发明了真空泵来抽空一对中空的“马德堡半球”，这种泵的原型是当时的灭火器。两组骏马都无法拉开一对黄铜半球，人们看到了真空的惊人威力。

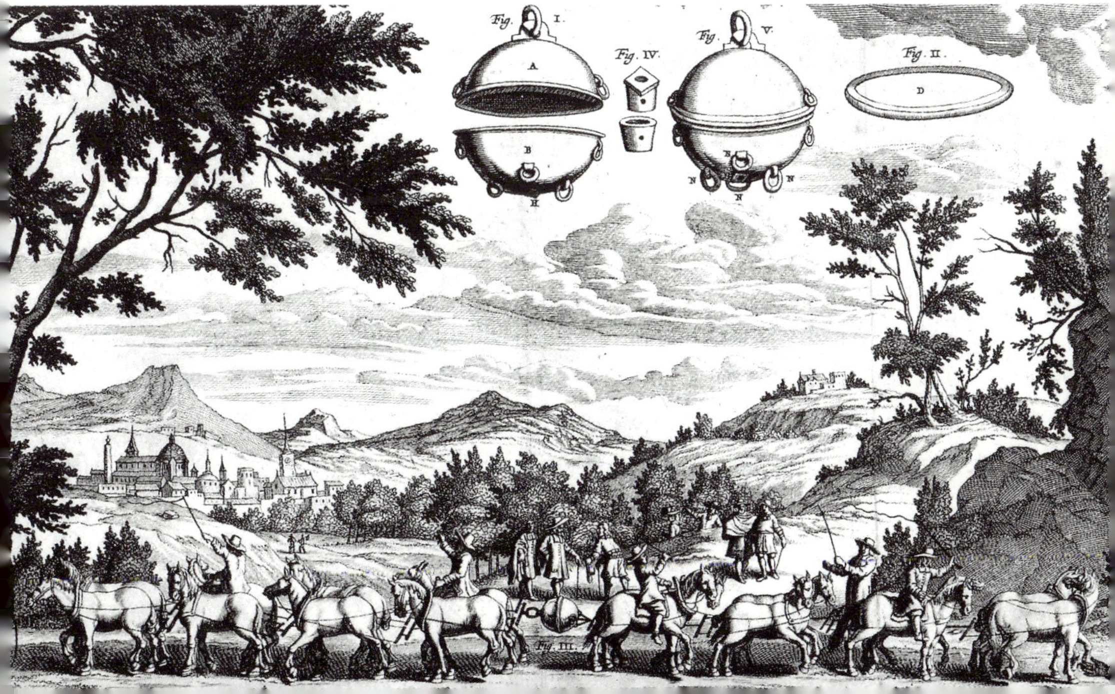

录这次实验。肖特出版了两本记述马德堡半球实验的著作，第一本发行于1657年。顿时，整个欧洲的学者都注意到了居里克的研究。

几年后，居里克的兴趣转向了吉尔伯特理论的另一个领域：磁。1663年之前的某个时间，他开始测试哪些物质在摩擦后会产生吸引力。硫黄是其中一种。居里克把碾碎的硫黄倒进一个玻璃球里，加热熔化硫黄，待其冷却后敲碎玻璃，就得到了硫黄球。接下来，他用一根棍子穿过硫黄球，把棍子横置在安有传动装置的支架上，转动支架的手柄，让硫黄球高速转动。居里克用手摩擦飞转的硫黄球，片刻之后，这个球就会开始吸附羽毛、亚麻线、水等各种东西。于是居里克得出结论，正是这种引力让被抛向空中的物体落回地面。然后，他又做了一个实验。他在黑暗中摩擦飞转的硫黄球，看见它开始发光，光芒弥散开来好几英寸，将他的双手笼罩其中。在居里克看来，这种光不过是磁力的另一种古怪特性，硫黄球在摩擦时产生的轻微爆裂声也是同理。1672年，他出版了《新马德堡实验》一书，归纳了他的实验结果，

一名工人把硫黄握在手心加热，倾听是否有爆裂声，由此判断硫黄的纯度。只有高纯度硫黄才会在受热时发出轻微的噼啪声。

居里克的硫黄球是世界上最早的发电机。用手触摸转动的硫黄球就会摩擦起电，吸引纸张、羽毛等较轻的物体。

书里只有一小段文字提到了硫黄球。不过，这一小段文字已经足以触发接下来100年的新发现。

变革的历程中总有一些关键的时刻，未来的可能性突然成倍地涌现出来。居里克的著作就是其中之一。他的真空泵促使人们开始研究气体的成分，尤其是空气，于是氧气被发现，由此人们顺理成章地开始研究燃烧过程；对呼吸系统疾病的研究和元素分析也随之开展。真空泵还帮助人们解决了矿井的排水问题，促进了冶金术，尤其是炼钢业的发展。对气体的研究还将激发科学家去探索光在不同气体中的传播，继而发现阴极射线，然后在此基础上发明电视机。居里克的硫黄球实验影响更为深远。他在实验中看到的光、听到的爆裂声都来自电，我们无须再赘述电促成的诸多发明和发现。

居里克硫黄球实验最隐秘的影响或许是它深化了人类对天气的研究。数百年来，人们一直在探究雷和闪电的特性。英国撒克逊时代的

1718 年，布列塔尼地区圣波勒德莱恩的一名敲钟人遭闪电击中身亡。

传教士比德曾经推测，闪电由云摩擦产生，雷则是云团碰撞发出的声响。中世纪人们还有一种习俗，雷雨时要去敲响教堂尖塔上的大钟，希望赶走雷电，结果害得无数敲钟人触电伤亡。事实上，直到 1786 年，巴黎最高法院还颁布了一条法令来制止这种行为，因为此前的 33 年里发生了 386 起记录在案的雷击事件，至少有 103 个倒霉蛋被电死在湿漉漉的钟绳旁。居里克实验之后的 30 年内，人们开始把静电和闪电联系起来。1708 年，英国的华尔博士写道，电“似乎和雷声和闪电有一些相通之处”；1735 年，另一位英国人斯蒂芬·格雷尝试测量这种神秘的力量能沿着一根绳子传多远，最后他也得出了同样的结论。

不久，人们留意到了雷电对遍布欧洲的火药库存在着潜在威胁。一场争论即将爆发，探讨这种威胁究竟该采取哪一种办法来化解。争论的源头是一位当时默默无闻的波士顿人，他是一名煮皂工的第 15 个孩子，名叫本杰明·富兰克林。1750 年，富兰克林给英国皇家学会写了一封信，阐述自己的电学理论。他

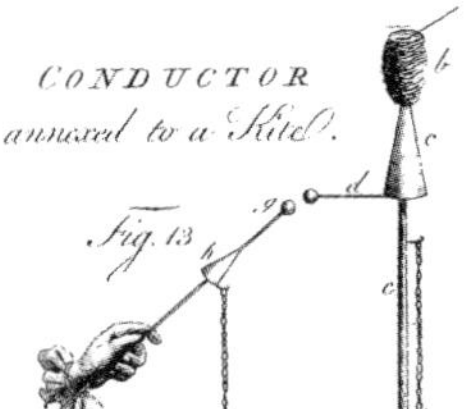

风筝实验中使用的引雷针，出自《E. 钱伯斯百科全书》，1779 年出版于伦敦。

在 1752 年那次著名的实验中，本杰明·富兰克林和儿子用湿麻线把一枚铜钥匙系在风筝上，成功地将雨云中的雷电引到了莱顿瓶里。

写道，电分为正负两种。电之所以会像人们已普遍观察到的那样，从一个地方流向另一个地方，是因为呈负电的物质总会被呈正电的物质吸引，要回归自然状态下的平衡。富兰克林宣称，正是因此，电流一定会被呈正电的铁棍吸引走，离开它原本会经过的那些或许更危险、更脆弱、更昂贵的东西。他提议用教堂的尖塔验证自己的理论。皇家学会对此嗤之以鼻，所以富兰克林决定自己动手。他本打算借费城的教堂尖塔一用，结果教堂迟迟没能落成，于是，富兰克林做了如今闻名世界的风筝实验。他在风筝上绑了一根铁丝，然后把风筝送入雷雨云吸引雷击。1753 年，风筝实验后第二年，富兰克林的实验数据发表在《穷理查年鉴》上。1760 年，英国安装了第一根避雷针。

1769 年，意大利北部布雷西亚的一座火药库发生爆炸，大约 17.5 万磅火药被雷电引爆，摧毁了半径 639 英尺范围内的 190 幢房屋。于是，安装避雷针成了政府议题。布雷西亚政府请求皇家学会帮助他们避免悲剧重演，为此成立了一个委员会，富兰克林名列其中。避雷针是应该像富兰克林主张的那样安装在屋顶，还是应该装在房子周围？人们为这个问题举棋不定。最后，考虑到富兰克林是革命党人，英国人抛弃了他的建议，把避雷针安装在房屋周围。整个欧洲竖起了无数避雷针，1778 年，巴黎甚至出现了专为女士设计的避雷帽。

接下来的两件大事促使人们开始科学地研究气象。其一是 1793 年的英法战争，在暴风雨中，军舰有时不得不在战局关键时刻离开指

富兰克林的避雷针激发了 18 世纪 70 年代欧洲人的想象力。巴黎的时髦仕女头戴拖着长长导线的避雷帽在大街上漫步；男士则更为夸张，他们争相购买便携式避雷针。

1794 年 3 月 29 日，世界上第一支空军部队在法国成立，全名“法国炮兵空中军团”。图为 1794 年 6 月 26 日，法国空军的热气球高悬在比利时弗勒吕斯的战场上空。

定的位置，以免被雷电击中引起爆炸，以致造成战术上的混乱。英国海军部成立了专门的委员会，商议出解决方案：在船的桅杆上安装铜条，再用导线将铜条与船壳上的金属部件连接起来；更重要的是，所有船只回港后必须立即汇报海上的风暴活动。其二则是，继 1783 年法国中部的两位造纸商孟戈菲兄弟完成了热气球的飞行试验之后，1803 年 7 月，法国科学家艾蒂安·罗伯逊和音乐教师罗伊斯特先生乘坐一个退役的军用热气球从汉堡升空，最终飞到了离地 2.3 万英尺的高度，这是一个惊人的成就。高空中，罗伊斯特的头肿胀起来，甚至连帽子都戴不上了。不过，这两位勇士仍然证明了人类可以活着到达风暴诞生的高度。随后人们继续进行了许多飞行活动，将空气采集器、气压表、温度计、罗盘、望远镜以及其他各种有助于观察天气的设备——乃至活的动物——送上了天。到了 1823 年，英国皇家气象

1803 年 7 月，艾蒂安·罗伯逊教授和罗伊斯特先生乘坐热气球飞到了 2.3 万英尺的高空，这是此前难以想象的高度。

学会已经初具雏形，观察天气成了一项公共服务事业。1854 年 11 月 14 日，一场飓风袭击了停靠在克里米亚的法国精锐舰队，满载船员的“亨利四世”号在风暴中沉没。军部向时任法国天文台台长勒韦里耶求助，询问是否有可能建立一套天气预警系统，避免悲剧重演。第二年的 2 月 16 日，勒韦里耶向皇帝汇报，如果能建立一套网状的气象站系统，就能预报天气。他的建议次日就得到了皇帝的首肯。2 月 19 日，勒韦里耶代表皇家科学院提交了一幅当天上午 10 点的法国气象地图，图上的数据来自分布于全法国的 10 个观察站。人们随即设

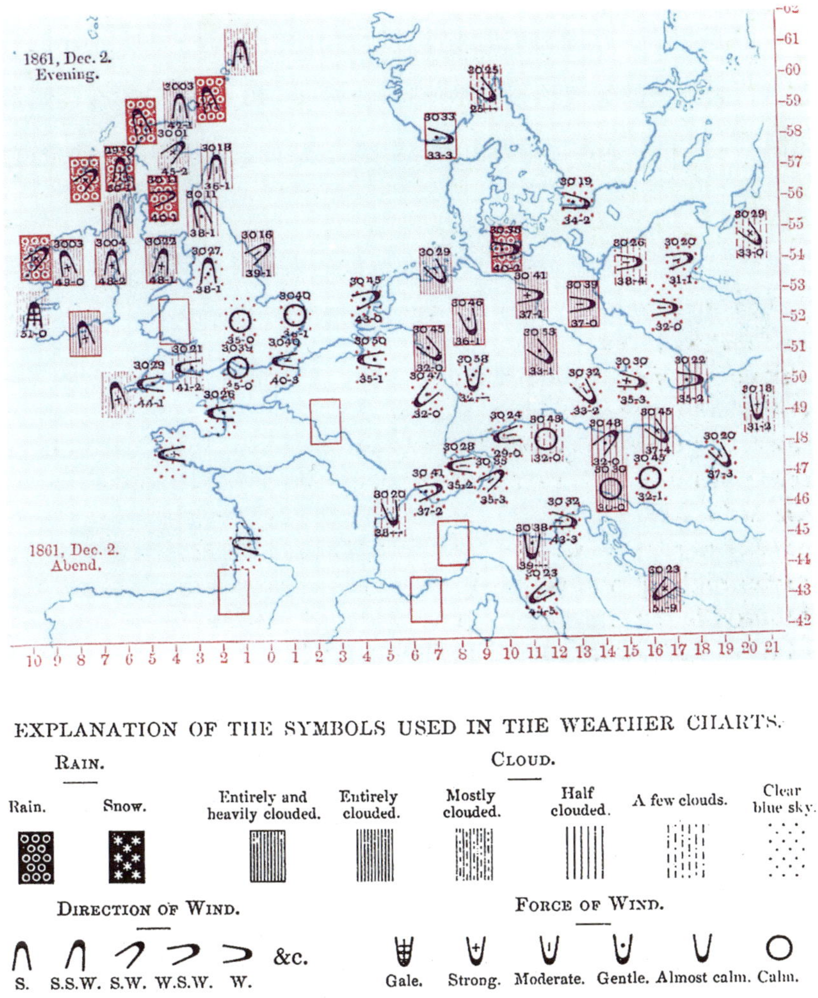

1861 年 12 月 2 日晚间的全欧气象地图。

想将气象地图出版。1861 年，弗朗西斯 · 高尔顿编撰的第一本气象地图册在英国出版，这时候的气象地图已经和现代的非常相近了。

19 世纪末，欧洲和美国东部各地的山顶上建起了大大小小的气象站，为新兴的天气预报提供信息。1883 年 10 月 18 日，在英国最高峰——苏格兰的本尼维斯山上，《泰晤士报》的记者撰写了一篇报道：

> 诸位女士和先生在本尼维斯山下威廉堡的亚历山大酒店集合，然后或步行，或骑马，沿一条小道前往山顶……卡梅隆 · 坎贝尔夫人骑着一匹小马在前面领路，在她前面的风笛手一路吹奏

1883 年 10 月启用的本尼维斯气象站是英国第一座高山气象站。1894 年，C. T. R. 威尔逊在这里观察到了“佛光”，他为此深深着迷，最终发明了云室。

着《洛希尔去了法国》……离山顶还有很远，但眼前仿佛是北极的景象——山顶积雪足有两英尺深，狂风不时扑面而来，空气寒冷刺骨。建筑师前来迎接坎贝尔女士，并把气象站大门的钥匙交给了她……我们的队伍得到了热情的迎接，屋里有温暖的炉火和热茶。

1880 年，格林尼治皇家天文台的风速计。欧洲各地纷纷兴建气象站，格林尼治天文台也是其中之一。天气受到了高度关注，政府甚至成立了一个专门的气象及磁学部，负责天气预报相关事项。

苏格兰气象学会的艾宾格尔爵士在仪式上宣布，英国的这座高山气象站将和美国、法国的气象站连成一体，从此我们可以定期预报极广大范围内各地的天气。本尼维斯气象站就此正式启用。

多年以后，这座气象站里发生的一件事将最终促成某个新发明，而后者将对现代世界的所有生物带去至为深远的影响。气象站由于资金不足，会在正式员工休假时雇大学生来担任临时观察员。1894 年 9 月，剑桥大学年轻的物理学研究生 C. T. R. 威尔逊在这里做了两周的假期工。一天清晨，刚过 5 点，威尔逊在每小时一次的常规观察中发现了一个奇特的现象。后来他回忆道：“起初，山峰投在围绕山腰的云海上的影子一直延伸到了西方的地平线上。随着太阳升起，影子外缘迅速向东移动。就在这时候，影子尽头的云面上出现了模糊的光晕，是一种暗淡的彩色同心圆弧……我很好奇，决心在实验室里重现这一幕。”威尔逊观察到的光晕是一种光学现象，即“佛光”。如果观察者的影子投射在山谷的云雾之上，也会出现同样的景象：影子的头部仿佛笼罩了一层光环，光环由 2 到 5 种颜色组成，按光谱排列，偏红的色带位于外侧。

威尔逊回到剑桥以后，开始尝试人工造云。为此他设计出了一种名为“云室”的装置。云室的基本原理是，降低潮湿空气的气压，空气中的水就会凝结成云。云室由一个装有活塞的玻璃容器和一个玻璃球组成，二者通过阀门连接在一起。在阀门关闭状态下，将玻璃球抽真空，再将湿润空气注入活塞上方的玻璃容器。这时，打开玻璃球与玻璃容器底部之间的阀门，活塞下方的空气就会涌向玻璃球，在 1/100 秒内拉动活塞快速下降。而在活塞上方，突如其来的降压会让潮湿的空气凝结成云。当时人们普遍认为，水凝结成云是因为空

佛光（又叫反日晕）在日常环境中非常罕见，不过在飞机上或者高山上，看到的机会多一些。只有当日出或者日落（此时太阳与地平线之间的角度很小）、观察者的影子投射在云海之上时，它才会出现在影子的头部周围。佛光的原理与彩虹类似，人们仍在探索它的奥秘。

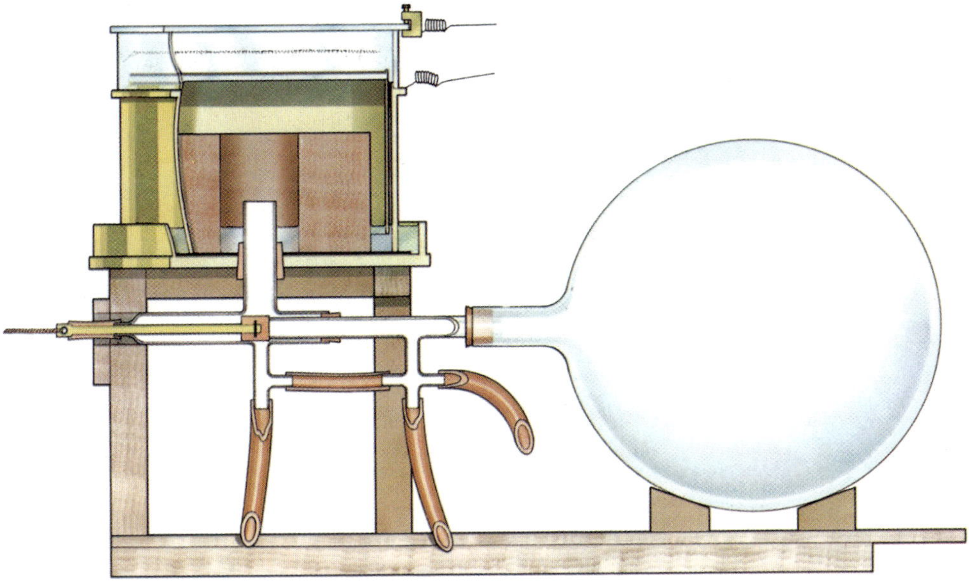

为了在实验室里重现当时看到的光环，C. T. R. 威尔逊设计了云室。他在玻璃容器的瓶口接上导线，向容器内的云通电。后来威尔逊用 X 射线取代了电流，并推测，液滴是以离子为核心凝聚起来的。

气中的液滴以细小的尘埃为核心汇集起来，最终导致降雨。有一天，威尔逊用电荷吸走了容器里所有可能存在的尘埃颗粒，让容器内部达到绝对无尘，却发现水汽依然可以凝结。经过好几个月的试验，威尔逊得出结论：水汽的凝结与灰尘完全无关；但容器内的气压下降得越快，最后得到的云雾就越浓重。结合这两种现象，威尔逊推测，凝结一定与某种小得无法探测的粒子有关，但他暂时放下了这项研究。威尔逊万万没料到，他在云室里制造出的细小云带是科学发展历程上的一颗定时炸弹，多年后它爆炸的威力将震撼整个世界。

威尔逊回过头去研究自己最初的心头好：天气。1896 年，他运用

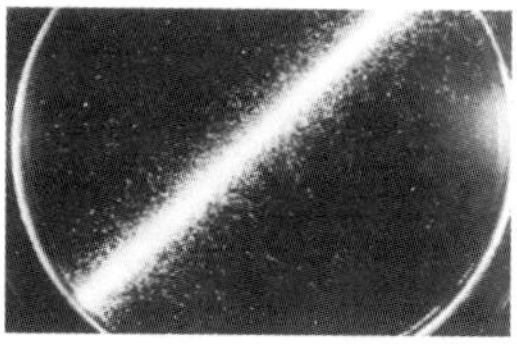

1911 年 C. T. R. 威尔逊拍摄的云室实验结果。在这张俯视图中，X 射线携带的电子从云室内的水雾中穿过，留下了一道痕迹。

刚刚发现的 X 射线在云室中造云，最终得出结论：液滴的凝结核是离子。X 射线剥夺了行进路线上原子的电子，生成了这些带正电的离子。现实的云层中也会发生类似的现象，威尔逊由此推测：之所以会产生闪电，是因为云层内部存在巨大的电势差，云层顶部的原子仍然带正电荷，底部的雨滴却携带负电荷。从 1920 年到 1925 年，威尔逊完善着自己的闪电生成理论，同时联系了另一位剑桥学者爱德华·阿普尔顿。威尔逊曾经设计过一些实验来测量闪电发生区域的磁场强度，阿普尔顿对此很感兴趣，因为他正在研究无线电的天电干扰——暴风雨来临时，收音机里会传出噼啪的杂音，这就是天电干扰造成的。威尔逊还联系了罗伯特·沃森-瓦特。瓦特从 1919 年起担任英国皇家航空研究院的首席气象学家，他一直在尝试利用无线电定位风暴。1924 年 12 月，阿普尔顿终于发现，大气中的电离层——这层大气现已被命名为“阿普尔顿层”——会反射无线电波，测量电波发射与反射之间的时间差，就能计算出天线与电离层之间的距离。沃森-瓦特改进了阿普尔顿的方法，利用无线电收发器，

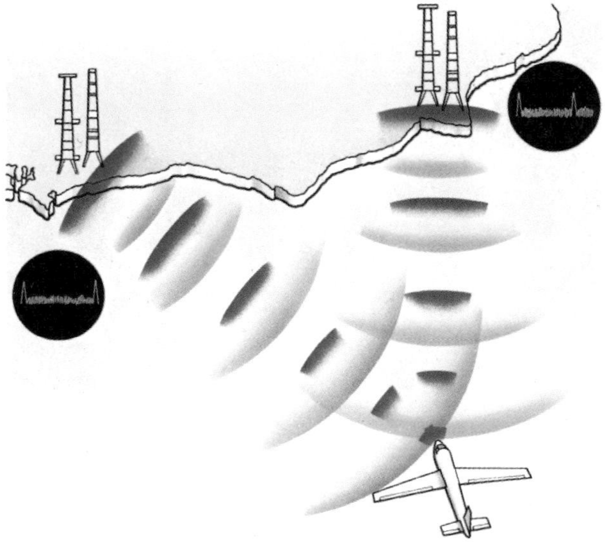

1935 年，罗伯特·沃森－瓦特为他的无线电探测和测距设备申请到了专利。低空搜索雷达系统是这项技术在军事方面的最早应用。英国皇家空军沿海岸线修筑了很多信号塔，如果有飞机逼近，信号塔发射的无线电波会被反射回来。通过不同信号塔收到反射电波的时间差，制图员可以计算确定飞机的位置。

他甚至能够准确测算风暴的方向和距离。1935 年 4 月 2 日，沃森－瓦特获得了无线电探测和测距设备（雷达）的专利，这种技术可以用来探测飞行器的位置。

第二次世界大战期间，雷达广泛用于定位飞行器和风暴。1945 年 8 月 6 日，美国空军起飞执行任务的那架 B-29 上就搭载着雷达。除此以外，那架轰炸机上还装载着威尔逊的云室带来的另一个副产品。1912 年，威尔逊拍摄了一些射线穿过云室液滴留下痕迹的照片，还把照片给剑桥大学的同事、研究原子物理的欧内斯特·卢瑟福看过。照片上除了一条较粗的痕迹外，在某些位置还有一些较细的痕迹沿着

1945 年 8 月 9 日，广岛轰炸后的第三天，另一朵蘑菇云在长崎上空升起。

切线方向偏出；卢瑟福一见就激动不已。这些照片证实了他在近一年前做出的推测：α 粒子撞击原子时会发生散射。

威尔逊的云室被卢瑟福誉为“整个物理学史上最新颖的设备”，它让物理学家可以直观地研究原子在遭受轰击时的行为。云室帮助物理学家实现了人工原子裂变，最终制造出了 1945 年飞往广岛的那架“艾诺拉·盖”号 B-29 型轰炸机携带的武器：人类战争史上的第一颗原子弹。

3 遥远的声音

英国一份军事卷轴中的两页。这份卷轴的编制时间不晚于 1448 年。这类卷轴记录的是贵族家庭的纹章式样，当时纹章已经成为世袭的高贵象征。其实在 12 世纪纹章刚刚诞生时，身披重甲的骑士仅仅是用它来表明身份，以免在激战中被自己人误伤。

1941 年，移居美国的意大利人恩里科·费米和他的同事在芝加哥建造了世界上第一座核反应堆。科学的潘多拉魔盒就此打开，核能为我们带来了新的医疗手段、研究宇宙结构的新工具、用电近乎免费的新前景——还有原子弹。原子物理的发展提供了诸多可能，其中有两项对未来的影响尤为深远：核聚变发电，以及毁灭万物的核战争。

核聚变能产生大量热能，提供蒸汽动力，驱动发电机。与核裂变使原子核分裂不同，核聚变的原理是原子核融合。聚变必须在极高温环境下才能发生，这样的高温很难维持，但只要达到临界温度，聚变本身就会产生足够的热量，推动反应继续进行。一个持续运转的聚变反应堆，表面的温度只比太阳表面略低。现有的任何容器都无法承受这样的高温，所以聚变只能在磁场内进行，靠磁力来约束反应堆的高温粒子。（这种磁场形状类似瓶子，所以被称为“磁瓶”。）目前科学家已经制造出了聚变所需的高温环境，但只能维持极短的时间。如果进展顺利，可控核聚变有望在 21 世纪前半叶实现，到那时候，一桶海水中蕴含的原子聚变产生的电能，就可以满足一座像洛杉矶这样规

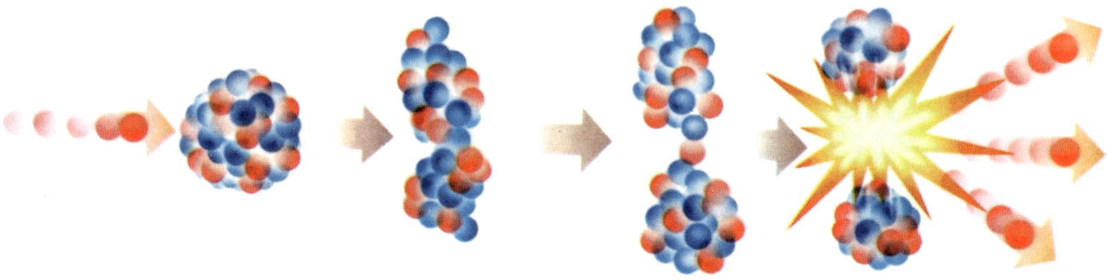

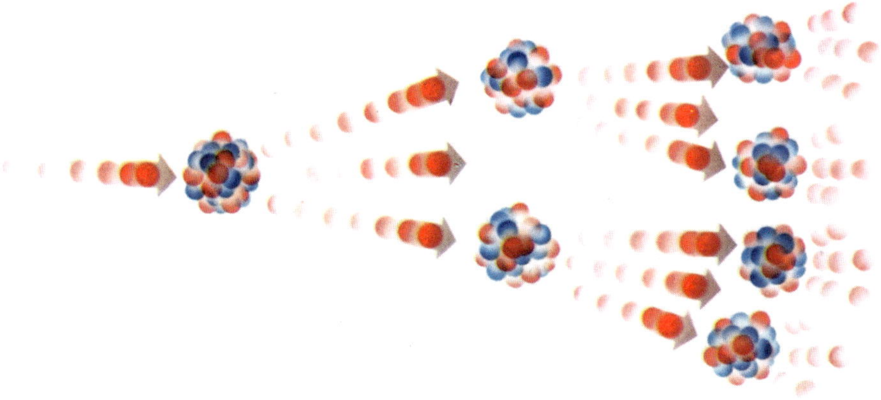

核能来自原子核分裂（裂变）或融合（聚变）产生的能量。核电荷数高的原子含有大量质子和中子，遭到中子轰击时，原子核会发生裂变（见上图），产生新的原子，同时释放出多余的中子，引发下一步链式反应。化学反应仅仅是重新分配电子，而裂变直接作用于原子核，产生的能量是前者的数百万倍。铀235（包含92个质子和143个中子的铀同位素）是已知能够维持裂变反应的唯一天然元素。人工制造的铀233以及钚的两种同位素钚239和钚241，也是常见的裂变原料。下图中，一个缓慢运动的中子激发并进入某个不稳定可裂变的原子核（例如铀235），让它分裂成两个较小的原子核，释放出的中子再激发其他原子核，引发链式反应。每一次裂变时，原子核分裂产生的动能都会转化成热量散发出去。

裂变如果极为迅速，将导致巨大的能量在瞬间释放，这就是原子弹的原理。稳定可控的核裂变则可以为核电站供能。

模的城市的所有电力需求。电能取之不尽之后，原材料也将极大丰富。有了近乎无限的能源，我们就能大量制造那些现在看来还过于昂贵的新型替代材料，开采一些目前挖掘成本过于高昂的矿藏。能源是货币的终极形式，有了核聚变产生的电能，我们就有机会开发地球上广阔的处女地，整个星球将走进前原子能时代的人们无法想象的富足天堂。

但是，如果第二种可能，即核战，真的发生，这一切都将成为泡影。核聚变的破坏力比核裂变更惊人，直到目前，人们还只能掌握核聚变的不可控形式——氢弹。引爆氢弹所需的高热由原子弹爆炸提供。目前为止，几个有能力制造氢弹的国家已经签署了协议，将使用氢弹的可能性降到了最低。但是，随着原子能时代延续，建造、运营核电站的技术不断扩散，制造核武器的技术开始落入一些政治不稳定的小国手中，大国联盟便能保证核安全的时代已一去不复返。那些目前还在起威慑作用的复杂昂贵的防御系统，如今只要有了必要的放射性原料，任何一名物理系毕业生都可能轻而易举地突破它的防线。手提

氢的特定同位素如氘和氚，其原子核在高温下会发生聚变。在这幅图中，一个氘原子核和一个氚原子核在高温下融为一体，形成一个氦原子，同时释放出多余的中子和大量能量。

箱大小的便携式核弹就足以摧毁一座导弹防御基地，随着微型化技术的进一步发展，未来的核武器完全有可能装进一只手提包里。这样的武器发射系统根本无法探测，一旦它投入使用，人类的未来可能会彻底改变。

对人类社会影响如此重大的军事技术，在历史上屈指可数。其中一项同样规模的突破出现在1000多年前的欧洲。当时那件新装置的尺寸也很小，战争双方都拥有这种装置，其中一方首先使用了它，结果造成了深远的影响。千真万确，如果当时没有这种装置，这本书可能会是用另一种语言写成的。

它带来的第一个影响是英格兰改朝换代。1066年10月13日星期五，空气寒冷刺骨。清晨，英格兰国王哈罗德和他手下筋疲力尽的士兵终于走出了英格兰东南部的茂密森林。迎接他们的是一片开阔而绵延的白垩山丘，直通英吉利海峡。卡德贝克山屹立在3英里外，山脚下是一座名叫海斯廷斯的村庄。此前哈罗德刚刚率军在林肯郡斯坦福桥跟丹麦人打了一场硬仗，然后仅用10天，就向南行进了270英里，速度可谓惊人。为了弥补战斗中的减员，行军路上他们征召了不少士兵。即便如此，当哈罗德在森拉克山（这座小山脚下有一片盐湖，蜿蜒通往海斯廷斯）上扎营的时候，他手下的军队力量已经大为削弱，远远比不上两周前与丹麦人交战时的阵容。军中最多有5000名接受过训练的士兵，大部分人的武器是镶着铁矛头的梣木杆或者掷斧，再加一柄剑；弓箭手的护具主要是皮帽，只有极少数人穿着链甲。除了老兵以外，还有许多新人，大部分是农民和雇农，都是这几天才从南部各郡临时征召来的。

这支杂牌军的对手是诺曼底公爵威廉的精兵，这位统帅后来被称为“征服者”。早在16天前，诺曼人就已登陆，他们先是把沿海地区糟蹋了个够，然后休整了两周有余，等着与哈罗德开战。威廉手下有8000多名训练有素的战士，其中弓箭手1000、重骑兵4000、轻骑兵3000，所有士兵都吃饱喝足，骁勇善战。他们装备着制式武器：长矛、长枪、斧子、弓箭和剑。大部分人都头戴钢盔、身披链甲。

10月13日夜晚，威廉开出了条件：他要求统治英格兰南部，哈罗德可以继续拥有亨伯河以北的领地。经过撒克逊营帐里的一番讨论，哈罗德拒绝了威廉的提议，战斗在所难免。这时候哈罗德并不知道，他其实已经输了。在接下来的战斗里，诺曼人将使用一件至关重要的装备，过去的100年里，它在法国北部逐渐发展成熟。哈罗德和他的

对于9世纪的撒克逊重骑兵来说，马的作用仅仅是把他们运送到战场上，比如在这幅图里，他们骑马包围一座堡垒，然后下马步战。骑兵的头盔由硬化处理过的皮革制成，不过只是为了在步战的时候保护头顶。

前任也知道这件东西的存在，事实上他们自己也用过，但或许是出于撒克逊人保守的战斗风格，他们丝毫没有意识到这件装备的真正潜力。

战斗开始时，英国人沿着森拉克山顶拉开了一条 800 码长的战线。训练过的士兵站在队列前方，与南面山丘上的诺曼人针锋相对。在那个 10 月清晨寒冷的晨光中，他们一边观望，一边缓步就位，用盾牌构筑起坚不可摧的阵线。自罗马时代晚期以来，盾墙就是步兵抵御轻骑兵的标准战术。哈罗德麾下全是步兵，对这样的作战方式早就习以为常。骑马进入战场意味着士兵随时可能逃跑，这完全不符合撒克逊人的战争伦理，他们的法律规定，如果领主战死，他手下的战士也不能活着回去。既然如此，马又有什么用呢？他们把战马拴在卡德贝克山背面，盾墙后是手持钩镰、榔头和干草叉的农民新兵。只有少数人

12 世纪的士兵骑马驰入战场，他的头盔能够保护整个头部，身上的链甲也更加成熟。站在后面的士兵也穿戴着类似的装备。

海斯廷斯之战中，诺曼轻骑兵左手持鸢形盾牌，盾牌长度足以保护整个身体，右手握一杆长枪。冲入混战的人群后，骑兵开始拔剑砍杀。骑兵之所以能站起来挥舞枪和剑并保持身体平衡，全赖他脚下踩着马镫。

装备着斧头和短剑。

上午 9 点，诺曼人开始进攻，密集的箭雨射向撒克逊人的防线。他们试图用这波攻势打乱英军的防线，再由轻骑兵突破缺口，长驱直入，但计划失败了。接着，诺曼人冲向山上的盾墙，然后被长矛和斧头狠狠地顶了回来。11 点 30 分，局势稍缓，士兵抓紧机会恢复体力，捡回刚才投掷出去的武器。下午大约 2 点 30 分，战斗重新打响。诺曼人再次尝试用骑兵冲破盾墙，他们集结起来冲击英国人的防线中心，却在两小时后筋疲力尽地退了回来。诺曼人撤回谷底，但就在这时，英国人犯下了致命的错误。他们打散阵线，尾随诺曼人追到了平地上。诺曼轻骑兵立即杀了个回马枪，他们踏着马镫高高站起，挥舞刀枪把脚下的撒克逊人砍得落花流水。在地势平缓的战场上，诺曼轻骑兵冲锋队像热刀切黄油一样刺破了英国人的防线。20 名诺曼骑兵冲向山顶上飘扬的英格兰王旗。接下来是绝望的近身白刃战，哈罗德的随从遵循了撒克逊人的战斗传统，他们保护着国王战斗到了最后一刻，带走了 16 个诺曼人的生命。但是，剩下的 4 名骑兵还是杀死了哈罗德。

为了纪念海斯廷斯之战，1077年，征服者威廉的妻子（一说妹妹）编织了贝叶挂毯，详细记录了这场战役。诺曼轻骑兵冲向撒克逊步兵的防线，一些骑兵（如图所示）水平持枪，这是一种新的战斗姿态。

1066年10月14日下午5点，英格兰落入了诺曼人手中。

11年后，海斯廷斯之战被完整记录在了贝叶挂毯上。以现代的眼光来看，这件作品粗陋而幼稚，但我们从中发现了那件装备的蛛丝马迹，正是因为威廉英明地发挥了它的潜力而哈罗德没有，诺曼人才最终征服了英格兰。在挂毯中你很难直接找到那件东西，但通过某些迹象，可以间接地确定它必然存在：骑兵左手持鹞形盾牌，右手握着长枪。这种盾牌的长度足以护住全身，这只能说明骑兵的右手必须时刻执行另一项任务——握紧长枪，因此假如左腿暴露在外，他无暇保护。而他们之所以在马上也能挥舞长枪，唯一的原因正是我们要说的那件装备：马镫。威廉靠马镫武装起了一支轻骑兵冲锋队，一旦撒克逊人进入平原，这支小队立即长驱直入。

马镫的起源仍待考。最早的图画记录出现在印度北部的桑吉、帕乔拉、巴哈加和马图拉等地，公元前2世纪，这些地区就出现了某种可以套住骑手大脚趾的绳圈。印度文化随着游方僧的脚步向北传播，原始的马镫或许也是由他们传出去的。公元523年，现在的中国湖南也出现了它的身影，这时候的马镫已经能套住整个脚掌了。7世纪晚期，阿拉伯人来到波斯的时候，马镫已经传到了西边的突厥斯坦；后来不知如何又传入了西欧，于8世纪出现在法兰克王国。马镫传入欧洲只有一些间接证据，不过它为语言学研究提供了一个有趣的案例：新发明的影响会辐射至语言领域。在这个时期，法兰克语中表示上下马的词语变成了“踏上”和“踏下”。还有另一些蛛丝马迹：“弗朗西斯卡”（战斧）和“安戈”（投枪）这两种步兵的标配从法兰克人的军械库里消失了，而“斯帕萨”（剑）变得比原来更长，完全不适合步兵使用。最明显的是，长矛的矛尖后方多了一对侧翼。需要做出这样的改动，只能是因为矛尖会深深刺入敌人的身体，难以拔出。而能够使出这么大的力气，唯一的可能是士兵骑在马上作战，借助了马的速度。原本用来投掷的矛已经被当成了长枪使用，而要在马背上发动这样的攻击，骑兵必须靠马镫来保持平衡。威廉麾下轻骑兵冲锋队的作战方式并未全面普及，因为在贝叶挂毯中，有的骑兵仍在按原来的方式使用矛和长枪：站在马镫上，向下方戳刺。不过，冲锋队的效果非常明显，他们立即展开了下一步尝试。

马具的下一次改良出现在1040年到1120年之间。这个时期，马背上开始安置尾部上翘的鞍，为骑手提供更强的支撑，以便更快地冲刺，用来固定马鞍的单根肚带因此需要改进了。12世纪晚期，人们用一种简单的方式解决了问题：再加一根肚带。骑兵坐得更稳，可以更专注地全力全速赴战，也越来越顾不上自己的安全；于是，盔甲也进行了相应的改良。早期的骑兵战甲只是简单地在链甲外缝一些铁片，而到了12世纪晚期，骑兵几乎从头到脚都套在了金属壳子里。增加的重量全都落到了马背上。到那时为止，战马主要是大型矮种马，然而现在它们要承受数百磅的负重以及大约 2000 磅的冲击力，腿禁受不住了。骑兵需要体形更大的坐骑。通过杂交繁育，一种酷似现代夏尔马的品种诞生了，雄壮的体形赋予了它们更大的冲击力。经过几个世纪的发展，马背上的骑士已经用金属盔甲把自己包裹得越来越严实，乃至他们需要用某种东西来表明身份，以免在战场上分不清敌我。骑兵开始在盾牌上绘制独有的图案，早期大多是几何图形，用盾牌边缘的铆钉充当“画框”；后来，画的人越来越多，撞图案的场面时有发生，于是盾牌上的身份标志越来越复杂华丽，装饰性渐渐增强，成了如今

无论是骑兵还是步兵，混战中的活动空间都很小。彼此冲撞的骑兵必须有某种方式表明自己的身份。这幅图描绘了残酷的龙塞沃之战，罗兰劈开了马尔西勒（最右）的头颅。

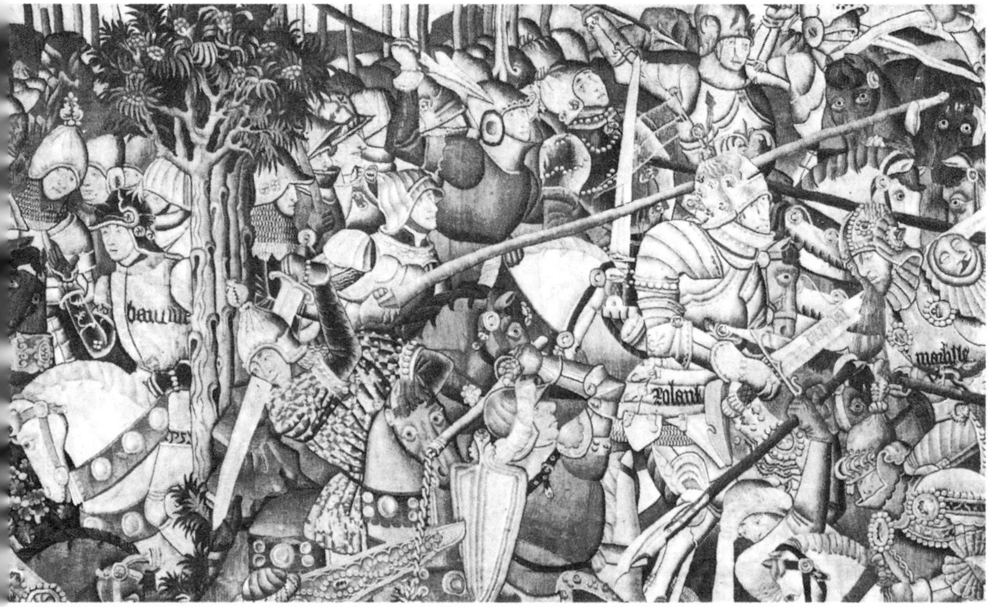

在透过城堡窗户观战的仕女注视下，一名14世纪初的骑士尽管身披重甲，仍被长枪刺中，从马背上跌落。

所说的“纹章”。

随着装备不断改良，武装重骑兵的成本越发高昂。饲养一支冲锋队的战马需要广大的土地，国王甚至开始征用教堂的土地作为牧场，为王国提供充足的战马和训练有素的士兵。国王派专人管理各牧场，分配给他们充足的土地，命他们训练出一定数量的骑兵，并提供相应的装备。虽然国王建牧场的初衷是为了养马，但实际上，9世纪的这些牧场为后来的封建社会奠定了根基。到了14世纪，装备、供养一名骑兵的费用已经相当昂贵。只有那些拥有土地、请得起仆从、买得起原材料的人才有可能成为骑士。无论从哪种意义上说，骑士的确高高在上，有资格睥睨众生。除了一身盔甲以外，骑士还拥有另一种身份象征：永恒不变的家族姓氏。14世纪初，贵族已不再把父名当作称呼的一部分，“法纳姆的杰弗里之子拉尔夫之子约翰”这样的名字已

15 世纪，骑士穿着华丽的盔甲，头盔上有装饰性的冠冕，铠甲上绘有复杂的纹章。到这个时期，盾徽和羽饰已经成为家族里代代相传的身份标志。这幅图上画的是萨利斯伯里伯爵托马斯·蒙塔古。

经消失。他会自称“法纳姆的约翰”或“约翰·法纳姆”，并在盾牌上绘制象征家族的纹章。战场上的身份标记如今成了代代相传的家族徽章，在那个大多数人都是文盲的时代，纹章拥有多方面的意义。有了家族纹章，富人和平民之间的阶级差异被公之于众，清晰可辨。

到了 14 世纪中期，贵族家庭供养的骑士看起来简直就是一台坦克。对于身穿皮甲或链甲的步兵来说，重骑兵想必会带来生理和心理上的双重打击。骑士戴着严严实实的头盔，盔内配有吸收冲击力的衬垫。头盔在眼睛的位置会开一条缝，或是装上可活动的面甲。他们贴身穿紧身亚麻衬衫、短马裤和长筒袜，外面是保护裆部和大腿的链甲，链甲外面还有坚固的板甲，一直覆盖到脚踝，不过膝盖处可以活动；战靴也是用金属板打造的，名叫“萨巴顿”。上身内穿链甲（“锁子甲”），金属板制成的袖子用皮带系在链甲外，胸口和背部则是整块的板甲。除了这些铠甲以外，最外层还有一件罩袍，通常内有衬布，外绘家族纹章，用剑带束在腰上。骑士的双手也由可活动的臂甲保护着。穿戴全套甲胄的骑士总重可达约 200 磅，他们骑着

12 世纪的骑士。马鞍的鞍头和鞍尾都变得更高，为冲锋的骑士提供更稳固的支撑。为了承受骑士铠甲的重量和冲锋时的冲击力，系在马上的肚带也变得更结实。

14 世纪的骑士。现在他和他的战马都披着严严实实的链甲，外面还有一层板甲。他的坐骑是专门繁育的战马，肩高可达 21 掌（约 7 英尺）。

“步兵出战前应该如何武装自己、穿戴舒适。”

肩高 7 英尺、身披重甲的佩尔什战马冲锋，看起来十足一台恐怖的战争机器。

于是，仅仅是拥有一套骑士的装备，就足以改变一个人的社会地位。整个欧洲，许多贵族家庭的非长子通过杀死别的骑士夺取对方的装备。为了杜绝这种流氓行径，马上比武应运而生，夺取装备的生死之战有了约束和监督。11 世纪，这种比武逐渐兴起，但是 1130 年被教皇颁布法令禁止了，因为有太多训练有素的骑士在赛场上死去。1316 年，教皇若望二十二世又恢复了马上比武，因为两百年来，私下的比武依然屡禁不绝。说到底，比武是一种有价值的训练方式，同时它也避免了贵族的血因为冲动而泼洒在街头，而且慢慢地，比武也不再那么血腥了。到了 14 世纪，比试中骑士一旦落马就要缴装备认输。

有的骑士热衷于这样的比武，其中有个马尔堡城主约翰·费茨吉尔伯特的第四子，他从比武中白手起家，最后当上了英格兰的典礼官。在现代（特别是好莱坞）的描述中，马上比武俨然一场盛会，观众数以千计，从国王到贩夫走卒都来看热闹，赛场边锦旗飘扬，备战的帐篷外挂着闪亮的盾牌，装饰华美的战马雄赳赳地走出帐篷，骑士高声吟诵情诗，长枪上挂着仕女献上的丝巾。然而实际情况比这样的想象更为活泼。大多数比武绝不是什么事关国运的决斗，反倒更像一场乡村集会；丝绸不多，更常见的是稻草；对角斗双方更关键的是狡诈机变，而非骑士精神。当时关于比武的记录大多是在抱怨失控的比武造成的惊人破坏，角斗从赛场蔓延到了大街和花园。尽管如此，马上比武依然实现了它最主要的目的：作为一种有效的训练方式，它利于骑士磨

15 世纪的一幅画作，在巴塞罗那，法国贵族让·德塞恩特（左）在他的情妇德贝莱斯·康西涅斯夫人，以及西班牙国王夫妇的观看下比武。角斗双方的长枪都已在第一次交锋时折断。

一幅描绘海斯廷斯之战的有趣图画，它出自15世纪的一份手稿，上面充满了年代混乱的物品。请注意图中的铠甲、马具和长弓，它们出现的年代都晚于海斯廷斯之战。到15世纪，哈罗德（左下）在战斗中被一箭射死的传说已经广为流传。

炼自己最重要的本领，即骑在全速疾驰的马上击中目标，冲破敌人的防守。

率领这样的骑士团出战异常奢侈，很多小国君主因此破产。骑士需要有侍从帮忙穿戴盔甲，并且按照规章配备 6 匹战马，否则根本不愿意出征。然而在 15 世纪的欧洲，建立起一套足以供养大批重骑兵及其侍从的食物、营地和装备的系统，是一件复杂而精密的工作，难度远超大多数人的想象。军队的后勤队伍规模庞大，包括铁匠、铠甲工匠、油漆匠、制帐篷匠、造箭师、皮匠、制弓匠、车工、木匠、石匠、制轮工、鞍工、征粮官、军需官和专门钉马掌的铁匠。除此以外，还有军医、牧师、法律和文职人员、号手和笛手，以及最不可或缺的厨师。

要是国王或者王子亲自出战，本来已经很琐碎的后勤工作还会变

国王带着军队准备离开营地。请注意，马上的重骑兵（上排右侧）在背上系着固定铠甲的皮带。

厨师为行进的军队备餐。这幅中世纪手稿中即兴创作的插图简直像是事后想到才加进去的。

得更加繁杂。1415 年暮夏，就有这样一支军队来到了现今法国北部加来海峡地区的一座小村外。相似的结局再次上演，胜利属于装备先进的一方，而落败一方的技术将退出历史舞台。法国大军驻扎在村外，他们的使命是逐走觊觎法国王位的英格兰国王——或者在此将其诛杀。亨利五世率领的英军与法国军队的阿金库尔之战宣告了重骑兵时代的终结。

10 月 25 日拂晓，两支军队已经彻夜警戒，保持着临战状态。法国人选择了一个最糟糕的攻击起点：他们在特米库尔森林和阿金库尔森林之间集结，两片森林相距 3/4 英里左右，但它们将在半英里外连成一片，成为法国人随后遭遇英军的战场。2.5 万名法国士兵将在那里覆灭。天色逐渐放亮，法国人的士气却不高：雨下了一整夜，战场泥泞不堪，为了保持身体干爽，大部分法国骑兵被迫在马背上待了一夜；而到了黎明，为了不让铠甲溅上泥巴，他们又不得不四散分开，保持距离。不过英国人的情况也没好多少。之前的17天里，他们或骑马或步行，日夜兼程，从270英里外的登陆点赶来，中间只休息了1天，后8天他们还背着从树林里砍下来的沉重木桩向南行军。一路上阴雨连绵，士兵又食不果腹，只能吃坚果和半生不熟的肉，很多人得了支气管炎和痢疾。而且，他们的人数只有法军的1/4。

双方军队摆出战斗阵型。法国士兵中有1.5万名骑兵，他们排成5行，前两行下马准备步战，少量十字弓兵分散在队列中。英军的步战骑兵分成3组，每组4行，弓兵排成楔形，嵌在队伍之间，两翼还各有一组弓兵，面向阵型内侧。双方僵持了整整4个小时。法国骑士争论着要不要发起冲锋。上午11点，队伍在推搡中混乱起来。谁也不愿意排在冲锋阵型的第二行，骑兵开始互相辱骂。法军征召的士兵来自全国各地，杂牌军的混乱无序此刻开始凸显。就在这时，亨利率军突进，英军进入了法国人的弓箭射程，双方相距约300码。英国人扛了整整8天的木桩被扎进土中，迎着法军的方向竖起。而法军仍在彼此推挤争吵，没有做出任何反应。亨利替他们做了决定，他命令英军弓兵仰射。上千张长弓射出的箭矢落入法军阵中，惊吓了马匹，挤挤挨挨的队伍里伤者甚众。于是法军突然发起了冲锋，但显然缺乏统一的指挥，骑兵们乱糟糟地踏着泥泞冲向英军。这次亨利命令弓兵向马匹射箭，数百名骑兵滚落在地，很多人被同袍的重甲压得无法动弹，窒息而死，侥幸活下来的很快也被冲上来的英国弓兵用刀插进铠甲缝里捅死了。短短半小时，战斗就告结束。英军损失了500名士兵，而法军的伤亡高达1万人。重骑兵不可战胜的神话就此破灭。

这种有能力在顷刻间颠覆中世纪社会秩序的武器名叫威尔士长弓。它由爱德华一世引入英国，能在400码外射中对面的骑兵。如果配上特制的铁箭镞，它在近距离射击时甚至能穿透甲胄。熟练的弓兵1分钟能射出9支箭。一位英国作家曾经讲过一个残酷的笑话，当法国人转身用屁股对着英军以示轻蔑的时候，“这个恶棍的后背立即就被钉上了一箭；还不等他转身看看是谁动的手，又有一支箭刺穿了他的肠子”。阿金库尔战役300年后，仍有很多军事专家认为威尔士长弓是最理想的武器，不过在它登场后的几十年里，甚至很难找到足够的弓手来形成战力。

完美的威尔士长弓淹没在历史的长河中，是因为在阿金库尔战役

1346年的克雷西会战中，威尔士长弓初露锋芒，战胜了古老的十字弓。十字弓手拉弦就位、装好箭矢的时候，长弓手的箭已经飞了过来。十字弓手的下场正如当时这幅图左下角死去的法国士兵所示，往往还没出手就已中箭身亡。

之前的几百年里，3 种新发明的农具已经悄然改变了欧洲的面貌，带来了普遍的繁荣。数千年来农民使用的一直是地中海抓犁：它经过时，安在犁头的刀刃划过土壤，仿佛留下一道抓痕。这种犁源自两河流域一带现今的叙利亚境内，非常适合开垦当地土壤。公元前的三四千年里，地中海地区的人们一直用这种抓犁耕地，那里的土壤干燥轻盈，牛拉着抓犁在田野里纵横穿梭，翻松土地，因此，用这种犁耕出的地是方形的。6 世纪与 7 世纪的大瘟疫过后，欧洲逐渐复苏，人口重新增长，与此同时，瘟疫和帝国衰落的后果日益凸显。森林已重新吞噬了田野，曾经的大庄园早已破败。村子里的农民陷入了困境：欧洲北部厚重的黏土下满是树根和纠结的植物根须，抓犁无法对付这些坚韧的障碍。

到了 6 世纪，一种新式犁改变了这片大陆的面貌和其上居民的生活。它的起源仍待考，不过有历史学家认为它来自斯拉夫国家，因为早期斯拉夫语言中似乎有一些词语指的就是它。在西欧，新式犁最先出现于莱茵河流域和塞纳河盆地。14 世纪英格兰的一本赞美诗集里首次绘出了它的清晰图像。这种犁前端装着轮子，搬起来相当方便，不过最重要的创新还是它犁地的方式：新式犁的犁铧前方，横梁上安有一把垂直的犁刃，可以切开草皮，破开黏重的土壤；犁铧后面斜安着一块翅膀似的弯板，可以铲起松动的土壤，将它翻到右侧。可以说，正是这块看似不起眼的犁板引发了后来的农业革命，因为有了它，在土壤最湿润的时候也可以犁地了。一块地犁到头以后，新式犁可以转一个 U 形弯，反向犁出一道平行的沟槽。最后地里留下一排排犁沟和微微隆起的垄，看起来就像一条条脊柱。土壤中多余的水可以顺利地排出去了。

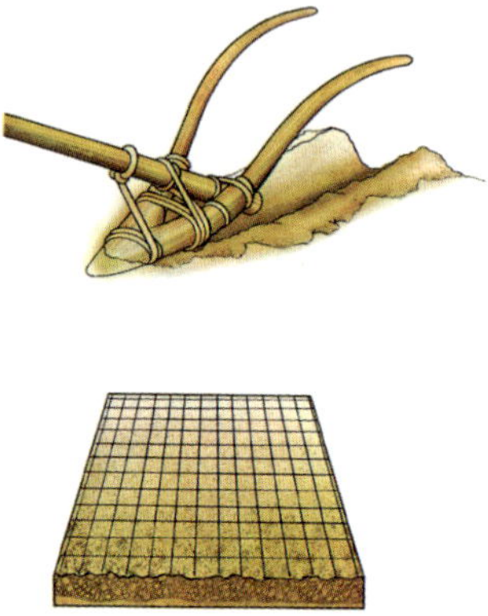

中世纪的地中海抓犁结构非常简单，基本就是在一根棍子上安了手柄和拴牛的轭杆。这种犁只适合土质较轻、植被稀少的土地，农民可以把它拖到地头，也可以赶着牛拉过去。这张图展示了土地经抓犁耕作后的状态。

中世纪的铧式犁。这种犁能在地里挖出一排排深沟，更重要的是，铁质犁刃足以切开欧洲北部地下深藏的植物根须。这张图展示了铧式犁耕出的犁沟和由此诞生的条田。

很快人们发现，牵引新式犁所需的牛，单独一户农家是养不起的：有的铧式犁要 8 头牛才能拉动。于是大家开始集中资源，分担共享。这些共享的牲口和农具当然最好集中在土地中央，人们由此聚居起来，形成村庄。新式犁还改变了田野的面貌。这种犁十分沉重，所以自然要尽量减少掉头次数。于是，地越犁越长，从方形变成了长条，形成了所谓的“条田”。与此同时，农民垦荒的积极性大大提高，因为开垦森林不仅比犁原来的方形土地容易，还能避免改造旧地可能造成的法律纠纷。史诗般的森林大垦荒与千年后美国开发西部的图景相似得惊人。整个村庄的农奴被驱赶着长途跋涉，去开垦大片林地。在 7 世纪著作《斯拉夫编年史》的记载中，一群农奴从现在荷兰的某个村庄出发，去波罗的海岸边垦荒。他们穿过密不透风的森林，念着祈祷平安的祷文，走进未知的黑暗。大部分人成功抵达了波罗的海，他们再也没有回到家乡。

从 6 世纪到 9 世纪，新式犁又经历了两次重要的改良。首先，人们解决了牛的问题。牛行动缓慢，饲养成本高昂，而且拉一架犁需要好几头牛。用马拉犁效率更高，但问题在于怎么把马套在犁上。套牛拉犁只需要用带子系住牛的脖子和肚子就好，但这样的挽具会压迫马的颈静脉和气管，让马窒息而死。8 世纪到 9 世纪，欧洲出现了专门套马拉犁的马轭，它的原型也许是 6 世纪巴克特里亚地区的骆驼挽

人们不断开荒，森林逐渐被蚕食。请注意院子里的蔬菜和在树下打橡实的人，橡实可以用来喂猪。

具。将这种新式挽具带到欧洲的可能是南方的阿拉伯人，也可能是北方的维京人（他们的身影曾经在拜占庭帝国出现，也许从那里带回了新挽具的式样）。无论如何，到 10 或 11 世纪，这种马轭已经广泛采用，效果立竿见影：马的耕地效率是牛的两倍，地里的产出迅速提高，人口也随之增长。

几乎同时出现的另一项农具革新是钉在马蹄上的铁掌，它的确切起源同样尚无定论。9 世纪，西伯利亚已经有了马蹄铁，同时期的拜占庭也记载了它。11 世纪，马蹄铁已经传入了欧洲。马蹄铁保护了

中世纪庄园里的人们过着一种集体生活，维系其存在的核心是共享牲畜和农具。人们伐树砍柴，木头既是燃料，也能为日益增长的人口修筑更多房屋。请注意，在这个时期，斧头和钩镰成了铁质，犁上也装着铁打的半角锤，用来调整犁刃耕地的深度。

13世纪一本养马专著里的插图。这个时期，铁匠成为欧洲最重要的工匠。和英国的铁匠不同，欧洲大陆的铁匠给马钉掌的时候不会跨坐在马腿上。

脆弱的马蹄，钉了铁掌的马能够适应任何地形，潮湿天里也不会烂蹄。人们可以更加放心地骑马，不必担心马匹受伤。骑马比走路快得多，所以农民可以住得离耕地远一点了。集体生活好处多多，村庄不断发展壮大。

或许正是新式犁的普及和喂养更多役畜的需求，导致了某种耕作方式大为流行。有人认为，正是这种方式让欧洲的财富和权力中心逐渐转向阿尔卑斯山以北。它就是著名的三圃制。数百年来，农民一直遵循着传统，轮流播种两块地：一块地种庄稼的时候，另一块就轮休放牧牲口，利用牲畜的粪便恢复土地的肥力。随着人口和牲畜数量增长，仅仅依靠垦荒已无法满足人们对食物的需求，三圃制应运而生。这种耕作方式的出现可能另有一重原因：欧洲北部的气候与地中海区域不同，夏天雨量充沛，足以多灌溉一种作物。农民春天在第一块地里播下燕麦和豆子（黄豆或豌豆），秋天在第二块地里种谷子，第三

14 世纪的伦巴第农民正在采摘豌豆。时人没有错过豆子的营养。这幅图来自一份名叫“健康指南”的手稿。

块地轮休。当时的主食是谷物，豆类则是重要的膳食补充。（难怪一位著名的历史学家曾说，中世纪充满了豆子。）豆类的优势在于它们能够从空气中固氮，不需要额外的肥料，还能为土壤补充微量元素。豆子提供了富含氨基酸的膳食，再加上谷物提供的碳水化合物和家畜供应的脂肪，以及三圃制带来的 50% 的增产，欧洲人口飞涨，人们的生活条件也大大改善。

首先我们来说人口的增长。以现代的眼光，你或许会习惯性地认为人口增长弊大于利。但中世纪欧洲的人口只有现在的 1/10，发展生产缺的不是原材料，而是劳动力。人口增长意味着地里有更多人耕作，农作物产量因此直线上升。到了 13 世纪，富余的粮食足以供养各种工匠：织工、屠夫、铁匠、建筑工、木匠，等等。他们制造的产品不但能满足本村的需求，还有富余的可以卖出去。钉过铁掌的马在村庄之间穿梭，贸易日益繁荣。农民和工匠可以用自己的产出换到钱，再拿着钱去买那些曾被视为奢侈品的东西。富余的产出越来越普遍，集市在整个欧洲遍地开花。某个地方多出来的东西总有另一个地方需要它，买卖也成为一门专业技能，有人开始以此为生。随着贸易发展，商人又会拿出部分利润来美化举行集市的镇子，努力提高它的地位，好吸引更多人来此做买卖。中世纪的许多大教堂正是靠这样的资助建立起来的，法国北部的沙特尔主教座堂就是一例。当地商人集资为教堂安装了彩色玻璃窗，以标榜他们的业绩。

到这个时期，星期天已经不再是疲累劳作的人们静息祈祷的日子了。有人得管理自己的财产，有人要谈生意，还有人喜欢去小酒馆里坐坐，人们开始以各种方式享受生活。1365 年，爱德华三世颁布法令，禁止嫖娼和其他浪费时间的不良娱乐方式，包括赌博、足球、跳舞和游戏。掌权者真正头疼的地方在于，这些新鲜嗜好占去了人们的时间，让他们在星期天根本顾不上参加除祈祷以外唯一合法的活动——箭术练习。弓箭手需要多年的训练才能熟练使用长达 6 英尺的紫杉弓，但如今的壮年男子竟把宝贵的训练时间浪费在娱乐上。所以，长弓的辉

14 世纪英格兰的星期天箭术演练。场地两端各有一个靶子，以免弓箭手来回奔跑；练习用的箭头都是钝的，基本不会伤到人。

15 世纪法国的乡间狂欢。农民尽情享受富余的食物和钱财带来的快乐，不远处是镇子的围墙，农民可以去镇上贩卖产品。天使在空中俯瞰大地，赞颂人间的富足与和平。

煌岁月如此短暂，归根结底是因为农业革命大幅提高了生活水平。不过，14 世纪，欧洲那些好战的君主幸运地找到了一种新的、更简便的杀人方式，它来自中国。

毫无疑问，火药是中国人发明的。争议之处在于，他们使用火药的方式是否与欧洲人相同。关于来自中国的发明，这个问题或许值得我们暂时离开主线，深入探讨一下。公认出自中国的重要发明包括造纸、纺丝、发条、一些天文仪器、横织机、纺车和水车。这些发明凝聚了无数奇思妙想，在人类的工具制造史上举足轻重。5 世纪至 15 世纪期间，中国无疑是全球能工巧匠最多的地方。尽管如此，现代世界的新技术却大多出自西方，从中不难发现，在历史进展的那些关键时期，创新在这两种文明中对社会的影响相去甚远。东方社会比较稳定有序，新发明鲜少能获得空间来催生翻天覆地的社会变革。而在混乱又充满活力的西方，情况就完全不同了。最主要的原因可能是中国的地理环境造就了迟钝的官僚体系。中国拥有广阔的平原和滔滔大河，据文献记载，很早就出现了大规模的灌溉系统，这样的工程需要调动大量人力，也需要稳定的中央集权来调度和掌控。数千年来，中央政府运营维护灌溉系统，同时也把控着社会的权力，守卫着自己的地位，维持着严格固化的社会，所以阶层之间的流动非常困难。个人完全无意也无力利用技术改变自身命运，进而跻身上层社会。所以，新发明尽管诞生在东方，却在西方才有可能引发大范围的变革。简而言之：中国人用火药制造喷火箭甚至手雷，西方人却用它来摧毁城市。

硝是制造火药的主要原料，有详细记载的第一份制硝配方出自 1044 年的中国著作《武经总要》，此时距离海斯廷斯之战的爆发还有 22 年。欧洲人则是在猪圈、地窖和粪沟里发现了天然形成的硝，它

欧洲对火药的记载最早出自阿拉伯旅行者伊本·贝塔尔。他记述道，埃及人对火药有所了解，它在埃及被称为“中国雪”，因为硝土是白色的。这幅图描绘了德意志的一家制硝工厂。浓缩的液体先在左边的高桶里冷却，继而被灌进右边的锅炉里再次煮沸，然后在右上的浅盆中蒸发，最终析出硝的晶体。

是由粪便中的细菌与土壤里的石灰和尿相互作用生成的。畜圈的外墙常用粪土修砌，人也会在墙根下解手，这样的条件正适合硝的生成。后来人们发掘了硝石矿，开始大量产硝，不过依然盛传主教酒后的尿液有特殊功效。人们挖掘出硝石或是从墙上刮下含有杂质的天然硝以后，把它和泥土、草木灰和石灰一层层铺好，然后引水缓慢渗透混合物，收集渗下的水，加入碱液和明矾煮沸。当时这些材料都是纺织业常用的收敛剂，用来给刚剪下的羊毛和新织的布匹除油。沸腾的溶液浓度升高达到饱和，析出晶体。这就是纯净的硝。硝与碾碎的硫黄和木炭混合，就成了火药，引燃后会剧烈爆炸。到 13 世纪晚期，有记载表明德意志地区已经出现了火药“工厂”，还有个名叫“希腊人马克”的人出版了一本书，专门介绍火药的配方和使用建议。

是谁想到用火药推动石头从金属管中射出去的？真相已经湮没在历史的迷雾中。最早的大炮“射石炮”出自铸钟匠之手，不得不说，这有些矛盾，因为数百年来，钟一直是和平的象征。铸钟用的是青铜，这是一种铜锡合金，熔点较低、易于加工。（熔炼出铸铁需要更高的温度，铸铁炮直到 14 世纪晚期才开始出现，那时人们掌握了用水力风箱为鼓风炉供氧的技术，获得了足以熔化生铁的高温。）第一门射石炮也许就是把一口钟翻了过来，往里面填上石头和火药，因为早期的射石炮看起来真的和一只口朝上的钟差不多。不过，13 世纪末一份手稿的插图里曾经出现过一件模样古怪的东西，它看起来就像一只长颈花瓶，但纤细的瓶颈里飞出了一支箭。

这幅 15 世纪的画中出现了新式大炮的身影。老式的射石炮体积很大，只能固定在阵地上；新式长管炮小了很多，可以架在轮子上拖动。

利用大炮攻陷城市的记录首先出现在意大利夫留利地区一座名叫奇维达莱的小城，离现在的斯洛文尼亚边境线不远。早期的射石炮庞大而粗陋，经常炸膛，往往在轰击对方之余，杀伤自己的炮手。这些大炮的精度也不敢恭维，而且每天只能开几炮。所以当时，大炮最主要的作用是威慑，很少真正开炮造成杀伤。射石炮搬起来很不方便，14 世纪的人们习惯把它们固定在巨石之间，等到战斗结束再拆下来。尽管是摆设，射石炮营造出的心理威慑还是相当惊人的。但凡听说敌方运来了大炮，城镇就会立即投降。不过，随着火药的质量和可靠性不断提高，并且炮弹从石弹升级为铁球，大炮很快成为摧毁城墙的利器。到 15 世纪中期，没有哪个城主胆敢不装备大炮，军队对这种惊人的新武器的需求飞速增长。少有发明让人如此贪婪地渴求，军费随之越发高昂——稀缺的不是支持野心所需的物资，而是货币本身。

中世纪的欧洲一直囿于货币紧缺的困境，15 世纪晚期，黑死病的阴影散去后，货币更是短缺到无以复加的程度。一方面，某些地区的物价翻了两番，另一方面，虽然很多幸存者通过继承遗产而使财产翻番，但新贵们迅速增长的购买胃口仍然使得市面上流通的货币越来越不够用。为解决这个问题，探矿者在位于如今德国北部的哈尔茨山脉中寻找更多银矿。1516 年，他们在如今捷克境内的亚希莫夫镇（时称约亚希姆斯塔尔）的山中发现了史上规模最大的银矿之一。就采矿而言，此地还拥有两大优势：有众多瀑布以驱动采矿机械，木材的储量也很丰富。木头既能用作建筑材料，也能烧成木炭熔炼矿石。约亚希姆斯塔尔银矿发现以后，成千上万的寻宝者蜂拥而来，在矿井中挖掘财富。1516 年到 1540 年间，约亚希姆斯塔尔的产量达到最高峰时，135 条矿脉每年的银产量总计可达 300 万盎司，镇上的造币厂日夜不停，以最快的速度铸造出一枚又一枚银币。这种银币被称为“约亚希

这幅15世纪90年代的画作描绘了约亚希姆斯塔尔附近库特纳霍拉的银矿工的社区生活。前景里，工人在草草挖成的早期矿道里工作；工人头顶的地面上有繁忙的井口，马拉动绞盘，把矿石送到地面上；接着，矿石经过冲洗，被送到画面最上方的市场里出售。

姆斯塔勒”，简称“塔勒”（Thaler），这个词最终演变成了现在的“dollar”（美国、澳大利亚等国的货币单位）。

1520 年，这座小镇的人口已经暴涨到了 1.5 万以上。1527 年，33 岁的格奥尔格·鲍尔被派到这里担任医师。他将以笔名“阿格里科拉”闻名后世。身为一位医生，鲍尔同时还拥有古典文学学位。他曾在意大利游学，在那期间对科学产生了兴趣。在约亚希姆斯塔尔工作 3 年后，他辞掉了职务，转而研究采矿领域的问题。1533 年，鲍尔开始撰写一部全面介绍矿冶的百科全书，这部巨著历时 17 年终告完成。1556 年，《矿冶全书》甫一问世就引发了巨大反响，直到 200 年后，矿工仍把这本书奉为圣典。《矿冶全书》涵盖了采矿冶金的方方面面：地质学、成分测定、熔冶、矿井建造、排水。在介绍排水的章节中，鲍尔试图解决一个正在整个欧洲的银矿、铁矿、盐井和明矾井中频繁出现、让人头疼的问题。鲍尔写道：“积水太多是矿井被废弃的一大人为原因……如果矿井太深，机器就无法抽干地下水。”

鲍尔介绍了 3 种排水的方法，但无论是独立使用还是联合使用，它们都无法排干那些最深的矿井。排水机的动力或来自水车，或来自马拉绞盘。排水方法有若干种。其一是把疏松的、吸水性强的布块扎成小球，以一定的间隔绑在往复转动的链条上，再将链条缒下到达积水的地方，布球经过积水区时会吸饱水，等它回到井上再由人拧干，如此循环；其二是把巨大的木制螺丝一头浸到水里，随着螺丝旋转，水会沿着螺纹向上流出井口；其三是在转动的水车轮轴上安装一个曲柄，曲柄连着一个内置活塞的竖直圆筒，圆筒底部敞口并带阀门，浸在水里，曲柄驱动活塞，将水抽入圆筒，底部阀门关闭，上方的另一个阀门打开，下降的活塞便会让水通过阀门流出去。这是当时最有效

阿格里科拉《矿冶全书》中的插图，分别介绍了矿井排水的两种方式。左侧的系统核心部件是链条和布球，只适合水不太多的情况。右侧的提水泵能抽出地下32英尺处的积水。请注意当时是采用水车驱动提水泵：思路是“以水治水”。

的排水方法，但它有一个令人费解的限制：活塞最多能把水抽到水平面上32英尺的高度。16世纪40年代，人们在南美洲发现了大量银矿，欧洲的采银活动逐渐衰落，不过铁矿仍是欧洲经济的支柱，矿井排水的问题深深困扰着16世纪的矿工。

1630年，这个难题依然悬而未决：一位名叫乔瓦尼·巴蒂斯塔·巴利阿尼的热那亚人写信给伽利略，请求他解释32英尺的神秘限制，但伽利略并未上心。直到1641年，伽利略去世之前3个月，事情才出现转机。一个来自意大利北部法恩扎的年轻人来到佛罗伦萨做伽利略的助手，他名叫埃万杰利斯塔·托里拆利。托里拆利是数学家，曾在罗马求学，其间开始对真空的问题产生兴趣。虽然伽利略说过真空不可能存在，但托里拆利在罗马结交的一些朋友私下里一直在做实验，试图制造真空。听说了巴利阿尼的疑惑，托里拆利决心深入研究。他相信，矿井底部的积水只能被抽起32英尺高，一定与积水承受的空气压力有关。然而，搭建一座32英尺以上的装置并不容易。随后托里拆利意识到，如果用密度远大于水的水银做实验，就可以把一切设备的规模都缩减到1/14，因为水银的密度是水的14倍。

1644年6月，托里拆利给罗马的同行兼朋友米开朗基罗·里奇写了一封信，阐释他自己的助手温琴佐·维维亚尼做的一个实验，并在页面边角处画了几幅示意图。维维亚尼在6英尺长的管子里装满水银，然后用手指堵住管口，把管子倒转过来立在同样盛有水银的盘子里。挪开手指，管子里的水银立即流进了盘子，但是水银柱下降到离盘子里的液面还有大约30英寸的地方就停住了。托里拆利认为，出现这样的现象，此时管内水银对管口液面的压强一定恰好等于盘面上方的空气重量对盘中水银的压强。要是空气没有重量，管子里的水银就应该全部流进盘子里。他写道："我们生活在空气海洋的海底。"这个实验的意义还不止于此。管子顶部因水银下降产生的空间中容纳的正是那原本不应存在的东西：真空。托里拆利写道："如果我的推测属实，那么空气海洋中的压力一定与我们在海中所处的深度有关。"

里奇意识到，罗马教廷绝不会善意对待这一宣告，因为托里拆利的发现还牵涉到更加深远的问题，例如行星之间是否是真空。于是他把托里拆利的信抄了一份，寄给了巴黎的马兰·梅森神父。梅森神父是一名杰出的方济各会修士，主持着一个“远程”科学沙龙，其中云集了许多激进派思想家：梅森与欧洲各地的科学家保持着通信，而且会把各方面寄来的信件誊写转寄同好，这为他赢得了“欧洲邮箱”的美称。托里拆利的信正是以这种方式寄到了梅森手里，当然，梅森第一时间就把复本寄给了同样对真空问题有兴趣的朋友，巴黎一名税务员的儿子布莱兹·帕斯卡。收到信的当时，帕斯卡正忙着在巴黎的赌场里研究概率论，两年后，他来到了鲁昂。在鲁昂，帕斯卡验证了托里拆利的实验，不过他用的是水。不幸的是，帕斯卡无法检验托里拆利理论的第二个部分，因为鲁昂附近没有高山；幸运的是，帕斯卡的姐夫弗朗索瓦·佩里埃住在法国中部群山环绕的克莱蒙费朗。帕斯卡写信给佩里埃，请求他帮忙完成下一步实验。

1648年9月19日，托里拆利去世1年后，佩里埃和几位可靠的朋友（当地教士和市政委员）一起，先是在多姆山脚下放了一个倒置着水银管的盘子，然后带着另一套同样的设备慢慢爬上山。在4000英尺高的山顶上，佩里埃把水银管倒置过来，在不同地点、不同的天气状况，记录下水银柱的高度：墨丘

托里拆利的实验同时证明了气压和真空的存在。在这场早期的实验中，他们发现所有直径相同的管子里水柱的高度一致。

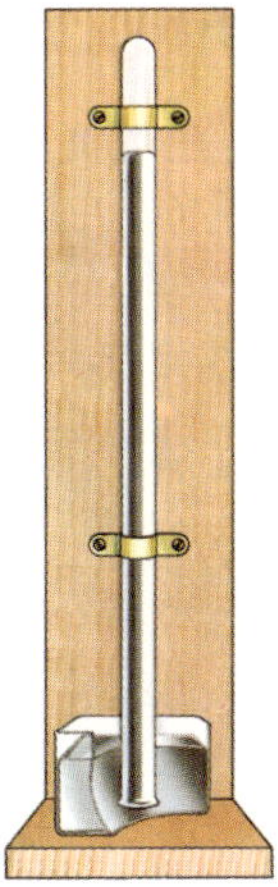

现代气压计的雏形。气象条件不同导致气压变化，水银柱的高度也随之升降。天气晴好时气压高，阴雨天气压低。

利神庙遗迹内外、风口和避风处、雾里、雨中、阳光下。无论在哪里，结果都正如托里拆利信中所预言，山顶上水银柱的高度比山脚下的低。他们得出结论，山顶上的大气压力较小，所以只能支撑这么高的水银柱。所有人都兴奋不已。气压计就此问世。

山顶实验展现出变革过程中某些关键的时刻：诸多线索汇聚于同一枢纽。气压计的发明和大气压的概念瞬间打开了无数条创新的思路。以此为起点，人们开始研究真空（参见第二章）、探索气体的性质，发现了氧气，提升了呼吸系统疾病的医疗水平；以此为起点，最终诞生了热气球和喷气发动机；以此为起点，科学家开始探究光线（后来还有其他射线）在各种气体中传播的方式，发明了阴极射线管和雷达。然而，以此为起点，最古怪的探索路径要数一位法国天文学家的发现。1675 年的一个深夜，让·皮卡德高高兴兴地挥舞着气压计从巴黎天文台回家，突然发现了一件怪事：他手里的气压计竟然在发光。他将气压计晃了又晃，发现越使劲，气压计的光越亮。这一发现引起了许多人的兴趣，很快有人给它命名为“生命之光”。在众多实验者中，伟人牛顿的门徒、英国的弗朗西斯·豪克斯比第一个做到了能随心所欲地重现皮卡德看到的辉光。他制造了一种带有进气阀门的管子，测量流入管子的空气体积，发现在气压计充有一半空气的时候，辉光最为明亮。1705 年，豪克斯比告诉皇家学会，辉光是由玻璃和水银摩擦产生的（就像居里克摩擦硫黄球时产生的光芒一样），基于同样的原理，其他材料，例如琥珀和羊毛制品，摩擦时也能发光。

次年，豪克斯比造出了一台感应发电机。通过转动一根连接在巨大驱动轮上的曲柄，可以使一个抽成真空的玻璃球旋转起来。玻璃球上有一个阀门，可以由此向球内注入空气。玻璃球转动时，如果轻轻把手放上去，就会出现神秘的“光亮”；玻璃球内空气半满时，光的亮度达到峰值。豪克斯比提到，伴随光亮而来的噼啪声让他想起了闪电。旋转的玻璃球还会吸引金属屑、丝线等物品。豪克斯比建议，这些现象值得进一步研究。1729 年，斯蒂芬·格雷发现，如果用灯芯绒布用力摩擦玻璃管，也能产生一定的吸引力，这种力还可以传递。若是在绒布上系一根绳子，哪怕它有 800 英尺长，摩擦时，绳子另一头也能吸起羽毛。

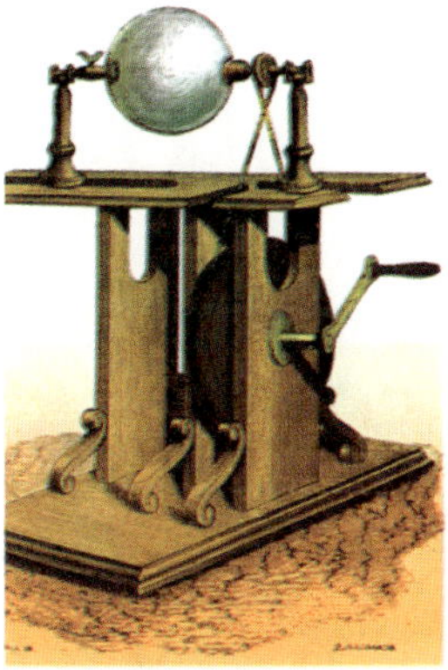

豪克斯比的感应发电机。请注意球体左侧打开的阀门，它用来控制向抽成真空的玻璃球里通入多少空气。

接下来的几年里，电学研究呈现出游乐场的气质。科学家带着满车的设备满欧洲巡回演讲，奇妙的电火花和引力看得观众目瞪口呆。这场狂欢结出了许多古怪的果实，其中一颗便是詹姆斯·格雷厄姆在伦敦建立的“疗养殿堂”。这家疗养院以“宇宙神力电磁床”为噱头，宣称豪克斯比发电机制造的电场拥有神奇的疗效，可以让不育的夫妻获得生育能力。不少名流仕女为他们站台背书，扮演“健康和婚姻女神”，其中就有艾玛·里昂，即后来的纳尔逊将军的情妇，大名鼎鼎的汉密尔顿夫人。一

阿姆斯特丹成人教育协会举办的一场关于电学的演讲。范·斯威顿教授指着玻璃管里闪动的电火花，他的助手在一旁摇静电发电机的手柄。一位观众饶有兴趣地盯着左侧黑板前方的一项新发明：莱顿瓶。

个名叫克里斯蒂安·豪森的德国实验者也引发了巨大的骚动，他把小男孩关在木框里充当导体，然后用发电机给他们通电，观察他们能不能把其他东西吸引到身上。

1745 年，来自波美拉尼亚[①]的神父埃瓦尔德·尤尔根·冯·克莱斯特和荷兰物理教授彼得·范·穆森布罗克让电学研究更进一步。两人不约而同地开始尝试用豪克斯比式发电机给装满水的玻璃瓶“充电”，希望将电储存起来。他们做到了。玻璃瓶被“充饱”后，轻轻一碰瓶壁，就会感觉到明显的电击。这种电容瓶在荷兰的莱顿大学得到了改进，并且由此得名“莱顿瓶”。莱顿瓶启迪了下一步的研究。1746 年，法国一家修道院的院长让－安托万·诺莱叫许多修士手拉手

①位于今天的德国和波兰。

站成一圈，然后将莱顿瓶放到一名修士手里，观察修士们一个接一个被电得跳起来的情景。诺莱以典型的法式风情享受着实验科学家的崇高地位，正如当时一位爱慕他的贵妇在信中所写：“院长写信告诉我，他交往的不是达官贵人就是佳丽。这样美好的生活哲学显然很快就会传遍巴黎。愿上帝护佑它永远流传！”

到 1749 年，电力已经应用于采矿和引爆火药。1786 年，又出现了一条爆炸性新闻：动物体内存在电流。意大利博洛尼亚大学的解剖学教授路易吉·伽伐尼发现，如果

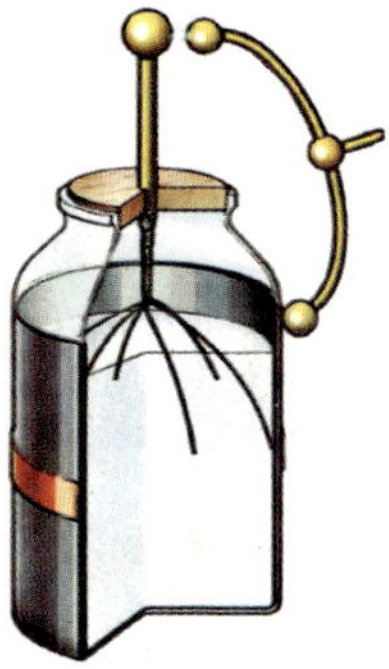

世界上最早的电容器，莱顿瓶。玻璃瓶里灌满了水，使用者可以通过瓶口的竖柄给莱顿瓶充电。用导体接通竖柄和瓶身外的金属层则可以放电。

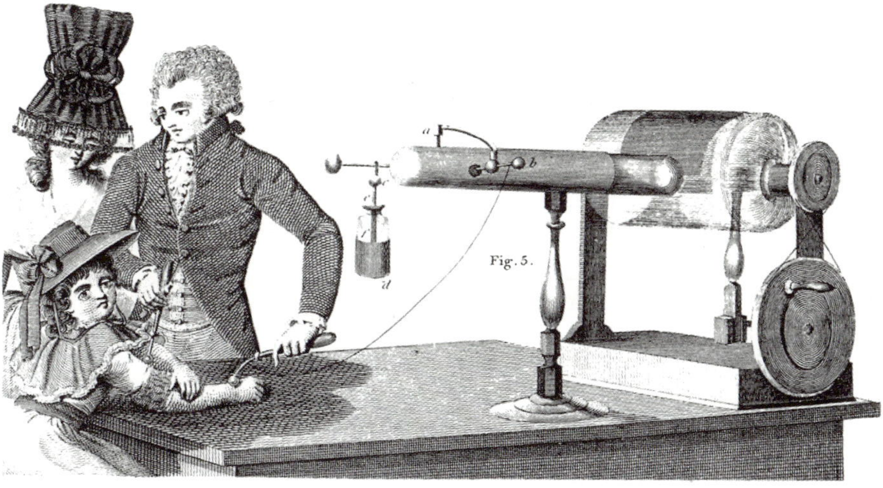

由于听信电具有神奇疗效，无数病人被电得直叫。18 世纪，英国甚至有人建议用电击来减轻穷人的痛苦。

用金属轻触青蛙的腿，蛙腿上的肌肉就会抽动。10年后，他的同胞亚历山德罗·伏打发现，伽伐尼当时之所以会观察到肌肉抽动，其实是因为他使用了两种不同的金属。伏打把铜片和锌片交替叠成一堆，放进水里，再向水中加入少量酸，然后发现这堆金属“三明治”产生了持续的电流。1800年，他发表了自己的研究成果，并且向市场推出了“伏打堆”，这是世界上最早的化学电池。科学家对电的兴趣越来越浓厚，并开始重新审视电和它产生的吸引力有何关系。19世纪初，两个法国人把1480片金属组成的伏打堆放进水里，却发现它并未指向北方：按照他们的预想，如果电真的和磁有关，伏打堆理应偏转，表现出指南针的特性。但事实上，放在旁边的一根细钢条的确偏转了，二人却觉得这事无关紧要！就这样到了1820年，一位名叫H. C. 奥斯特的丹麦人在哥本哈根讲课，下课前，他为了演示一个实验，

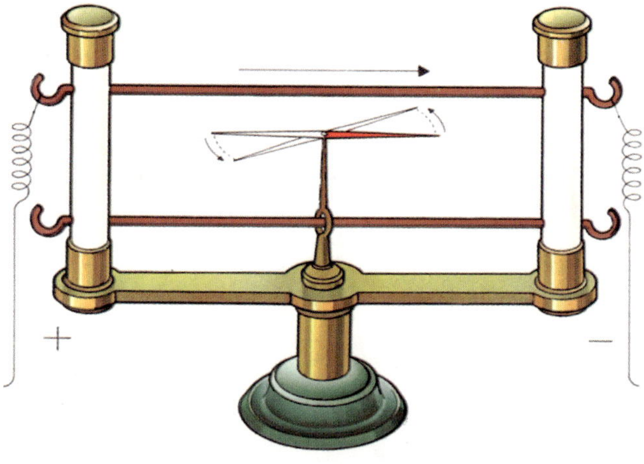

现代电学的萌芽。奥斯特证实，沿上方箭头方向传播的电流会产生磁场，导致磁针向磁场两极偏转。经过两百年的探索，人类终于确认了电和磁有关。

给一段导线通了电。结果他发现，恰好放在附近的一只指南针居然动了。电流一接通，磁针立即偏转。于是奥斯特推断，既然电流会影响磁针，那么电流周围一定基于某种原因伴有一个磁场。

哥本哈根的这间教室成了现代社会最重要、影响最深远的发明的源头，虽然当事人奥斯特不可能知道这一点。同年，法国人安德烈·安培谈论奥斯特的发现时提出，那个磁场想必正是由电流创造的。确实如此：1825 年，英国人威廉·斯特金把一根通电的导线绕在一条软铁棒上，制造出了世界上最早的电磁铁。紧接着迈克尔·法拉第做了相反的实验，他把磁铁放在马蹄状的线圈里旋转，结果线圈中产生了电流。1857 年，德国科学家兼钢琴家赫尔曼·冯·亥姆霍兹（他对耳朵的工作机制很有兴趣）发现，如果对着钢琴唱歌，琴弦也会振动。于是他把一块连着电路的电磁铁放在音叉旁边，通过电路的开关控制磁铁吸引或放开音叉，使音叉振动发声。

以上所有人的工作，最终由波士顿一位试图教聋哑人说话的苏格兰人联结到了一起。1874 年，他在麻省理工学院第一次见到了声波记录仪，这种设备是法国人里昂·史考特发明的。史考特在一个圆锥筒的窄端蒙上一层薄膜，再把一根细棍的一头贴在薄膜上，另一头连着一把放在烟熏玻璃上的短刷。对着圆锥筒说话的时候，被集中起来的声音振动薄膜，推动短刷从烟熏玻璃上扫过，画出一条波浪线。如果声音变化，波浪线的形状也会随之改变。最重要的是，这些形状并非任意，而是呈现固定的模式：每个音节都有独特的图形。这名苏格兰人大喜过望："如果能找到每个音节的确切形状，听不见的人想学说话就简单多了。"此前他一直用音叉来帮助学生感受声音的振动，麻省理工学院的朋友也曾向他讲述过奥斯特、斯特金、法拉第和亥姆霍兹的研究背后的原理。1875 年，这位苏格兰人把前辈们的成果融合到了同一台设备中。他把一根导线的中段绕在铁棒上，导线的一头接上电池，另一头绕在一段距离外的另一根铁棒上。两根铁棒旁各放置一个圆锥筒，圆锥筒的宽口敞开，窄口蒙有金属薄膜。发出声音振动其中一片金属薄膜时，它就会在磁场中往复运动，导致磁场波动，导线中的电流也随之波动；这样的波动沿着导线传到另一头的电磁铁中，引起磁场波动，于是这边的金属膜也以一模一样的方式振动起来，发出同样的声音。

这位集大成的苏格兰人名叫亚历山大·格雷厄姆·贝尔，他发明的设备是世界上第一台电话。

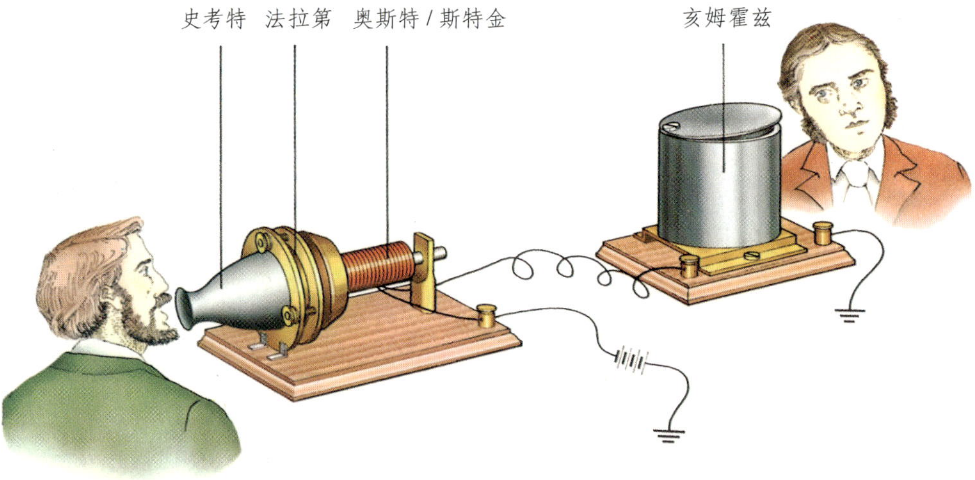

与许多发明一样，电话凝聚着众多前人的研究成果。

4 数字的魔力

1470 年的一幅手稿插画描绘了博洛尼亚衣料市场的景象。制衣业是中世纪晚期欧洲经济的重要支柱。画面中央的裁缝正在为一位潜在客户测量尺寸。这个时期，衣服布料和款式繁多，政府甚至颁布了法规来规定各个阶层的穿着。

奥斯特发现了电流与磁场之间的关系，以此为根基，远程通信系统建立起来，极为深远地影响了现代社会的发展。暂且不谈电话、电视和电脑数据库对个人生活的影响，从宏观角度来说，远程通信技术也让现代国家组织运营的方式上升到了前所未有的新层面。通信系统成了强有力的调控工具，通过鼓励或禁止特定信息的传播，政府悄无声息地掌控着国家的政治、经济和文化，塑造着国家形态和国民生活。新技术使人们可以几乎实时地与地球另一端的人交换海量信息，巨型跨国企业得以诞生，它们的存在模糊了国家边界，促进了各国之间的合作，同时也冲击着传统的国家概念。远程通信技术还使得国际政治组织能够随时与各国政府保持联系，唇枪舌剑可以永不停歇，于是它逐渐取代真枪实炮，成为冲突的主要形式。

远程通信技术使万物彼此联结，在地球上的任何一个角落都可以瞬时传送信息，如此一来，大可协调政治与经济活动的步调，力求达到完美。我们已经置身于翻天覆地的通信革命之中。

技术让个人通信设备变成了不离手的必备品。在直播卫星的帮助下，西方（尤其是美国）文化在各国长驱直入，动摇着本土的宗教信仰和不同意识形态。当今社会不再有美苏冷战或帝国扩张，而是由 19 世纪的各大帝国，例如法兰西、不列颠、西班牙、葡萄牙和荷兰，残留的碎片组成。这些碎片在通信网络上聚合为一体，每个碎片都拥有整个网络中的每一名成员依自己的意愿传播的知识。随着越来越多的国家有足够的技术建立并维护通信网络，我们是否即将面临一个信息冲突的时代？这样的发展又将如何影响后帝国时代松散的同盟关系？

大帝国的崩溃可以追溯到罗马时代。罗马帝国崩溃后，高卢省分裂成了几个小国，当时他们也维持着一套通信系统，将彼此凝聚起来，并沿用了帝国的部分管理制度。这套系统的操作者同时也守护着罗马最先进的技术，最终，正是这些技术在 10 世纪让欧洲的权力中心从地中海地区向北转移。法国南部阿尔勒附近宏伟的巴贝加尔帝国磨坊便是这套系统的一大醒目标志。这座磨坊修建于公元 3 世纪，可能是整个罗马帝国最庞大的综合工业设备。8 对水车间隔安装在一道 65 英尺长的斜坡两侧，水从坡顶的水库流下，推动水车，同时，一条引水渠源源不断地为水库补水。传动装置将水车轮轴的水平自转转化为垂直运动，作为石磨的动力，每台水车可以推动两台石磨。这座磨坊研磨的小麦来自四面八方，最远的甚至来自埃及。当地首府阿瑞斯拥有 1 万人口，而巴贝加尔磨坊出产的面粉足够养活 8 万人。多出来的面粉有的出口，还有的成为高卢驻扎军团的口粮。

大约就是在修建巴贝加尔磨坊的时期，罗马帝国一分为二，一边的首都仍在罗马，另一边则以君士坦丁堡为中心，那是君士坦丁大帝在博斯普鲁斯海峡旁建起的一座新城。从此以后，罗马城失去了欧洲

科威特的一座卫星站。正是这种设施反射来自卫星的无线电波，完成远距离信息传送，让我们在地球上的任何地方都能打电话。卫星在地面上空 2.3 万英里的轨道上运行，在那个高度上，它们绕轨运动的角速度恰好与地球自转的角速度一致，因此卫星与地面保持相对静止。收发天线一旦对准卫星，就无须重新调整位置。

东部财富的滋养，但它依然保留了庞大的官僚体系和 30 万大军，要继续供养他们，唯一的办法是加税。

加税造成的后果一环接一环，西罗马帝国不到 200 年便因税务体系而轰然崩塌。税赋增加后，佃农和租客承担的租金随之上涨，佃农手中余下的粮食越来越少，于是出生率开始下降。与此同时，由于正值税制调整期，税赋的管理和征收需要更多人手，为了供养这些官僚，政府不得不继续加税，人口也继续下降。在这样的恶性循环中，西罗马帝国的经济渐渐衰败，几近崩溃。

5 世纪，为了保卫首都罗马，军团开始收拢、后撤，过去两百多年来一直与帝国保持联系的日耳曼部落逐渐站稳了脚跟。在高卢省，从 4 世纪开始，他们就掌握了极大的话语权。5 世纪与 6 世纪，所谓的野蛮人入侵时，与他们交战的实际上是这些罗马化的法兰克人和勃艮第人，而不是罗马士兵。政府一直禁止当地人持有武器，而军团又已撤离，人们没有组织起什么像样的抵抗。小城邦如雨后春笋般涌现，曾经支撑帝国经济体系的大庄园失去了存在的价值，逐渐衰落。当地人大多只在村庄周围活动，没有了纵横来往的军团，帝国修建的大道无人使用，维护费用又很高昂，因此也日渐荒废。随着高卢省分裂成许多自给自足的小王国，贸易陷入了停滞；6 世纪与 7 世纪的大瘟疫更是雪上加霜，欧洲人口足足减少了一半。

此时，教堂成了使拼贴画般的各个小国保持联系的通信枢纽。5 世纪时，教会的教区多设立在人口密集的地区。随着军团撤退，地区的实际管理权落入了当地主教和神职人员之手：他们能读会写，而新的统治者不会。正是因此，教堂获得了诸多特权，尤其是免税，而且教堂还可以向自己的佃农征收 10% 的税，称为什一税。于是，即使

10 世纪的牙雕书封，圣格雷戈里和他手下的抄写员在辛勤抄写手稿。破旧的藏书需要新的抄本来替换，当时欧洲数量猛增的修道院藏书室也需要大量抄本。

在严苛的税制下，教堂依然过得相当滋润。8 世纪的欧洲教堂和修道院星罗棋布，许多神职机构还兼职一项额外服务：为当地居民寄送邮件，因为缺乏中央集权的政府无力完成这个任务。人们会因为需要驮马和信使，有时候甚至是拉货的马车，而呼吁新修一座教堂或修道院，它的服务范围能涵盖方圆 150 英里。在阴霾密布的黑暗时代，教堂构成的通信网络联结着各个小国，除了教会事务以外，它们也传播新闻和承载知识的手稿。

一些重要的技术知识正是在修道院的抄写室里得以保存，否则，它们或许早已湮没在历史的迷雾中，因为“蛮族”根本用不上它们。建造巴贝加尔磨坊那样的巨型工厂所需的技术知识，就是这样保存下来的。磨坊运用的古希腊式传动系统最早见载于古罗马工程师维特鲁威笔下，他在公元前 14 年详细描述了这种机器，并声明“这种机器相当罕见”。与中世纪全靠水车推动各种石磨不同，古希腊和古罗马人很少用水车驱动工业设备。历史学家提出了几种可能，最主流的一种观点是，当时的希腊和罗马都拥有大量奴隶，所以不需要靠设备来节省人力。还有一个可能是，在高度集权的帝国政府统治下，大型生产设备（例如巴贝加尔磨坊）只需少量就足以满足广大地区的需求；直到帝国崩塌，每个小国都要自力更生，各地的人们便开始按自己的需求修建相应的磨坊。从 5 世纪到 10 世纪，关于磨坊的记载不绝于史，

大水车。维特鲁威式的传动系统能将车轮的垂直转动转化为水平转动，反之亦可，因此磨坊主可以根据建筑结构灵活地选择磨盘的位置。

大部分是以法律条文的形式出现。例如在6世纪的意大利北部，东哥特的狄奥多里克大帝颁布法令，禁止擅自将水资源引流至“私人磨坊”。

为磨坊提供动力的水车分为两种基本类型：水流下落、冲击轮板提供动力的，称为上冲式水车；让水流从水车下方经过、推动轮板的，称为下冲式水车。如果水源落差较大，例如是一条陡崖旁冲下的溪流，那么就用上冲式水车；而若水流比较平缓，例如是河流或蓄水塘，就更适合下冲式。维特鲁威所描述的传动系统大大减少了环境对水磨坊的限制。传动系统可以把竖立的水车的垂直转动转换成适合磨盘的水平转动，因此，只要有一条比水车宽一点点的水流，磨坊就能顺利运行，

靠上方下落的水流驱动的上冲式水车。这种水车为山谷地区的工业生产活动（例如冶金）提供了能源。图中，传动轴上的一只凸轮推动锤子敲击矿石，另一只推动更远处的风箱，为熔炼矿石的鼓风炉供氧。

最窄的溪流也能提供足够的水量。传动装置还能调节水车与磨盘的转速比，所以水的流速不会制约磨坊的选址。哪怕河水流速很快，传动装置也能把磨盘控制在一定的速度内；同理，缓慢的溪流也可以通过传动系统加速。

从 5 世纪到 10 世纪，磨坊对人们生活的影响有多深远，还可以通过磨坊主的收入一窥端倪。大部分磨坊主都是神职人员，因为只有他们懂得如何修建磨坊，而且能写会算，学得会做生意和记账的手艺。他们会把磨坊租给农民，收取面粉而非钱币作为租金，因为当时有很多人一辈子也没见过真正的钱币。

撒克逊语以“lord”（领主）来称呼贵族，意思是“给予面包的人”。早在罗马时代，磨坊就已传入高卢，即现在的法国、比利时和荷兰一带。到 10 世纪末，磨坊已经遍及欧洲。1066 年，诺曼人征服了英格兰，随后进行了全国范围的普查，并在 1089 年将结果编成了《末日审判书》。根据它的记载，这片易主的土地上当时共有近 6000 座磨坊，分布在 3000 多个不同的地点。

总体而言，当时的磨坊都与维特鲁威的描述大同小异。不过在 9 世纪，突破出现了，原因或许是某地的山中拥有丰富的水力资源，又或许是山地人口稀少、劳动力匮乏，甚至可能是哪个僧侣在翻译古希腊著作时偶然得到了启发。这种改良最先出现在瑞士，可能是在阿尔卑斯山中的某个地方，最早的记载则出现在公元 890 年的圣加尔修道院，那里的修士用它来酿造啤酒。改良的内容是在磨坊水车上加了一种名叫凸轮的小玩意儿，早在公元前 3 世纪至前 2 世纪，希腊人就发明了它。在轮轴侧面贴一小块木头，就制成了一枚最简单的凸轮，随着轮轴转动，凸出的木块会撞击它途经的任何东西。凸轮与水车的结合为欧洲人提供了当时急缺的动力，那时，自北方入侵的维京人和自南方入侵的阿拉伯人刚刚退却，和平重新降临，人口开始增长。森林开垦成农田，粮食产出稳步上升，村庄之间的贸易日渐繁荣，新的水力驱动技术找到了用武之地。

从 10 世纪到 14 世纪，欧洲发生了一场“中世纪工业革命”。凸轮得到了广泛应用：比如每转动一周，就推动锤子起落一次；压下杠杆一端，使另一端抬起，与之相连的吸水泵便能从井里抽水；安装在曲柄上，把转动化作水平的往复运动，推动刀锯。圣加尔修道院的酿酒坊便是利用凸轮推动锤子，碾碎麦芽用来酿酒。100 年后的公元 990 年，法国南部有制麻坊利用水车推动锤子敲打腐烂的亚麻茎秆和大麻、碾压其中的纤维，用来编绳子或者织亚麻布。11 世纪，巴伐利亚出现了锻锤，意大利兴起了用水力榨油和制丝的磨坊。12 世纪，西西里人开始用水力压榨甘蔗，法国人用水力捶打皮革，诺曼人用水磨抛光甲胄、磨砺刀枪，意大利人建造了用来碎矿的水磨坊。到这个时期，水力已经渗透了工业生产的方方面面，人们用它制造车床、生产绳索、铸造硬币、加工金属、锯开木头。水车最重要的应用或许出现在法国北部的列日，1348 年，这里的人们制造出了第一台为鼓风炉供氧的水力风箱。

不过在水车和凸轮的各种应用里，对欧洲经济复苏帮助最大的还要数纺织业的缩绒机。缩绒机使用杵锤来敲碎为新织物清洁除油所需的明矾等收敛剂，并将布料本身捶打软化，让纤维结合得更紧、布匹外观更密实。到 13 世纪，在缩绒机的推动下，意大利北部、佛兰德、莱茵河两岸和英格兰的织物产量飞速增长。这项技术，以及它应用的对象——羊毛，都来自修士，确切地说，是熙笃会的修士。

上图：中世纪的“发电站”。只要有水的地方就有水车，这幅图描绘了水力的三大用途。宽阔的河流两岸坐落着许多磨坊，图中右侧的那几座磨坊建在了河中央，因为这里的水流更急。前景里这座磨坊的传动装置直接安装在水车轮子上。

下左图：水力驱动曲柄，曲柄带动控制杆，控制杆操纵着杵锤以及为鼓风炉供氧的风箱。

下右图：用杵锤敲打新织好的布料，让纤维结合得更紧，布匹看起来也更密实。

要理解熙笃会为何深深影响了中世纪的欧洲，我们需要回溯至5世纪晚期的意大利中部。当时这里的一位修士目睹了西罗马帝国衰落、社会渐趋倒退和混乱，他敏锐地觉察到，在如此糟糕的局势下，必须设法让教会独善其身。

这位修士出生于公元480年，逝于543年，他建立了修道院制度，规范了修士的生活方式，被后人尊奉为圣本笃。圣本笃认为，祈祷、学习、劳作对修士来说都是同等重要。在此后的乱世之中，那些不能靠自己生存下来的社群纷纷走向覆灭，而正是依靠圣本笃制定的自给自足原则，修道院得以在乱世中卓然独立。会规的核心是：劳作即祈祷。本笃会修士不应该是固守仪式的书蠹，而应当参与劳作。这场运动席卷了整个欧洲，本笃会建立的修道院蓬勃发展，厚重的高墙保卫着修士的安全，哪怕入侵者的铁蹄在这片土地上纵横蹂躏，周围的乡村死伤惨重，修道院里的生活依然平静。修士们还会在宗教节日定期举办集市，9世纪和10世纪的某些新城镇可能正是从此兴起。不过，本笃会会规所造就的辉煌也埋下了祸根。到11世纪，修道院累积了大量的财产，已经富得流油了。朴素的清修传统早已不存，修士们食不厌精、脍不厌细，开始织造奢靡的法衣、建筑华丽的教堂。

为了对抗腐化堕落的风潮，1098年，一位名叫莫莱斯密的圣罗贝尔的法国修士率领20名志同道合的改革者，离开勃艮第的豪华居所，来到勃艮第森林里一处贫瘠的沼泽地熙笃，盖起了一座修道院，成立熙笃会。熙笃会深入研究并扩展了圣本笃最初创立的会规，在创立后的短短100年内，他们就将对周围的世界产生深远的影响。熙笃会的第三任院长是一位名叫斯蒂芬·哈定的英国人，他在会规里添加了几项关键条款，极大地激发了修会的潜在能动性，使熙笃会成为全

这件8世纪的灯饰描绘了圣马太抄写、装饰手稿的情景。随着与外界的政治和经济联系增多，修道院里清静的生活逐渐遭到侵蚀，建立于1098年的熙笃会希望恢复图中所绘的远离尘嚣的清修传统。

欧洲最先进的技术社群。其中最具影响力的一条是，新的修道院应该建在“远离俗世喧嚣”的地方。于是，修道院全部位于深山荒谷的零碎土地上，这固然远离了尘嚣，但生活也真是清苦。1203年，约克郡柯克斯托的一名修士这样描述他们的修道院选址：“数百年来这里一直无人居住，山谷中巨石林立，遍地荆棘，看起来更适合做野兽的巢穴，而不是人的居所。”修道院必须自给自足，但在这样艰苦的条件下，仅靠院中寥寥几名修士，无法生产出足够的食物，所以会规允许修道院引入“庶务修士”，实际上基本相当于雇农。每座修道院独立管理自己的内部事务，不过各院长每年会召开一次大会，交流运营管理的心得。随着熙笃会拥有的土地越来越多，这样的交流变得分外重要。除此以外，修道院还会把富余的产品卖给周边地区。

熙笃会修道院大多修建在有现成水源的山丘地区，修士每天 4 小时祈祷，4 小时阅读、冥想，6 小时劳作，很快就成了开荒拓地的能手。熙笃会的势力也迅速扩张。到 12 世纪晚期，熙笃会建立 102 年后，欧洲已经有 530 座熙笃会修道院，每一座都是一家中世纪工厂。修道院选址的核心原则是临近优质水源——一方面作为生活用水，另外也为越来越得心应手的生产提供动力。到 14 世纪，他们已经建立了铸造厂和处理矿石的配套磨坊，还有缩绒机、玉米磨机、制作工具及处理羊毛的水力磨坊，并且可以打铁、榨油、酿酒（伏旧园那些大酒庄就是熙笃会所建），很多修道院俨然一家大型企业，管理着生产所需的全部设备和相应人员。

随着熙笃会不断壮大，经常有当地贵族把土地赠送给修道院，以拯救自己的灵魂。他们乐于这样做，因为赠出的土地通常和修道院所

早期熙笃会的手抄本中多次描绘了修士们在田野、工厂和磨坊里劳作的场景。

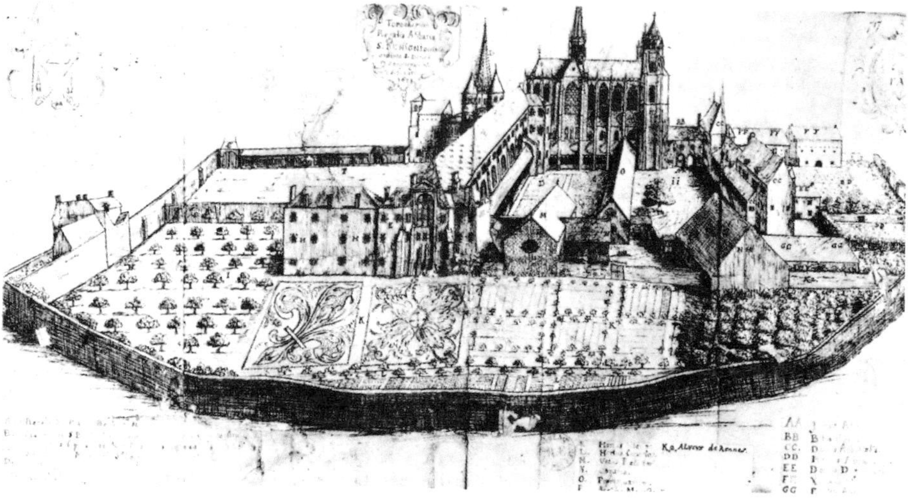

第戎的圣贝尼涅修道院。公元587年，政府把这块地拨给了教会。在教会成功的管理下，这里和其他许多修道院一样成为自给自足的富庶社区，耸立的高墙保护了修道院免遭外界侵扰。

在的地方一样贫瘠。捐献的土地通常离修道院很远，所以12世纪，熙笃会开始建立“田庄”。有时候，这些半独立的农场规模太大，或者发展得太好，修道院无力运营，就只好把它租给当地的佃农。不难想象，这些租约读起来简直像是农业和畜牧业论文。熙笃会修士成了欧洲最专业的地产管理者，他们不懈地运用自己的知识完善这一行当，租约的内容包括灌溉系统的建设指南、磨坊使用维护说明、农业指导、开荒指南、庄稼轮作知识和财务管理规章。通过这种方式，熙笃会数十年积累的经验迅速流传开来，他们经营修道院和现在的大型企业异曲同工。如果他们收受的土地上有村庄，就把村人安置到别处。修道院在主要的港口城市设立仓库和财务办公室，努力促进农牧产品出口，到13世纪，羊毛成了熙笃会最负盛名的商品。如前所述，修道院的土地零零散散，有许多只能用来放羊。在经验丰富的修士精心管理下，羊毛的产量十分可观，而欧洲的纺织中心，尤其是佛兰德地区，能消化掉熙笃会出产的每一磅羊毛。

从 10 世纪起，制衣就成了佛兰德的核心产业。11 世纪以前，织羊毛一直是件繁重的工作。当时使用的是竖织机，经纱沉甸甸地挂在织机上，工人站在机器前，手工编织纬纱，并用一种名叫“打棒”的棍子敲击固定，效率非常低下，令人疲惫，产量也十分有限。到 11 世纪的某个时期，变革的契机不期而至。新织机很可能起源于中国，由阿拉伯商人带到了印度洋西岸，再由西班牙穆斯林传入欧洲。这种织机的设计与竖织机截然不同，它极大提高了生产效率。经纱和纬纱都水平绷在织架上，织架上方有两块带孔的横板，经纱按奇偶分为两组，分别穿在两块板子的孔里。两块带孔板各有一只踏板与其相连，

14 世纪掀起纺织业革命的机器：横织机和纺车。请注意用于编织纬纱的机梭和织机下方所备的羊毛线团，机梭这个设计一直沿用到了现代。

踩动踏板，就会上下交替运动。工人想将纬纱交错地穿过经纱时，只需踩下踏板，使其中一块带孔板带着一半经纱整个抬起，将绕有纬纱的机梭从空隙中穿过，再抬起踏板，使这块带孔板落下，同时另一块带孔板抬起，如此便可循环往复。曾经用来敲打纬纱的打棒现在变成了织机的一个部件，形状就像梳子，工人随时可以把它拉到身前，让纬纱彼此更紧密。这种织机的生产效率远高于原来的竖织机，布匹的产出迅速增长。

新设备让佛兰德迅速富裕起来，它织出的羊毛布质感极佳，摸起来简直像丝绸。不过，新织机也带来了问题，因为生产效率提高，纺织业对原料的需求也开始暴涨，而在当时，织机使用的羊毛线团仍是手工

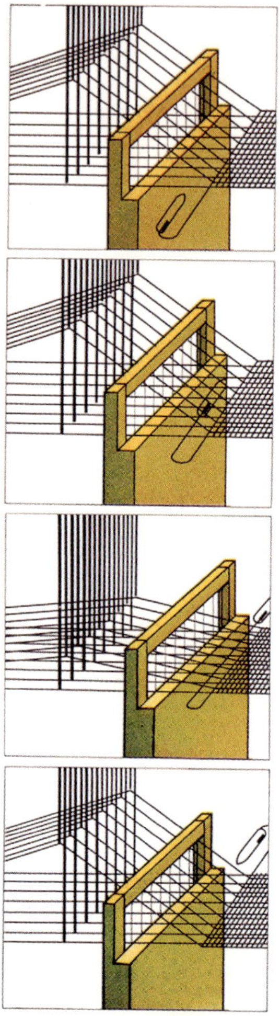

织机运行流程。

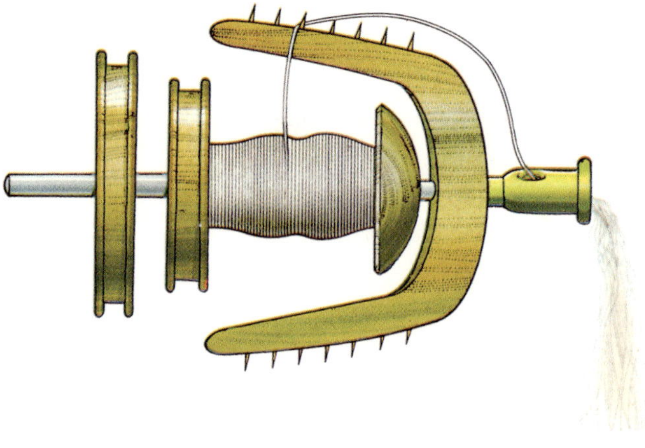

由纺车驱动的纺锤。左侧较大的皮带轮驱动带齿的飞轮旋转，把羊毛搓成线；小皮带轮驱动线筒，以更快些的速度旋转，把毛线拉紧。

纺制。工人把乱糟糟卷曲的羊毛整理好系在线筒上，线筒既可以作为配重把纤维拉直，又能当作羊毛线团的线轴。但手工纺线实在太慢，它的产出远远无法跟上新织机的速度，成了纺织业的瓶颈。于是，第一批探险队离开欧洲，沿陆路前往东方，去寻找新的材料和技术。也许正是某支探险队带回来了解决问题的设备：纺车。1280 年，莱茵河畔的施拜尔出现了欧洲最早的纺车，时人称它为“大轮子”。纺车靠巨大的轮子纺线，轮子既可以手摇，也可以通过曲柄连接踏板驱动；驱动轮通过一套滑轮系统转动中空的小纺锤，纺锤绷紧纠缠的羊毛，将其绕在线筒上，纺架上还有一根棍子卡住羊毛以免它跑掉。纺车和横织机犹如拼图般契合，新设备让布匹产量暴涨 10 倍。

新技术让佛兰德居民一夜暴富的故事在中世纪欧洲盛传。14 世纪，与乔叟同时代的一位作家在长诗《人类之镜》中写道：“噢，羊毛，高贵的夫人，你是商人的女神。他们全心侍奉你。你让人或登上财富之巅，或坠入深渊……你是全世界的珍宝……你通过海路和陆路，运往全世界，送到最富裕的人手中。”羊毛带来的丰厚利润使佛兰德的城镇得以供养音乐家、画家和作家，同时也改善了市民的居所和穿着。布鲁日每年都会举行盛大的羊毛节，商人和工人高举标语穿街走巷，宣示着织机与纺车的强大力量。新技术驱动了当地的工厂，富足的人们购买奢侈品，也捐款给教堂，以图拯救自己的灵魂。著名的梅赫伦钟楼有全欧洲最复杂的钟声，它在节日里悠然敲响，其中的凸轮与驱动缩绒机杵锤的小玩意儿一模一样。

公元 10 世纪，随着斯堪的纳维亚和阿拉伯入侵者相继铩羽而归，欧洲北部重归和平，开始飞速发展。出行更安全以后，社群自然就更有动力把剩余产品卖到外地以获取利润。最早开始流通的商品有皮卡

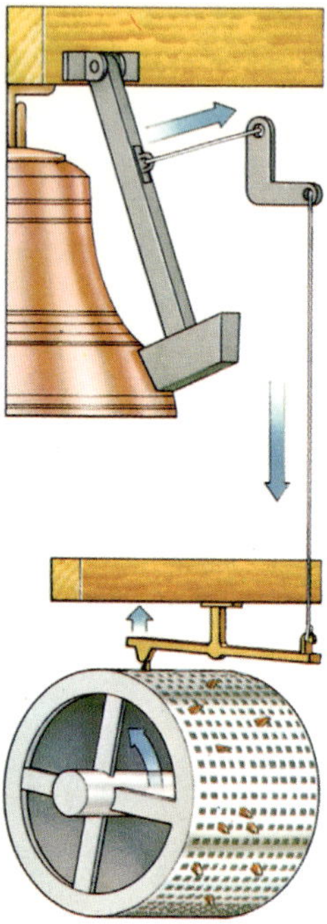

钟楼敲钟的机械结构。这个圆筒可以控制12口钟。圆筒上分布着12列小孔，每口钟的操作杆各自放置在对应的一列孔上。只需要在每列孔里插上小桩，就能让12口钟随着圆筒的转动依次敲响。

第和诺曼底的谷物，法国中部和西部的葡萄酒，佛兰德、奥弗涅和塞文山脉的羊毛，以及法国西北部的亚麻。货物沿着罗马人修建的古道运输，最早回归和平的法国香槟地区贸易最为繁荣，并在贸易路线的交叉点上兴起了市场。对这些市场最早的记载出现于1114年，此时香槟地区已经有4个城镇（特鲁瓦、普罗万、拉尼和奥布河畔巴尔）以热闹的集市著称，一年到头总是熙熙攘攘。最盛大的集市在特鲁瓦（冬夏两季）和普罗万（5月和8月）举办。香槟集市是最早的全欧贸易市场，每逢盛会，总能吸引无数商人赌上身家性命，千里迢迢地赶着载满了货物的马车和驮马，趁夜间穿过阴森的密林而来。要知道，那时候根本没有守卫道路的警察或士兵，有的地方甚至连路都没有。但是他们依然穿越了种种险阻，带来佛兰德的布匹，意大利卢卡的丝绸，西班牙、北非和普罗旺斯的皮革，德意志的皮草。东方的奢侈品：香料、蜡、糖、明矾和漆，经由威尼斯汇聚于此；马匹、家畜、珠宝、谷物、酒、染料木和棉花更是从全欧各地来此集结。

1172年，米兰人最先开始在香槟集

市上收购羊毛。（必须说一下，当时的羊毛是奢侈品，亚麻则比较廉价，因为种植亚麻比养羊成本更低。）紧随其后的是热那亚人、比萨人、威尼斯人和意大利其他城市的商人。热闹的集市上，除了本地人，就数意大利人最多。正是意大利人发明了“康曼达契约”，这一纸契约保证了长途贸易的可靠性，跨国贸易由此真正成为现实。康曼达契约规定了投资者和经商者的分工和收益。投资者负责提供全部货物和资金，并享有 3/4 的利润；商人负责运输和买卖事宜，得到剩下那部分利润。投资者全权委托商人处理货物，后者可以完全自主地决定到哪里、以什么价格把它们卖出去。唯一的约束是，买卖结束后，商人必须向投资者详尽如实地说明此次交易的收益和损失。信用本身已经可以为这套系统提供足够强大的约束力。如果哪个商人有欺诈之嫌，以

14 世纪的中世纪集市，由当地主教资助举办。背景里是远道而来的商人临时搭起的摊位。

后就不会再有人找他合作。成百上千名签署了康曼达契约的商人在香槟地区频繁往返。集市举办方设有专门的管理机构，设置了治安官、警长等职，还有不少办事员，负责向当地居民和农场主征税、对往来的商人征收过路费和商税、给犹太人和意大利人签发安全通行证。参加集市的各个国家和城邦都在集市所在地设置了领事馆，处理本国人之间的争执。在欧洲历史上，香槟集市的地位独一无二。和现在一样，集市上充斥着一掷千金的富豪、好奇的观光客、不绝的争执以及来自远方的陌生口音和传闻。但不仅如此。香槟集市一定让当时的人恍惚觉得时光倒流，仿佛此前数十年的混乱无序、侵略战乱都不曾发生，整个欧洲始终是一体。

这么多钱从四面八方涌来，集市顺理成章地成了最早的国际货币

13世纪的金融大革命。持不同货币的商人在集市上交易，货币兑换业务应运而生。兑换货币的地方称为“bank”，原意是“柜台”，这个名字一直沿用到今天。请注意，柜台右侧摆放的本子上记录着汇率。

兑换中心。同样顺理成章的是，携带大量现金有诸多不便，投资者又越来越信任集市和集市的举办方，于是信用证取代现金，成了交易货币。从13世纪到14世纪初，水力机械和商业贸易越来越发达，欧洲经济高歌猛进。当时的公证文书表明，男人、单身女人、寡妇、保育院里的孩子、神职人员、贵族，不论谁，但凡有点闲钱，都会投资某个行当的贸易——在那个黄金年代，经济的增长似乎永远不会停滞。但衰退很快就将来临。在一片繁荣中，在人们不断伐林垦荒、开辟新市场的奋斗中，毁灭的种子已经埋下。

好年景总是伴随着人口增长，而人口早晚会变得过剩。到14世纪初，欧洲某些地区已经人满为患，地里产的粮食只能勉强糊口，碰上天公不作美时就无计可施。但现在我们已经知道，漫长的阴雨就要来了。13世纪初，后世所称的“小冰期”不期而至，气候开始变幻不定。谷物产量开始下滑，随后一落千丈，饥荒开始蔓延。天气越来越冷，夏天变得凉爽，冬天更为酷寒。在这种情况下，欧洲已经无力应对又一波入侵——尤其那入侵者还小得几乎看不见。跳蚤从黑海岸的热那亚殖民地卡法带来了黑死病。先前蒙古人围攻卡法的时候，曾将腐烂的尸体抛过城墙，卡法城里的热那亚人因此染病。1347年，一艘来自卡法的热那亚船只在西西里被拒之门外，但最终还是在马赛成功入港；到1402年，瘟疫已经传到了北方的冰岛。数百万人染病死去，甚至找不到足够的人手埋葬死者。瘟疫下，一切都陷入停滞。到15世纪中期，欧洲的人口只剩下百年前的一半，每座城镇和村庄外都有绵延数英里的公墓。当时的艺术家由此创造出新的主题：死亡之舞。

田地荒废，供应短缺，通货膨胀在所难免，某些地区的物价数十年间飞涨了400%。但是，瘟疫过后，因为幸存者继承了死者的遗产，

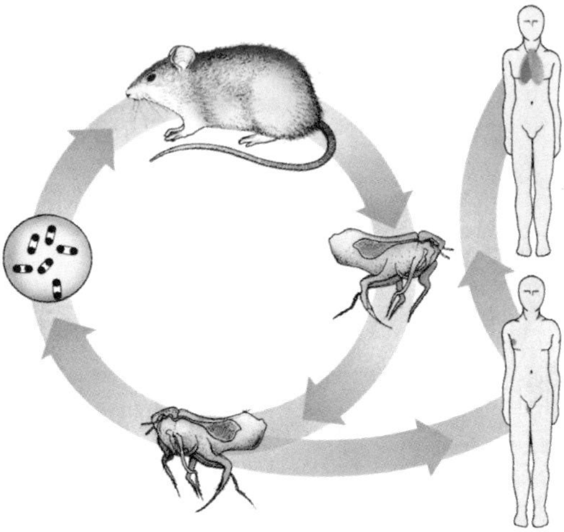

瘟疫的传播路径。鼠蚤叮咬感染了鼠疫巴氏杆菌的老鼠，于是疾病在鼠群中蔓延。与此同时，这些跳蚤还会咬人，因此人类也染上了病菌，疾病开始扩散。黑死病最初的症状是腹股沟或腋窝出现凸起的肿块（淋巴结肿大），随后是腹泻、呕吐和发烧，最终病人染上肺炎，一命呜呼。

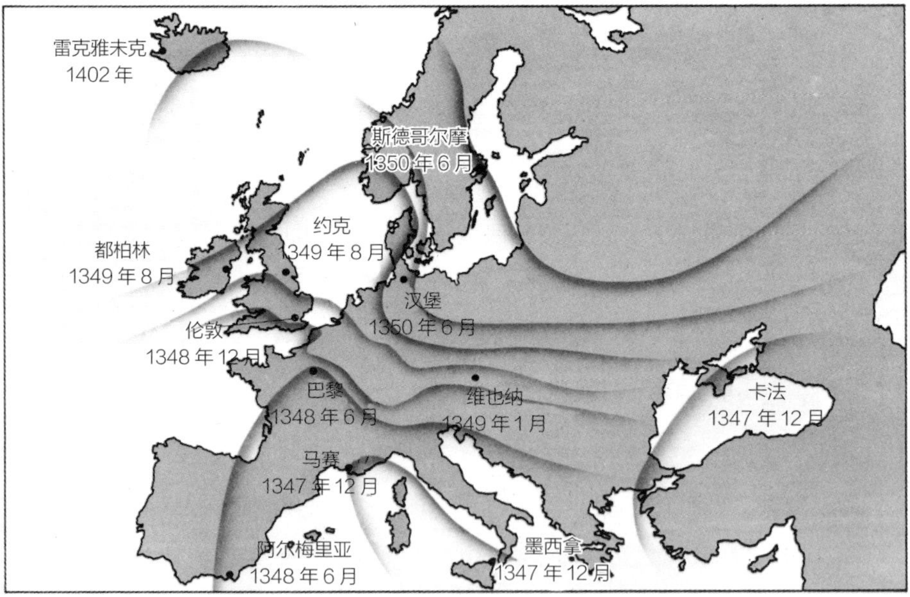

短短 3 年内，这场瘟疫从南向北，扫荡了整个欧洲。冰岛起初幸免于难，因为它远离大陆，相对独立。

人均占有的财富反而增加了。实际的薪水也开始上涨，由于劳动力短缺，工人有资本争取更高的报酬和较好的劳动条件。新获得的财富逐渐渗透到社会底层：到 1450 年，分餐制已经普及，椅子取代了长凳，哪怕是最穷的家庭也置办得起壁炉和嫁妆。生产技术流传了下来，但劳动力锐减，设施的建造成本也直线上升，所以能节省人力的技术大行其道，人均产能提升了 30%。瘟疫的记忆尚未远去，欧洲人开始大肆寻欢作乐，试图用娱乐冲淡恐惧。人们对奢侈品，尤其是时尚衣物的需求暴涨。比较瘟疫爆发前后的画作，就可以一窥社会的变化。瘟疫过后，各阶层的人都穿着漂亮奢华的衣裳，工人的力量和高昂的劳动力价格让上层阶级头疼起来，国王开始颁布法令禁止奢侈浪费，甚至详细规定了每个阶层允许和禁止穿的衣服。但消费的热潮无法阻挡。人们花在奢侈衣物上的巨额开销加剧了经济失衡。以丝绸为例，由于法国的丝绸消费猛增，大量黄金流入出产丝绸的意大利，为了遏制这一趋势，1466 年，路易十一在里昂建立了自己的丝织厂。

上流社会追捧丝绸，与此同时，农民终于买得起亚麻了：得益于水平织机和纺车的引入，亚麻的价格一落千丈，逐渐普及。这两种设备大大提升了羊毛和亚麻的产量。亚麻的生产成本相当低廉，只需把亚麻草割下来丢到水里，等它腐烂后再捞出来晾干捶打，得到纤维质的材料，就可以纺线织布了。亚麻普及的 14 世纪晚期，是变革史上一个具有代表性的关键时刻：事件发展到某一阶段时，猛地拐了一个弯。亚麻为当时欧洲社会带来的变化有小也有大。其一，被扔掉的破旧亚麻布越来越多，于是它创造了一种新职业。以前的欧洲有一种职业叫“捡骨者”，他们在村庄之间游荡，收捡人们扔下的骨头，因为骨头磨碎可以做成肥料。现在他们的回收范围扩大到了破旧的亚麻衣服和抹布。其二，旧亚麻布是造纸的优质原料，可以生产出耐用的上等纸张。

14世纪末，造纸业迅速兴起：随着欧洲经济发展，文书工作日渐繁重，对纸张的需求也一路高涨。公元751年，阿拉伯人占领撒马尔罕，恰好中国刚刚派出几名工匠，在这里修建了一座造纸厂，阿拉伯人就这样捡了个现成的便宜。8世纪时，阿拉伯人就把造纸技术传入了欧洲；但是到了1050年，仍有记载显示拜占庭帝国需要从阿拉伯进口纸张。欧洲土地上最早的造纸坊出现在巴伦西亚城以南一个名叫哈蒂瓦的地方，它属于伊斯兰教统治下的西班牙。利用水力造纸的最早记录则出现在1280年，地点在意大利边境区的法布里亚诺。水力纸坊的基本原理和此前的缩绒机大致相同。工人把腐烂的旧亚麻布和树胶放入水中混合，用杵锤捣成白色的纸浆。纸浆灌入丝网，摊薄、沥水，然后用螺旋压榨机（类似榨橄榄油的那种机器）压出剩余的大部分水分，最后挂起来晾干。丝网在造纸业的应用也源自巧合。黑死病大流行结束后，奢侈衣物风行一时，人们开始大量制造金银线来织布，丝网技术应运而生。这种技术又恰好可以用于造纸，简直就像提前计划好的一样。早期的造纸坊大多设在山脚，因为那里的水力资源更丰富也更便宜。

人们对纸的需求如此旺盛，是因为它比市面上的同类竞品羊皮纸更便宜。制作一部大开本的《圣经》需要两三百张羊皮或牛皮，皮子的处理工艺也相当耗时，所以羊皮纸价格居高不下。与此同时，用旧亚麻布制成的纸张产量一路上涨，价格也随之下跌。1300年，在意大利北部的博洛尼亚，纸张的价格只有羊皮纸的1/6，而且还在继续下降。欧洲逐渐走出瘟疫的阴影，市场重新繁荣，暴涨的商业往来需要公证员出具大量文书，社会对手抄本的需求也随之增长。当时的大学已经建立了专门抄写稿件的部门，普通市民也逐渐涉足这一行业。15 世纪中期，维斯帕西雅诺·达比斯提奇在佛罗伦萨开了一家抄写行，雇用了超过 50 名抄写员。大量能读会写的人在此前死于瘟疫，所以幸存者的身价暴涨。当时的人力与工具成本极不匹配：一方面抄写工作耗资甚巨，另一方面纸张却便宜得能用来糊墙。全欧洲的工匠都在设法解决这个问题，他们的思路非常明确：必须找到一种自动书写技术。

这种尝试古已有之。早在此前 1000 多年，中国人就发明了雕版印刷术，又在 11 世纪发明了活字印刷。韩国在公元 1370 年也开始利用可替换的铜活字印制书本。在欧洲，人们用木质雕版印刷纸牌、日历和祷词，偶尔也用来印制手抄本里的大写字母。当时也有一些书是一页页制成雕版再印刷的，但是这样的雕版成本太高，而且木版也会渐渐磨损。

飞跃性的进步出自谁手？人们普遍将功劳归于德国美因茨一位名叫约翰·甘斯弗莱希的金匠，他传诸后世的姓氏是他家族居住地的名称——古腾堡。关于古腾堡最早的正式文书记载出现在斯特拉斯堡的一份民兵花名册上，当时他是一名金匠；不久后古腾堡一家搬回了美因茨，之前他们离开是因为当地发生了反对统治者的叛乱。约翰从任职于美因茨教会铸币厂的父亲身上学到了处理软金属的手艺，这种技术即将成为印刷术革新的关键。1439 年，他似乎在和 3 个老乡一起合伙制作手镜，卖给前往亚琛参拜的朝圣者；不幸的是，一名合伙人弄错了朝圣的日期，签完契约以后他们才发现，朝圣者要到 1440 年才出发，比他们预计的晚了整整 1 年。4 个合伙人不由得陷入了恐慌：

因为预计钱马上就能到手，他们已经提前花掉了很大一笔。就在这个节骨眼上，古腾堡答应教给大家一种“技术”，这玩意儿他已经琢磨了挺长一段时间。谁也不知道古腾堡说的是什么东西，不过在后来的合作中，古腾堡和两位合伙人（分别叫作富斯特和肖菲尔）发生了争执，闹到对簿公堂，根据当时的文书，古腾堡的“技术”是某种印刷术。自动印刷术的主要难点在于如何制作活字，在这个问题上，古腾堡有两个巨大的优势。第一，他懂得如何处理软金属；第二，他使用的语言只有 23 个字母（与英文的 26 个字母相比，没有 j、v 和 w）。也许中国人没有进一步钻研活字印刷技术正是出于这第二个原因：汉语里有成千上万个单字，处理起来实在麻烦。

古腾堡的目标是制作既不易磨损，而且规格一致、可以紧密整齐地排列成行的活字。他需要为每种活字铸造出一个单独的模具，而且这些模具的大小必须完全相同。这时，金属处理技术就派上了用场。制作模具的金属熔点必须远高于制作活字的金属。最早的模具是用铜或黄铜铸成的，工人使用给贵金属铸标的钢印，把字母刻在模具上。人们也许曾尝试把模具做成小盒子状，把左右相反的字母刻在盒底，再向其中灌入熔化的锡铅合金。问题在于，活字冷却后，必须把模具打碎才能把字取出来。后世的人们对古腾堡究竟做出了多大贡献仍有争议，原因主要就在于他仿佛是一举解决了这个难题，整套系统过于完美，初次投入使用就十分顺利。有人认为，古腾堡一定曾经听说过类似的试验和设计，尤其是同时代一位名叫劳伦斯·科斯特的荷兰人的工作。无论发明者究竟是谁，最终投入使用的活字模具的确是天才之作。按照以前的工艺，每铸造完成一个字母，都必须打碎模具才能取出活字；而新模具分成了 3 个部件，由一根弧形铁弹簧固定在一起，

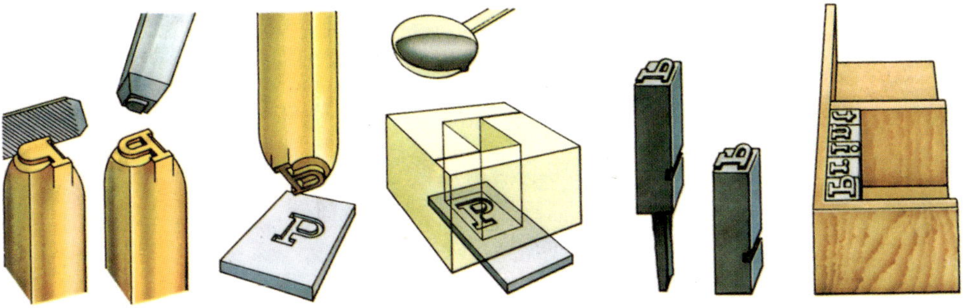

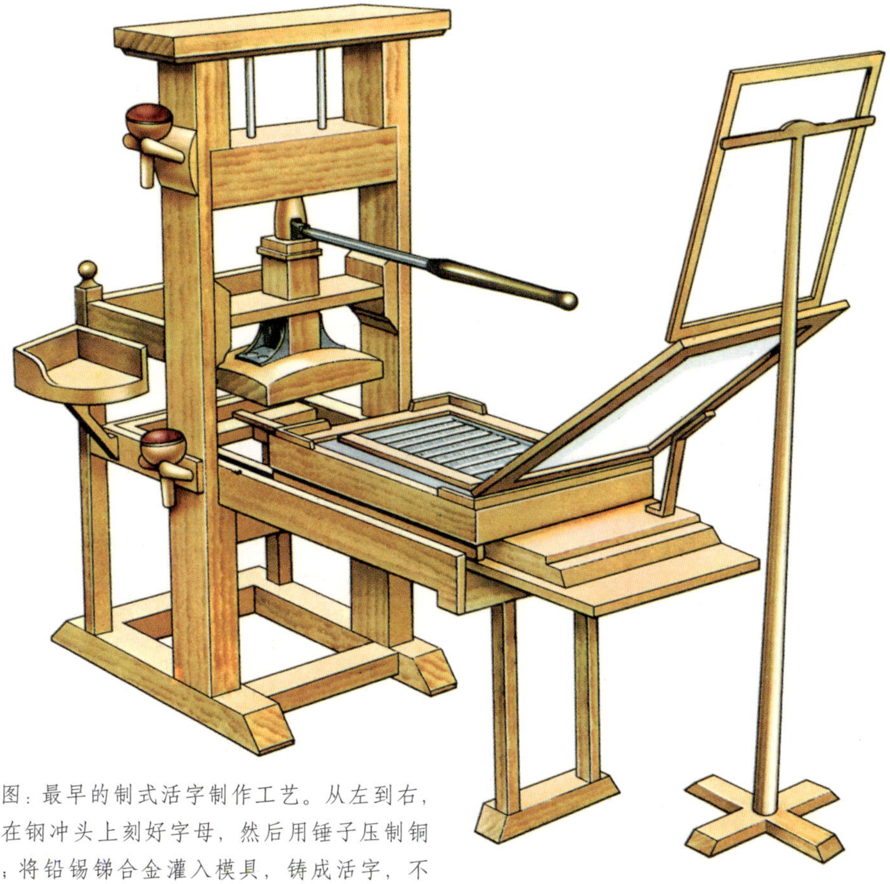

上图：最早的制式活字制作工艺。从左到右，先在钢冲头上刻好字母，然后用锤子压制铜模；将铅锡锑合金灌入模具，铸成活字，不同活字背面的沟槽和柄长度完全一致。

下图：中世纪的印刷机，纸张放置在右侧的矩形容器里，容器上盖着折叠式的保护框。将纸张用螺旋压榨机压在排好版、涂好墨水的活字上，就能印出完整的一页。

铸造完毕后分开，模具便可以循环使用。这种产品名叫“斜拼字模”，它铸造出的所有活字尺寸一模一样，这是一个前所未有的巨大优势。每个活字的横截面尺寸完全相同，字母大小和字距也相等，印刷的版面看起来十分规整。字模背后的柄长度也完全相同，使每个字母都同样密实地按压在纸上。为了尽可能减轻整张纸受力不均匀的影响，印刷时大多采用厚实的软纸，还会在印刷前把纸稍微弄湿一点；后来人们又用压榨亚麻和葡萄的螺旋压榨机来压平排好版的字盒，进一步解决了这个问题。不过归根结底，新印刷术的核心是可替换的活字。

《美因茨诗篇》片段。早期的印刷品保留了手抄本中常见的缩写，例如第二行中，“nris”上方有一条横线，表示这个词实际上是“nostris”（我们的）的缩写。

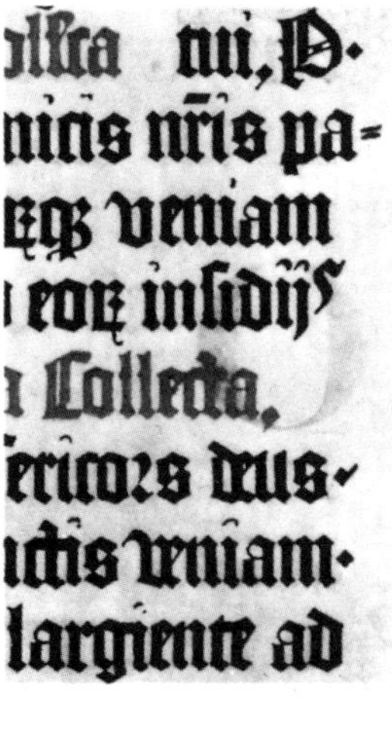

有记载的第一本使用新技术印刷的书是 1457 年的《美因茨诗篇》，由当时的大主教下令印制。还有其他的早期印刷品，但年代都不可考。在这本书的引言里，印制者的自豪显露无遗：“这本《诗篇》里华丽的大写字母和红色标题全部由机械制作的活字印制，从头到尾没有使用哪怕一支笔。在上帝的庇佑下，美因茨市民约阿希姆·富斯特与格尔斯海姆的彼得·肖菲尔不辞劳苦，于我主 1457 年圣母升天节前夕完成了这件工作。”仔细阅读这本书稿，你会发现书中用到的远不止基础的 23 个字母。有的字母上方划着线条，有的字母挤在一起，还有一些现在已经无法辨认的缩写。当时的读者早已习惯了手抄本，印刷者必须让印出来的书本尽量和以前的手抄本一样，而手抄本中常有大量缩写乃至速记符号。把这些缩写完整印刷出来无异于侮辱读者的智商，就像如果你在今天的报纸上看到“美利坚合众国宾夕法尼亚州费拉德尔斐亚市”，那铁定恨不得骂街。

新印刷术，无论其发明者是德国人还是荷兰人（甚至有人说是英国人），堪称人类历史上最关键的节点之一。印刷术使人们无须彼此接触，就可以轻松地大规模传递信息。从这个意义上说，它彻底改变了知识（尤其是工艺技术）传播、扩散的方式。最早的印刷品中有大量指南书籍，内容从冶金学、植物学、语言学到礼仪指南，几乎涵盖了人类活动的所有方面。与此同时，印刷术使书籍大为统一可靠，大大减少了手工抄写不可避免的错漏。在这种情况下，作者还必须以更加严谨的态度写作，因为现在的读者很可能知道得不比他少；如此一来，又加深了书籍在读者心中的可靠地位。学术研究和各学科的建设得以高速发展。大家学习的知识越来越统一，拼写也逐渐规范。作品成为学术实力的标志，各个领域开始出现公认的“大师”和“经典”，以此为中心，不同方面的知识分化成不同的学科，精于某些学科的“专家”和普罗大众的界限逐渐明显。印刷书籍的第一批读者无疑可以同时钻研弹琴舞剑写作制图，成为当时的全才，但也许可以说，正是由于印刷书籍诞生，这样的人就此成为绝响。印刷术也让发明家声名大噪，现在他们有了办法公开宣称自己是某个东西的发明人，获得应有的荣光。随着书本流通，读者获取信息的途径不再局限于向抄写员求取稀有而昂贵的手抄本，新想法交流碰撞的速度因此大大加快了。

书本的普及不亚于世界天翻地覆：高高在上的知识得以走入大众。现在，只要你认识字又付得起钱，就可以大大方方地走进新开张的书店，随意挑选架子上的书籍。印刷厂和印刷工人在全欧洲以惊人的速度扩散。1457 年，第一家印刷厂诞生在美因茨；短短 23 年后，全欧就已经有 110 座城镇建立了自己的印刷厂，其中意大利 50 座，德国 30 座，法国 9 座，西班牙 8 座，荷兰 8 座，英国 4 座。到了 1482 年，威尼斯成为欧洲的印刷之都，那里业务最繁忙的印刷商名叫阿尔杜斯·马努提乌斯，他曾在自己的店外挂出一块招牌，上面写着："想跟阿尔杜斯说话，那就赶快。时间紧迫。"阿尔杜斯的确有这样说的资本，没有哪个印刷商的影响力能与他比肩。阿尔杜斯非常清楚，印刷业最有前途的商品不是价格昂贵、装饰华美的《圣经》和《诗篇》，而是任何人都能揣在口袋里随身携带的廉价平装本。阿尔杜斯开始把书做得更小、更便宜，他创造的"阿尔杜本"是世界上最早的袖珍书，一经面世立即供不应求。阿尔杜斯手下的工人将近一半是来自希腊的流亡者和难民，君士坦丁堡落入土耳其人手中以后，他们离开拜占庭帝国，流落到了威尼斯。在这些工匠兼译员的帮助下，阿尔杜斯开始了翻译希腊经典的事业。到 1515 年他去世的时候，稍有名气的古希腊作品几乎都已翻译完毕。无论希腊发生什么事情，阿尔杜斯的努力都将确保这些经典作品再也不会像罗马帝国崩溃时那样散佚失传。

随着欧洲从瘟疫中恢复，城镇重新繁荣发展，15 世纪中期，意大利开始对近邻希腊的科学和哲学思想产生越来越浓厚的兴趣。许多君士坦丁堡的学者流落到了佛罗伦萨和威尼斯，在这里开堂授课，他们教授的内容就包括亚历山大港的希罗在公元 1 世纪创作的气动力学

16世纪的印刷店。左侧的排字工负责排版，一个男人正在排好的版面上涂墨水，纸张从他身后的门送进店里。印好的书页挂在右侧的印刷工头顶晾干。戴眼镜的校对员站在一个排字工后面，检查有无错误。

和水力学著作。此时，意大利人正在研究更清洁高效的供水系统，以及如何运用新增的财富装点城市，希腊工程师和建筑师带来的技艺恰逢其时，掀起了一波古典风潮，也就是后世所称的“文艺复兴”，阿尔杜斯主持翻译的文本提供了足够的参考资料。在印刷术的帮助下，历史上的文明不再是口耳相传的缥缈传说，而是突然间实实在在、触手可及。在这些古希腊著作中，意大利人找到了可供效仿的文明范本。从某种意义上说，与中世纪的突飞猛进相比，这个时期技术进步的脚步反而放慢了许多。文艺复兴时期的读者大多认同古希腊思想，而根据希腊传统，知识分子和工匠是完全分离的，于是，赞助人的兴趣从技术实践转向理论。希罗的那些气动玩具——会自动打开的殿门、靠蒸汽驱动唱歌的鸟儿——背后或许也有值得深究的自然规律，但16世纪的王公贵族们大多忙于稳固自己岌岌可危的地位，只希望利用这些精巧的装置在公众中博得声望。工程师和金属工匠满足了贵族们的需求，作为回报，他们的社会地位也提升了。

不久，意大利掀起了研究自动机械的热潮，其来源也是希罗曾描述过的借助水力和气压驱动的机械系统。如前所述，当时的意大利北

蒂沃利的埃斯特别墅内的一套喷泉系统。水从上方的山坡流下，阀门和水闸组成的精密系统控制着水压，以调整水柱喷出的高度。

小图：海尔布伦的水景园：俄耳甫斯洞室（上）和机械木偶剧场（下）。图中所有的小人，包括上上下下行进的卫兵、宰牛的屠夫和正在演奏的乐队，都是靠水力驱动的。水车的转动经过杠杆、牵引棒和凸轮组成的传动系统，转化为人物的动作。

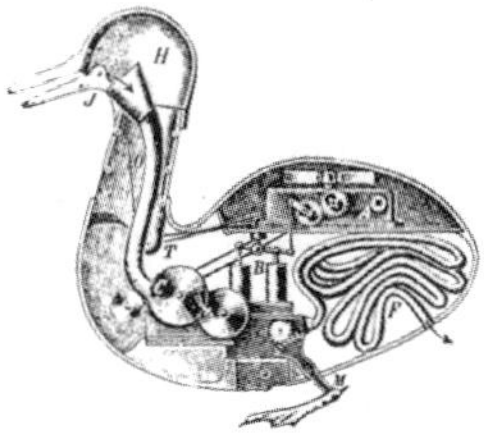

沃康松的机械鸭。它会嘎嘎叫、会啄食、会喝水，甚至还会排泄。

部有大量亟待开垦的荒地，于是这个国家里醉心玩乐的贵族花样翻新，开始建造复杂昂贵的水景园。兴建于1550年的埃斯特别墅水景园是其中的典范，也是后来无数水景园的范本。这座园林位于罗马郊外的蒂沃利，是为卢克蕾齐亚·波吉亚[①]的儿子修建的。建筑师改造了一整面山坡，水从坡顶流下，一路注入喷泉和数十个洞室，驱动雕像缓缓转动、表演、喷出水柱，美不胜收。埃斯特水景园落成后，不到50年，类似的园林在欧洲遍地开花，贵族和主教们兴高采烈地扳动隐蔽的机关，喷得客人满身水花或煤烟。萨尔茨堡郊外的海尔布伦宫也一直保留到了今天，它是当年最杰出的水景园之一。这座园林里总会有喷泉在意想不到的角落开启，活动的人物和动物雕像随处可见，木偶剧场里的表演精彩绝伦——这一切都是由水力驱动的。

依据相同的原理，又诞生了水力驱动的自动音乐装置：水压式管风琴。这种乐器风行一时，莫扎特和海顿都谱写了由它们演奏的乐曲。水或者水力驱动的风箱可以调整管子内部的气压，然后气流通过凸轮控制的阀门进入乐器内部。工程师要做的就是把乐谱转换成滚筒壁上凸轮（或小棍）的排列。滚筒上有很多排孔，小棍的位置可以调节，

① Lucrezia Borgia（1480－1519），意大利女贵族，罗马教皇亚历山大六世的私生女，以对艺术的支持和一生中的3次政治联姻而闻名。

因此乐器可以演奏不同的乐曲，原理和梅赫伦的钟楼一样。正是 17 世纪末这股自动乐器风潮，为法国里昂的丝织业解决了一个大问题。里昂的丝织业传统悠久，这里的第一家丝织厂是路易十一在 1466 年建立的。15 世纪，一位人称“卡拉布里亚的约翰”的意大利工人带来了一种新织机，大大简化了丝织工序。织丝与织羊毛（或者亚麻）的主要区别在于前者的纤维更细，所以每平方英寸内所需的经纬纱数

17 世纪初的自动乐器。水车驱动插有小棍的圆筒，每根小棍会推动一根控制杆，控制杆打开乐器管子上的阀门，水压推动空气流出管腔——管风琴奏响。

19 世纪中期的一块欧洲披肩上织着如今很普通的提花图案，当时，这些图案的灵感来自印度进口的棉布。在雅卡尔织机出现以前，编织提花图案是一件庞杂烦琐的工作，根本无法以低廉的成本大规模生产。

量更多，加之原料蚕丝相当昂贵，所以丝织品的成本居高不下。约翰带来的这种新设备名叫手工提花织机，到了自动乐器大行其道的时代，里昂的丝织厂已经对这种织机几番升级。使用这种机器时，织工首先把图案画在一张方形的纸上，以便确认纺织的时候每一次该提起哪些经纱，好让纬纱从中间穿过去。然后，把所有需要同时提起的经纱都拴在同一根绳子上，每次只需拉动相应绳子即可，不必再分辨每一根经纱。拉动绳子的工作通常由孩子来完成，这些童工每天都要工作很长时间，疲累之下，常常拉错绳子。织工直到图案织完以后才能发现不对，但已经来不及了。

丝绸上的“奇异”花纹。18世纪初，远东进口的丝绸让这样复杂的设计流行到了欧洲。编织这些纹样的时候需要格外小心：拉绳子的工人稍微出点差错，就会造成无法挽回的损失。

在对新花色的渴望上，1725年的人们和今天并无分别。纺织业必须想出办法，杜绝这种昂贵的错误。当时的里昂已经有了时尚之都的美名，法国人对时尚的追求更是走到了堪称偏执的地步。当时一位画家受托绘制一系列各国人民身穿本国服饰的油画，结果在他最终完成的作品里，法国人赤身裸体，手握一把剪刀——他一定得确认明天会流行什么，才能决定自己该穿什么。但是，就算里昂的熟练织工能赶制出时兴的服饰，他们也无力确保窗帘、桌布、床罩等其他织物样样都能花样翻新、不落窠臼。解决了这个问题的人名叫巴西勒·布雄，他是一位乐器制造师的儿子。

布雄一定懂得制作自动乐器的前几步工序：工匠会在圆筒外面覆一张打好孔的方形纸作为模板，来确定应该在哪些位置插入小棍。他把这个设计用在了提花织机上。

1741年，布雄的设计经历了新的改进，改进者正是法国自动机械大师雅克·沃康松。沃康松重新启用了滚筒，他在滚筒上凿了很多排孔，然后把打好孔的纸贴在滚筒外，这样一来，未被推动的牵引绳就会

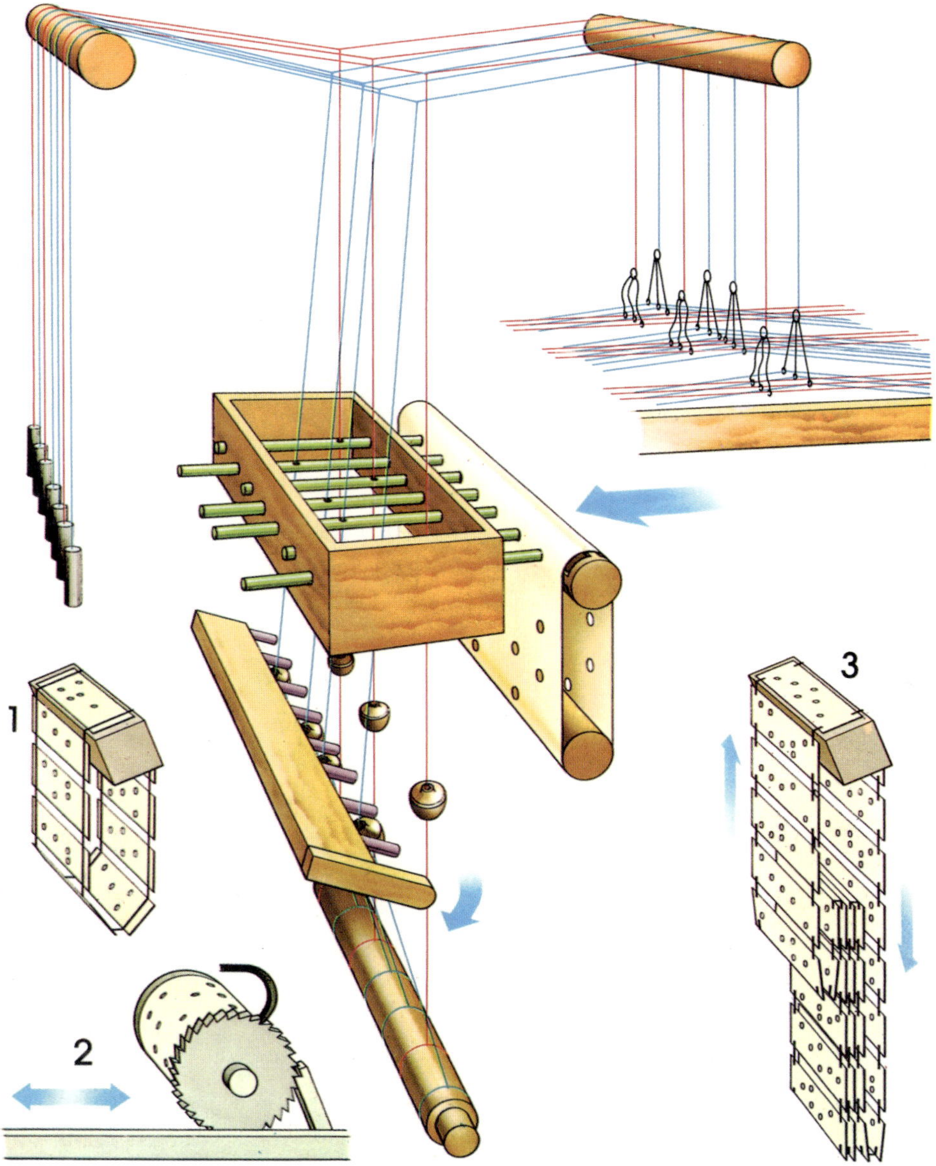

自动织机演进的各个阶段。中间的大图是布雄设计的自动提花编织系统。其中，右侧的转轴上绷着一张打好孔的纸，在有孔的位置，对应的横杆会穿进孔中被卡住，无法移动，而在没有孔的其他位置，纸轴挡住横杆，穿在横杆上的牵引线（蓝色）向左侧移动，穿在线上的球嵌入底部的梳齿上。梳齿向下转动时，与之相连的牵引线也被向下拉，提起它所控制的一束经纱，机梭就可以从中间穿过去了。
1. 法尔孔改良后的纸轴；2. 沃康松的滚筒；3. 雅卡尔的“无尽”卡片和棱柱。

一座3英尺高的法尔孔织机模型。法尔孔的设计使工人能预先在织机上排好不同图案对应的卡片，以免在编织时放错。

滑进滚筒上的孔里。这一设计的关键是，滚筒上带有棘轮，棘轮每转动一格，就会推动纸张移动一排，切换成下一套花纹。可以想见，这种自动织机在织工中并不受欢迎。里昂的织工感到它威胁了自己的生计，于是掀起了骚乱。沃康松的织机在巴黎工艺博物馆里尘封了50多年，直到1800年，一位名叫约瑟夫·玛利·雅卡尔的织工才受命重新开始研究它。雅卡尔对织机做了几个小改动。他重拾前人的想法，用卡片取代了纸张，每张卡片上记载着图案的一部分。卡片安装在传送带上，转动棱柱（作用类似圆筒，但它的截面是多边形）就可以切换不同的卡片。和沃康松的织机一样，棱柱也是靠棘轮驱动的。如果想编织新的花纹，织工只需把打好孔的卡片添加到织机上。新织机为雅卡尔赢得了巨大的荣光，今天，它仍以“雅卡尔织机”为名。但在当时，整个欧洲的工人对新织机的反应如出一辙：他们毫不留情地砸坏了它。直到许多年以后，新机器才渐渐成为大势所趋。

在纸上打孔的主意启发了其他领域的工程师。1847 年，在威尔士修建梅奈海峡铁桥时，英国人理查·罗伯茨尝试利用打孔纸带来控制铆接机。铆接机配有多种铆接头，如此一来，便可以根据待铆接部件的形状随时切换。这样的机器也用来造船：那时，许多巨型铁船跨越太平洋，将移民送到美国。美国人口一路暴涨，1880 年人口普查时，调查员花了整整 8 年才完成数据统计工作。雪上加霜的是，在此期间，移民仍在不断涌入，到下一次普查时，工作量想必有增无减。当时主管卫生统计部门的是军医处处长办公室的一位陆军中校军医，名叫约翰·肖·比林斯。1880 年，比林斯在巴尔的摩的人口调查局大厦观察初步统计过程时，对手下的一位年轻工程师说，要是有些自动化的办法，应该能减少统计的工作量。比林斯的想法是，可以利用雅卡尔的打孔卡来处理调查员搜集来的海量数据。这位名叫赫尔曼·霍尔瑞斯

1872 年，一艘开往美国的移民船上，三等舱里的乘客。三等舱乘客需要自己购买刀叉、杯盘和床垫，舱室里的居住条件要么恶心，要么恶心得要命。

的工程师回去思考了一番，然后询问比林斯是否愿意了解下一步的工作。比林斯回答说，他关心的只是解决这个问题，具体的工作霍尔瑞斯大可自行其是。

霍尔瑞斯选择用美元大小的卡片，因为市场上已经有了这个尺寸

现代计算机的起源，霍尔瑞斯的制表机。为了把信息储存在卡片上，霍尔瑞斯改进了布雄最初的设计。右侧的读卡器与一盒通电弹簧方阵相连。如果卡片上对应的位置有孔（见右图），弹簧导线就会穿过它，伸进下方的水银杯里，接通电路。随后，电信号激发柜子上对应的表盘（左图），让指针转动一格。每个柜子负责统计一个参数，每个州的统计结果既分别显示在独立的表盘上，也汇总显示在全国的总表上。

的夹具，无须另行设计。他在卡片上打孔，每一组孔对应着一类数据：性别、年龄、家庭人口、住址、生日、国籍，诸如此类。因此，一张卡片上就可以记录大量数据。1890 年人口调查时，霍尔瑞斯设计的设备和配套的卡片首次投入使用。这次的统计速度是以前的两倍，并且为政府省下了足足 50 万美元，这在当时是极大的一笔钱。

20 世纪初的短短几年里，霍尔瑞斯的（其实也是雅卡尔、沃康松和布雄的）打孔存储卡很快就被移植到了制表机和计算器上，并催生了电子计算机。今天，数据输入和输出的设备已经变成了键盘和视频显示器，但是背后仍有相同的原理。布雄和其他自动机械先驱开创了二进制码的先河：这种“是或否”编码系统是当今世界所有计算机的根基，要是没有它们，我们的社会将陷入停滞。

5 财富之轮

伟大的阿拉伯天文学家将希腊和印度的成熟科学知识带到了中世纪的西方。我们今天使用的数字和十进制计数法，都来自阿拉伯人的传播。图中的观测者正在使用各种设备观星，其中的星盘正是经阿拉伯工匠改进的。

从第一次世界大战到第二次世界大战，计算机从做算术题略快于人类的机器演变成了掌握人类未来的魔盒。促使它演变的则是飞机的诞生。在此之前，大炮最多只需准确命中地面上的装甲车。高速前进的飞机带来了瞄准的难题：炮兵要瞄准的不再是飞机，而是炮弹和飞机相遇的位置。要计算出这个位置，需要综合考虑飞机的速度、炮弹的重量、大炮的火力、风速、风向、弹道轨迹上的大气温度等参数。20 世纪 40 年代，美国陆军颁布了一系列表格，指示炮兵在各种条件下应该朝哪个位置瞄准。表格上的数据是用计算机得出的，由此，计算机第一次实现了预测的功能：炮兵依据查阅到的方位瞄准时，要摧毁的目标还根本没有飞到那个位置。

正是这种预测能力，让计算机对现代世界产生了最深远的影响，并且这种影响仍将持续。计算机的功能还不止于此：它是极其强大的计算器，如果没有它，现代的许多事务工作都无法照常运转；计算机节省了大量的文书工作和相应的海量人工劳动；通过预先编制好的程序，计算机还能控制其他机器的运转。但是，随着计算机的预测能力不断增强，它的存在对我们来说到底意味着什么？

“是或否”的二进制编码是计算机运行的基础。在电子世界里，它对应着信号的有或无。通过这种二进制编码，我们可以用较少的信号储存大量的信息。比如说，5 个“有 / 无”信号就足以表达一套英文字母表。“无无无无有”代表“A”，“无无无有无”代表“B”，“无无有无无”代表“C”，以此类推。先是将“有”信号不断前推，再引入第二个“有”信号。如此下去，5 个信号就能提供 2×2×2×2×2(32)种不同的组合。由于代表“无 / 有”的“0/1”电信号能在几乎瞬间被“解读”，计算机在 1 秒内就能处理数十亿个信号。

计算机如此强大，背后有两个关键因素。其一是电流的速度极快，其二是许多数据都能转换成二进制编码。如此一来，那些用人力需要耗费毕生时间来计算的问题，只要把它转换成数学方程，计算机就能找到答案，或者告诉你为什么找不到答案。而所有问题都能用“是或否”的方式来描述。比如说，要知道两种物质混合之后会发生什么，我们不必再亲自做实验，只要将两种物质的性质输入计算机，它就会模拟完成实验，把结果打印在纸上或者显示在屏幕上。无论是显示字母还是模拟实验，使用的都是二进制编码。

对于一些危险的实验，这种方法尤其实用。计算机显示“爆炸”的时候，不必有人真的受伤。一些复杂的问题也可以利用计算机来解决，比如说，衡量某个大公司或某座新城市选址的利弊。只要输入各种变量，例如资源储备、交通需求、市场潜力、建筑成本等，计算机就会告诉你好还是不好。从本质上说，这和所有人类社群的决策流程并无二致。展望未来，或许只有偏执的思想和情绪是计算机无法处理的，所以现在有人担心，我们是否已经过于依赖计算机来管理我们的社群。随着越来越多的事务可以运用计算机完成，数据库里积累的资料也越来越多，其中不少资料就在不久前还被人看作不容侵犯的个人隐私。

信用是现代社会中的美德。而要建立信用，你不得不对外透露诸多或许本来并不情愿透露的个人信息：银行存款、婚姻状况、犯罪记录、他人评价，诸如此类。随着信用卡和电子转账普及，现金或许会逐渐消失。如果没有信用，我们将如何在这样的世界里生存？真正的问题不是数据库里积累了多少隐私信息，而是计算机有能力大规模使用这些信息。一个能在万亿分之一秒内处理无数个复杂的方程的计算机系

一台早期的全息存储系统。全息存储技术利用激光在光致变色膜上留下全息影像。再次用激光照射变色膜就能让影像重现，然后，利用光敏阅读器便可以从影像中重新提取信息。这样的系统可以存储超过 100 亿比特的信息。

统，并不在乎这些方程代表什么。计算机能像模拟化学实验一样模拟种族混合，告诉你应该如何预防灾难性的后果；既然投放广告就能改变人们挑选洗衣粉时的偏好，何不用它来左右观众的政治倾向？计算机掌握着未来，而未卜先知向来是权力之源。问题在于，这种力量已经被谁握在了手中？

西方人上一次面对这样的局面是在公元765年，当时也出现了一套可以预测未来的系统，掌握了这套系统的人也被授予了强大的权力。这套系统便是占星术，那些可以预测日月食和洪水到来时间的人，将权力握在了手中。早在公元前23世纪的苏美尔时代，占星者就开始研究天象，但在公元765年，这门学问迎来了一波高潮。在新建起的大城巴格达，阿拔斯王朝的第二位哈里发曼苏尔得了胃病。这座高墙环绕的新城是曼苏尔的前任选址修建的，而在这块宝地的150英里外，波斯南部群山之中一个名叫琼迪沙普尔的地方，坐落着一座修道院，其中的医院和附属医学院声名远播。哈里发派人前去求助。医学院当时的院长是一位名叫杰尔吉斯·布克特－亦术的基督教修士，他来到巴格达，使这位哈里发痊愈如初。不过，真正改变了西欧历史的还不是这起事件，而是布克特－亦术的治疗理念，以及琼迪沙普尔修道院在医术以外的学问。在曼苏尔执政的年代，这座修道院已经在琼迪沙普尔扎根150多年。这一教派最早来自君士坦丁堡。公元431年，教派领袖聂斯脱利因异端邪说被逐出城，率领追随者来到位于如今希腊的埃德萨；后来拜占庭的皇帝关闭了这座修道院，驱逐了所有修士，于是他们再次启程，辗转向南，最终停留在琼迪沙普尔。修士们在这里建立了医院，并着手将希腊语和波斯语的经典著作（天文学、药学、数学、哲学和占星术）翻译成他们使用的古叙利亚语。这些文本涵盖了希腊的大部分科学著作，正是当年亚历山大图书馆的学者曾开堂讲授的。

曼苏尔痊愈后，在他的劝说下，布克特－亦术带着几名修士，来到巴格达开办了一家医院。这家医院将经营 200 多年，使布克特－亦术和他的后继者深深影响阿拉伯医学的发展进程，并且通过他们的译作，推进阿拉伯的哲学和科学研究。出于宗教原因，阿拉伯人一直对天文学很感兴趣：他们需要知道圣城麦加的确切方向，以及宣礼官应何时登上宣礼塔召唤信徒做礼拜。正是因此，在曼苏尔和他的继任者支持下，修士们把古叙利亚语版的希腊和波斯星表（记录一年中任意时间星星所在位置的表格）翻译成了阿拉伯语。传说在这个时期，哈里发的宫廷里又来了另一名觐见者，他声称自己可以计算星星的运动、预测日月食的时间。这是一位印度人，他来自印度北部的巴特利普特那天文台。公元 4 世纪，希腊的天文学著作随着亚历山大大帝征服的脚步传到了印度；与此同时，在笈多王朝的支持下，印度天文学家开始撰写天文观测年鉴，称为“悉达多”。来到巴格达的这位印度学者把年鉴翻译成了阿拉伯语。随着印度的数学知识与希腊星表融合，十进制系统在科学领域广为运用起来。

可以想见，占星术在古代拥有何等举足轻重的地位。直到 17 世纪，其影响仍未断绝。上古先民通过毕生的观察经验，总结出四季取决于太阳在天空中的位置，随即将土壤的肥力归功于天空。观测数据不断积累，懂得天文知识的祭司开始预测日食和月食的时间，那是天空中最令人敬畏的天象。到了亚历山大的时代，这些祭司兼天文学家已经可以推算行星和恒星的运动轨迹，角度和时间精确到分。他们发现天空中有 12 团星星〔“constellation”（星座）这个单词的字面意思就是“一团星星”〕沿着黄道平面（太阳升落轨迹所在的平面）大致等距离排列，于是把天空分成了 12 个区域，这就是黄道十二宫的雏形，白天和夜晚各 12 个小时也源于此。根据星座的形状，先民想象出了各种各样的人物和动物：鱼、弓箭手、公羊、狮子，等等。

看似科学的占星术越来越复杂，天空中星座的力量逐渐和大地上的万物产生了联系：植物、动物、矿物、天气以及人的生活。古代的人们发现，天上的星星年复一年地遵循同样的规则运动；既然如此，看似变幻无常的人生，背后必然也存在一套类似的法则。

所以，12 个星区被各自赋予了影响人生某个方面的能力。第一“宫”（这是占星家给星区起的名字）位于东方的地平线上，它代表生命。

早期基督教版本的十二宫系统。对于那些坚信神赐自由意志的人来说，占星术固有的宿命论倾向是个难题。为了解决这个矛盾，他们把基督放在了十二宫的中央。

第二宫象征财富，第三宫喻示兄弟，第四宫是人际关系，第五宫关系儿童，第六宫掌控健康，第七宫主宰婚姻，第八宫掌管死亡，第九宫负责宗教，第十宫左右尊严，第十一宫预示友谊，第十二宫司掌仇恨。随着地球转动，行星和星座在十二宫中运行，而对于占星家来说，每颗恒星和行星都代表人生的某个方面，所以，星星对人的影响取决于人生关键时刻某颗星星的位置。只要知道胎儿确切的受孕时间，占星家就可以为准父母推算出很多东西。例如，木星代表“雄性”“白色”“陆地”“琥珀金”（一种金银混合物）等一系列特质，那么，如果母亲受孕时木星运行到了象征财富的第二宫，这个孩子就会成为一位皮肤白皙、事业成功、拥有大片土地的男性珠宝商。希律王会询问伯利恒之星[①]出现的时间，也正是想借占星术得知婴儿的命运。

医生诊疗病人时也经常用到占星术，因为疾病的诊断和治疗与天象密切相关。比如说，放血疗法只能在周二和周三进行，因为这两天属于火星和水星。太阳会影响右眼，土星象征治愈，火星司掌血液，水星掌管血液、舌头、咽喉和发声器官。无论病人身上疼的是哪儿，行星会告诉医生真正的病根所在。治病的方法也由天象决定，因为每颗行星都有对应的草药和金属。曼苏尔生病的时候，占星术医学体系已经发展得相当成熟，足以治好他的病。占星术医学需要深入了解星星的运行机制，注重健康和保健的阿拉伯人因此不放过任何一点相关的知识。他们翻译的手稿包括托勒密在公元 2 世纪撰写的天文和数学百科全书。这部著作收录了当时已知的所有天文学数据，阿拉伯人称之为“Almagest”，意思是“至为伟大的作品”，《天文学大成》这一书名由此流传至今。除了描述星星的运动以外，这本书还详细介绍了

①典出《新约·马太福音》，当耶稣在伯利恒出生时，一颗明亮的星出现在伯利恒的天空。

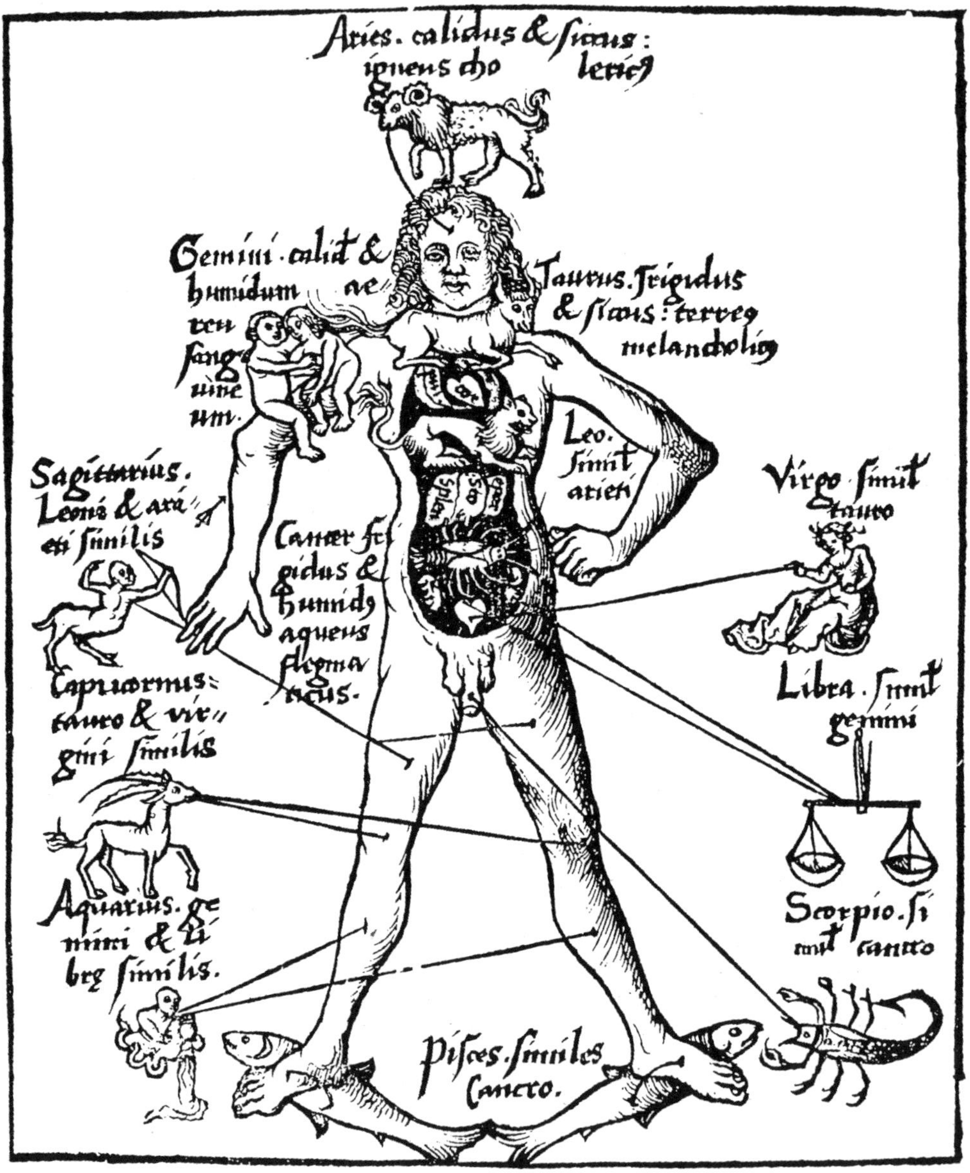

黄道十二宫人体图。根据这幅图，身体各个部分都由对应的星座掌管。

最简单的星盘，用于测量太阳、月亮和星星与地平线之间的角度。圆盘上的指针两头各有一个瞄准孔。用顶部的圆环把星盘悬挂起来，然后转动指针，使得太阳光能恰好从顶端的孔射入再从底端的孔射出，落在手上或地面上。读出指针所在的刻度，这就是太阳与地平线之间的角度。若是在晚上，观测者可以直接通过瞄准孔观察天空，调整指针。

观星设备的制作方法。

到 9 世纪时，阿拉伯人已经把星盘改造得相当完美了。接下来的 700 年里，星盘将一直是天文学家最基本的观测工具。星盘的原始设计很可能来自他们翻译的天文学著作。这种设备通常使用青铜制作，盘面上的星星基本和天空中的一致，盘面可以转动，以便模拟一年中任意时间的星空。星盘的背面有一套可以任意调整太阳和月亮位置的齿轮。观测者按照天空中的实际情况调整星盘上日月星辰的位置，就可以读出当天的日期。除此以外，星盘还有另一项重要功能，它可以用来判断观测者所在的地点。如果观测者看到某颗星星某一天出现在天空中的特定位置，那么，对照星盘与星表，他就能推断出自己所在的地理位置。阿拉伯人穿过北非，向西进入西班牙，同时也将天文学知识传入了欧洲。10 世纪的科尔多瓦大图书馆藏书超过 60 万册，比同时期法国的藏书总数还多。这座知识宝库闻名于欧洲，随着这片大陆从长达 500 年的混乱和衰退中渐渐复苏，欧洲学者开始对天文学产生兴趣。最早的代表人物当数热尔贝，后来他成了兰斯的教堂学校校长，最终还登上了教皇宝座。这位教士生于约 945 年，他出身贫寒，但聪颖好学。967 年，约 22 岁的热尔贝被派往仍由基督教控制的西班牙北部，跟随加泰罗尼亚比克教区的主教奥托学习。也许是在这个时期，热尔贝深切地体会到了阿拉伯知识的广袤。我们尚不清楚热尔贝有没有去过科尔多瓦，不过大约在公元 985 年，已经回到法国的他写了一封信给巴塞罗那的修士卢匹图斯，请对方寄给他“那部占星学著作”。接下来他写了一篇关于星盘的论文，自制了一个模拟夜空的天象仪，还做了一顶带有观测设备的木头帽子，可以用来寻找星星。热尔贝是第一个讲授并探讨“天体影响力”的欧洲人，很快他就有了追随者。12 世纪早期，英格兰人巴斯的阿德拉德与德意志人克恩顿的赫尔曼先后去往伊斯兰国家，带回了阿拉伯的科学和哲学译本。

不过，对欧洲知识和科学复兴造成了更大推动的事件，还要数 1105 年西班牙城市托莱多落入基督教之手。收藏西班牙文书籍的图书馆建立起来，大量经典著作和阿拉伯作品展露在基督教欧洲的眼前，令其心醉神迷。1130 年，大主教雷蒙建立了一所翻译学校，专门翻译阿拉伯哲学家兼科学家阿维森纳的著作。阿维森纳继承了亚里士多德的逻辑学，这门学科在西方失传了数百年后，终于又回到了法国、意大利和英格兰的大学。在阿拉伯知识宝库引入欧洲的过程中，

阿方索国王和他手下的译者在托莱多学校工作的情景，这幅插图来自当时的一份手稿。阿方索的助手主要是犹太学者。除了天文学著作以外，他们还翻译了一篇关于宝石的论文。

贡献最惊人的还要数意大利克雷莫纳的杰拉德。12 世纪中期，杰拉德前往托莱多“寻找托勒密”，他真的找到了托勒密的下落。杰拉德于 1187 年去世，在此之前，他已经把包括《天文学大成》在内的 90 多部作品翻译成了拉丁语。《天文学大成》在欧洲掀起了巨大的波澜。1276 年，卡斯蒂利亚和莱昂的国王“智者”阿方索整理了一份新的星表，融入了托勒密的发现和许多阿拉伯学者的成果。接下来的 3 个世纪里，阿方索星表成了最权威的天文学参考资料，它立即激发了人们对天文学的兴趣。1281 年，学者们制作了一套以梅赫伦为观测基点的星表；1292 年，巴黎星表问世；1300 年，蒙彼利埃也有了自己的星表。

天文学热潮席卷欧洲的同时，阿拉伯的医学知识也传入了南欧那不勒斯附近的萨莱诺学院。早在热尔贝求学于西班牙的年代，这所学校就已建立，公元1000年，它在欧洲已经颇有名气。学院使用的基础医学教材来自阿拉伯人，这多亏了一位皈依基督教的穆斯林：来自突尼斯的“非洲人康斯坦丁”。康斯坦丁曾在巴格达、印度和君士坦丁堡游学，然后回到了家乡迦太基。但后来，他与当地的医生行会发生了冲突，不得不再度离开。康斯坦丁来到了萨莱诺，机缘巧合之下，他进入了新的诺曼统治者罗贝尔·吉斯卡尔的宫廷，做了一段时间大臣。以今天的眼光看来，他的经历未免有些离奇：一个初来乍到、连本国语言都不会讲的外乡人竟能担任政府的高级职务。但当时的意大利南部可谓各种族群和语言的大熔炉。有一半人还在说希腊语，直接

13世纪的阿拉伯医生正在诊治病人。他们的医学知识大多来自古代的希腊著作译本。医生的腰带上常常系着袖珍本的诊断手册。

13 世纪初的几种治疗方式，插图来自萨莱诺学院的一份手稿。左侧的医生正在治疗耳朵感染的病人，中间的医生让病人吸入药草和软膏煮沸后的烟气，而在右侧，他的同事正在检查患者身上严重的皮肤病。萨莱诺的医生来自全欧各地，包括地中海地区，其中还有一位是女性。

接受君士坦丁堡的统治（事实上，直到今天，当地某些孤立小村的方言仍保留着希腊语的遗迹）；而在罗贝尔的亲戚统治的西西里地区，人们主要说阿拉伯语和意大利语的西西里变体；同时，无论在哪里，自命知识分子的人总是坚持说拉丁语。在这样的环境里，来自远方的学者有足够的空间出人头地。

在萨莱诺待了一段时间以后，康斯坦丁去了卡西诺山的大修道院。在这里，他与另一位阿拉伯学者撒拉森人约翰一起翻译了一部名叫《皇家医典》的阿拉伯医书，其作者是 10 世纪巴格达哈里发的御医阿里·伊本·阿巴斯。两位译者将拉丁语版本的《皇家医典》更名为《医学全书》，这本书分为 20 章，全面介绍了验尿、营养学、妇科、外科手术和毛细血管系统等各方面的知识。康斯坦丁本人对验尿颇有研究，传说“女人只要带着尿液去找他，他就会告诉你病因是什么”。到 12 世纪，萨莱诺学院的医生已经可以利用这些方法诊断至少 19 种不同的疾病。

不过，真正让萨莱诺学院脱颖而出、声名大噪的，是医生们娴熟的外科手术技艺。11 世纪，十字军第一次东征，病重无法继续前进的十字军士兵常常被送到这所中转医院。到罗贝尔·吉斯卡尔领导的诺曼军队在南方的统治稳固时，萨莱诺已经成了欧洲最早的大学。学生先要学 3 年的通识课程，然后接受 4 年的医学教育，到了第八年，他们将在医生的监督下进行实习。若要钻研外科手术，那还要再学 1 年。12 世纪，萨莱诺大学将自己所有的知识汇编成了一本医学百科全书，命名为《健康守则》。

接下来的 400 年里，这本守则成了全欧洲的医学基础教材。直到 16 世纪才被其他著作取代。这时候，《健康守则》已经有了 140 个版本，囊括欧洲所有语言。（奇妙的是，当时的编撰者在书的题献页上把这本书献给了从未真正当过国王的“英格兰国王”罗贝尔二世。罗贝尔曾因臂伤在萨莱诺休养过一段时间，然后返回了祖国。而那时，他的弟弟亨利一世已经在三周以前夺取了英格兰王位。）《健康守则》涵盖的领域包括卫生学、营养学、药方、解剖学、病理学、物理疗法和药理学。为了便于记忆，全书由 2500 段富有韵律的小节组成，其中关于饮食和卫生的阐述看起来相当现代：“黎明早起，眼手必洗，冷水尤佳。梳头刷牙……午饭吃饱，晚饭吃少……睡足六时……切勿憋尿。”《守则》中的疾病“体液”理论极大地影响了欧洲人的思想。体液决定体质脾性的理论由古罗马医师盖伦提出，后来为阿拉伯人所继承。根据这套理论，人体内有 4 种基本体液：血液、黏液、黄胆汁和黑胆汁。每种体液对应着世界上的一种基本物质：血液代表热量，黏液象征寒冷，黄胆汁意味着干燥，而黑胆汁带来潮湿。火是热的，夏天也热；水是冷的，冬天也冷；空气和春天同样干燥，土壤和秋天同样潮湿。

四体液理论最早可追溯至公元前5世纪的希腊医生希波克拉底。根据这一理论，人的性格取决于他的身体里占据主导地位的体液。

潮湿黑胆汁质的人有悲观倾向，喜欢忧伤的歌曲；干燥黄胆汁质的人暴躁易怒；干热血液质的人乐观开朗；黏液质的人懒散沉静，是因为体内寒冷、潮湿的黏液。

《守则》中的许多医学常识听起来和占星术理论十分相似，所以似是而非的体液学说及相应疗法很快大行其道。尽管如此，到 12 世纪中期，萨莱诺的医生已经能够处理骨折、外伤、瘘管、结石、疝气、溃疡、脓肿、皮肤病和泌尿疾病，普通的外科手术也不在话下。使用一种麻痹性的植物汁液浸泡海绵，为病人实施麻醉，也成为手术的常规流程。

新的医学知识从南方传至基督教统治下的欧洲，从西方的西班牙又传入了新的天文学知识。欧洲人突然同时得到了观察宇宙和研究人体的工具，医学和天文学顺理成章地成为巴黎、牛津、剑桥和蒙彼利埃新建的大学里最重要的两门学科。阿拉伯医学比欧洲人沿袭的原始医术更加有效，关于宇宙运行规则的新知则促进了哲学的发展。

有赖于查理大帝在 9 世纪做出的努力，到 1050 年，欧洲的每一座大教堂都设立了自己的学校，越来越多的希腊经典著作被译成欧洲语言，教学的思辨性也越来越强。学校日渐普及，求知的热潮卷土重来；贸易和商业繁荣带来大量财富，新知也飞速涌入。欧洲迎来了一次轰轰烈烈的觉醒，其影响遍及人类活动的方方面面。在当时的他们看来，新时代的曙光一定近在眼前：未来的人们必将生活得更好、与世界各地联系得更加紧密，并且终于将要在数百年的战乱之后，迎来和平与安宁。更重要的是，天空的神秘面纱正在慢慢掀起，而在大地上，水车赋予人类力量，让人们越来越得心应手地操控自然。乐观的情绪悄然滋长，恍惚间人类真的成了万物的主宰。

人类对天体运行机制的理解越来越科学，制造水力机械的经验也日渐丰富，二者相结合，催生了技术史上最重要的发明之一：机械钟。对确切时间的需求始于 5 世纪建立起的本笃会。按照圣本笃拟定的会规，修士需要每天在固定的时间参与各项活动，重要的时间节点包括午夜、凌晨3点、黎明、日出、半午（日出到正午的正中间）、正午、半暮（正午到日落的正中间）、薄暮（日落前1小时）和晚上9点。这些时间分别与固定的祈祷和仪式关联起来，圣本笃称之为“正作时间”。按照本笃会会规，修士须在正确的时间祷告，只有这样才能拯救他们的灵魂。白天遵守正作时间相对比较容易，只要有个日晷就够了；可到了晚上，就必须有一位修士彻夜值守，在准确的时间节点敲钟唤醒同伴，所以，他们一定热切盼望能出现某种自动计时装置。教堂使用半自动计时器的最早记载来自一位名叫若瑟兰·布拉克隆的修士。布拉克隆记录了1198年6月23日萨福克郡圣埃德蒙兹伯里大教堂的一场火灾。当时这座教堂是一处重要的朝圣地点，因为这里供奉着圣徒的遗体，这样的地方一旦失火，必然让当地社群无论在精神上还是财务上都蒙受巨大损失。那天夜里，教堂里的修士被火焰的噼啪声惊醒，按照若瑟兰的描述，“我们所有人一起跑了出去，发现火势汹汹，超乎想象，食堂陷入火海，烈火几乎蹿到教堂的房梁上。年轻的修士连忙跑去取水，有人奔向水井，有人冲向**时钟**……”（黑体字是我标的）。时钟为什么能灭火？只可能是因为它靠水力驱动。

由此可知，12世纪的教堂已经开始使用水力时钟，或者说滴漏装置（“clepsydra”，这个希腊语单词的意思是“窃水者”）。欧洲北部之所以会引入这种时钟，一定是因为当地阴沉多云的日子太多，日晷没机会派上用场。滴漏装置很可能源自埃及，当地人或许用它作为水力供应的规范器。阿拉伯人来到埃及的时候，当地人仍在使用这种类似钟表的设备计量水量，其原理是：在装满水的桶底戳一个洞，水从洞里流出来的同时，农民从水渠中引水灌溉自己的田地；一桶水流光以后，灌溉结束，农民为“一桶水”的灌溉时间付钱。在12世纪的

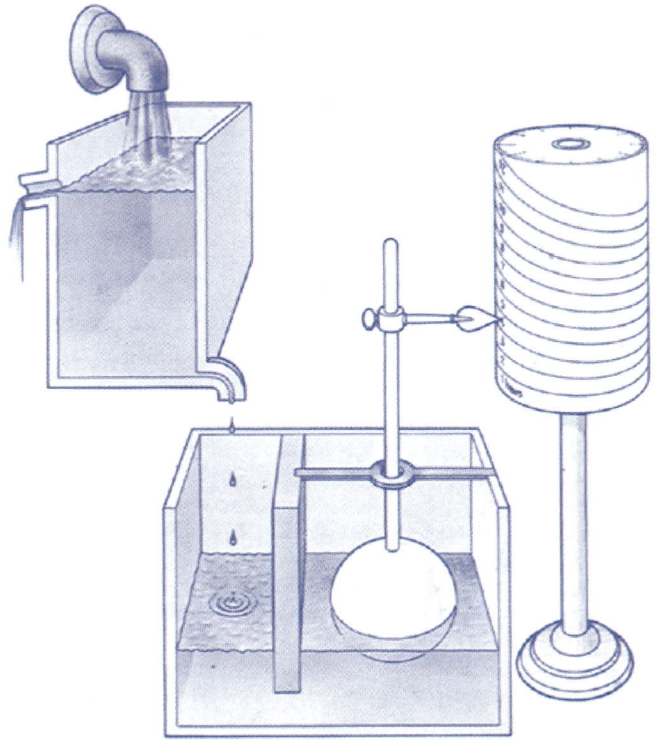

左上的水池是水力时钟的动力来源，外部的龙头源源不断地向池子里注水，多余的水从顶部的泄水口排出，因此池子里的水压始终保持恒定，池底的小洞向外滴水的速度也不会改变。水滴到画面中央的主水槽里，为了避免水滴激起的涟漪干扰浮标，槽内设置了分水的隔板。随着水面不断上升，浮标带动指针向上移动，通过旁边的圆筒，守夜人就可以读出当时的时间。圆筒上的刻度并不均匀，因为每个小时的长度会随季节变化。图中圆筒左侧的刻度代表夏天的时间，夏季白天的每个小时都比较长。

某个时间，修士解决了敲钟人必须彻夜值班的问题，因为新的熙笃会会规写道，守夜人“听到闹钟鸣响，就须起床敲钟唤醒他人”。考古学家在布鲁塞尔附近的维莱尔修道院遗址发掘出了一块刻于公元1268年左右的石板，上面刻有另一个版本的守夜人工作职责：“你应当用小壶向蓄水池里灌水，直到水位到达标准线；晚祷后应当按照同样的流程重新设定闹钟，这样你就能睡个好觉。”利用机械结构驱动闹钟的最早记载，则出现在西班牙比利牛斯山脚下的瑞波本笃会圣玛丽修道院一份11世纪的手稿上。

这些证据说明了一个问题：修道院的制钟匠所追求的“准确”和今天的我们大不相同，他们只希望能在正确的时间敲响祈祷的钟声，无论昼夜。最重要的差别在于，他们制作的钟每个小时的长度会随季节而变化。冬天昼短夜长，夏天则反之，而按照会规的要求，白天和夜晚各自有12个小时，因此夏天白天的1小时比冬天白天的1小时更长。每小时时间恒定的机械钟对僧侣来说反而是个麻烦，他们想要发明某种装置，能根据季节调节每小时的长度。他们先是在钟面上插了一些小桩来调整敲钟的时间。1271年，一位后世称为“英国人罗伯特”的天文学家正在巴黎或者蒙彼利埃教书，他写道：“……制钟匠试图制作一个每12小时（一个白天）旋转一圈的轮子，但这并不容易……制作这样的钟表，首先需要一个重量均匀的圆盘……然后在圆盘的轴上挂一个铅锤，利用配重推动圆盘，从日出到日落正好转完一圈……”研发钟表的动力主要来自两个方面。第一，人们需要不畏严寒的计时系统，因为漏壶在冬天会结冰；第二，新的天文学知识和占星学的神奇力量正广为流传，人们渴望将天空中的情形用一种可控的、符合人类尺度的方式重现，在大地上制造出上帝的时钟。罗伯特开始尝试解决这个问题。用铅锤和绳子拨动表盘和表针不是什么难事，问题在于，如何调整它们的旋转速度？不久后，“立轴横杆式”机械钟横空出世，谁也不知道它的起源，但它堪称人类历史上最巧妙的发明之一。这种机械钟的主轴上缠着一圈圈配重绳索，随着主轴转动，配重绳索会逐渐松脱，延缓主轴的转速。

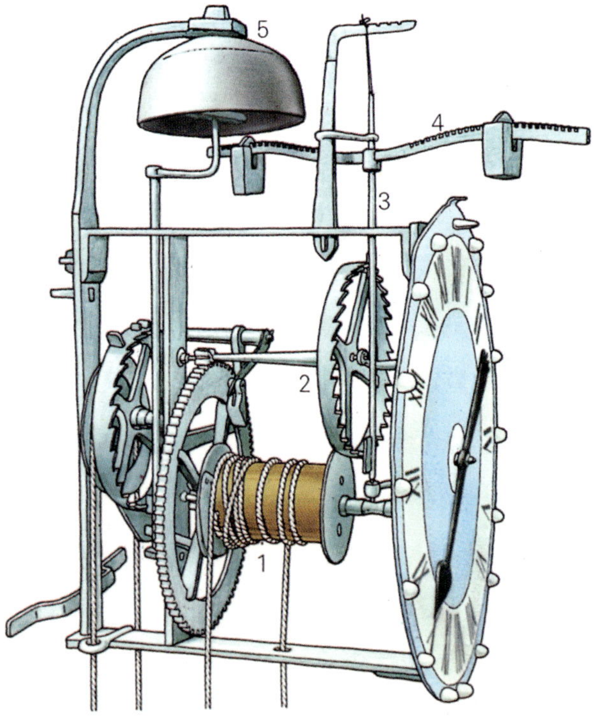

最早的机械钟。主驱动轮（1）连接着一个齿轮（2），齿轮由一根上下各有一个拨片的竖杆（3）制约，有规律地转动与停歇。阻挡齿轮转速的力来自T形配重横条（4），它的动能为竖杆提供足够的惯性，使竖杆上的拨片短暂地阻挡齿轮转动。每当齿轮弹开一个拨片，使竖杆转动，另一个拨片便会继续与齿轮咬合，使齿轮有节奏地旋转。这套装置可以用来敲钟（5）。

立轴横杆系统将对此后的社会产生无比深远的影响。原本只是修士用来确定祷告时间的装置，很快渗透到俗世生活的方方面面。新式钟大约出现在 13 世纪 80 年代至 90 年代，起初只是为了在每个整点敲响。最早的钟都安置在教堂的高塔上，既没有指针也没有表盘，在这个阶段，它主要的服务对象可能依然是修士而不是普罗大众。不久以后，教会的天文学家开始用钟表的机械原理来制造自动日历。最早的天文钟表盘很大，盘面上绘有黄道十二宫的图案，指针依次从星座上划过；除此以外，还有专门的窗口显示月相、太阳的位置、主要星座的升降以及特殊的日期，尤其是宗教节日。新式钟最重要的功能就是显示宗教节日，因为许多节日与天象密切相关。这些不固定日期的节日只有一个保留到了今天——复活节，它的确切日期取决于月相。宗教节日不仅对神职人员有特殊的意义，对普罗大众也同样重要：僧侣要在节日举行仪式救赎灵魂，普通人则要围绕节日安排生产和生活。播种、收获、赶集、假日、大型宗教典礼，一切活动都要在特定的节日进行。因为这样的需求，钟渐渐从教堂流传开来，悄然出现在欧洲大小城镇的广场上。

第一台机械钟到底出现在哪里？这个问题众说纷纭。史料上提及"钟"的时候基本不会介绍它的细节原理，所以我们也无从判断哪些是机械钟，哪些不是。1288 年，威斯敏斯特地区建起了一座钟；1292 年，坎特伯雷大教堂安装了一座钟；1300 年，巴黎也装设了一座。1321 年，但丁在《天堂篇》中提到了钟，也许当时的读者已经很熟悉钟的原理了。第一条关于机械钟的明确记载描述的是米兰的维斯孔蒂宫，时间在 1335 年，"沉重的钟锤每天敲响 24 次……将每个小时区别开来。这对所有人都很重要。"这篇文章的观点呼应着当时市民的心声。14

世纪，钟在欧洲普及开来，韦尔斯、索尔兹伯里、斯特拉斯堡、巴黎、博洛尼亚、帕多瓦、帕维亚和费拉拉先后安装了钟，它的经济价值也越来越明显。1370 年，查理五世在巴黎的皇宫里装了一座新钟，并颁布法令要求全城的钟都跟随它敲响，好让城里的所有臣民都遵循“国王的时间”。钟声告诉人们开关城门的时间、宵禁开始和结束的时间（当时大多数建筑都是木制的,入夜后需要熄灯灭火,这非常重要），告诉守夜人现在是几点，更重要的是，指示人们出门干活或收工回家。市民，至少是那些认为自身与城镇休戚与共的市民，都盼着自己的镇上能有一座钟。里昂市议会曾经收到一封请愿书，要求“安装一座大钟，让全城每个角落的人都能听到它敲响。有了这样一座钟，更多的商人将来到我们的集市，市民会更安心、更快乐，过上更有秩序的生活，我们的城市也将更加美丽”。

随着制钟技术的进步，出现了可以放在私人居室里的小型钟，它很快成了上流家庭的身份象征。药学家兼天文学家乔瓦尼·德·唐迪为他的资助人，帕维亚的维斯孔蒂公爵，制造了一座精致的小型钟，放在维斯孔蒂城堡的藏书室里，当时被赞叹为欧洲的奇迹。这座小钟完工于 1364 年，它由 297 个部件组成，部件之间一共有 305 个针销或楔子用以连接。（那时，螺钉还仅仅用作挤压工具。将它用作连接件的革新要在不久后才发生。）唐迪的钟不仅可以显示小时数和分钟，还能告诉你日出日落的时间、白天的长度、宗教节日、当天的日期、五大行星的运行轨迹、月相、复活节、星时、当年的年历，而且相当准确。它的配重块（相当于早期机械钟里的绳子）每天来回摆动 4.3 万次，驱动指针每两秒钟跳动一下。不幸的是，唐迪的杰作后来毁于一场大火，但它的详细设计图流传至今，现在你还能在美国华盛顿的

著名的“智慧之钟”手稿，大约绘制于公元1450年。左侧的机械钟只有一根指针，钟面被分成24个小时。右侧的桌子上摆着其他几种计时器：弹簧驱动的小钟、四分仪、日晷。

史密森尼学会或者英国伦敦的科学博物馆里看到其复制品。这些钟表都要面对一个问题：选用一套统一的计时系统。有些地区（例如英格兰）很早就觉得，24小时为一周期的机械结构设计太过烦琐，成本也太高昂，所以决定用两个12小时取代它。十二小时制逐渐扩散到了欧洲大部分地区，除了意大利：直到19世纪，意大利仍在坚持使用二十四小时制。纽伦堡曾使用过一套极其复杂的计时系统，依靠内部精密的机械结构，钟表可以报出从日出到日落的准确时间，而且每个小时的长度还会根据季节自动调整。

精明的商人不会错过钟表的商机。到15世纪中期，随着欧洲逐渐走出黑死病的阴影、经济再次走上快车道，人们对便携钟表的需求日渐高涨。时间正在变成金钱。1450年左右，新诞生的一种水力装置让钟表技术又迈出了一大步。当时人们已经开始使用新式水力风箱为鼓风炉供氧，鼓风炉里的矿石也来自水车驱动的碎矿工坊。市面上流通的金属大幅增长，而金属的产量越多，人们对它的需求就越迫切。冶金技术流传开来，在矿山周边形成技术交汇中心。德意志南部山区的纽伦堡正是这样的冶金中心之一，很可能是当地的一位工匠（也许是一名锁匠或者打造盔甲武器的工匠）发现，可以用金属弹簧来取代钟表里的配重块。1450 年左右，一位勃艮第贵族的肖像画里出现了新式的弹簧钟，它骄傲地立在画像的背景里。弹簧钟的出现标志着人

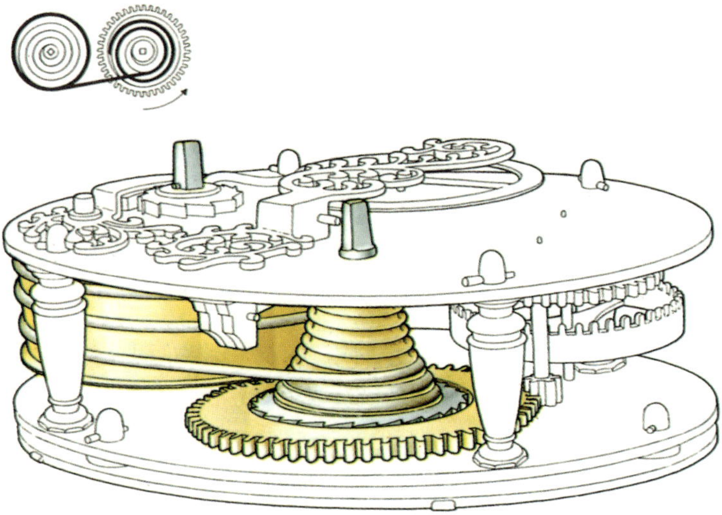

均力圆锥轮控制的弹簧动力钟。左上角的示意图描绘了安装在圆筒内的螺旋弹簧。随着弹簧逐渐松开，圆筒转动，拉动绕在筒外的肠线，与肠线相连的均力圆锥轮也随之转动。这个圆锥轮是钟表的主要驱动装置，它解决了弹簧的力越来越弱的问题：弹簧最紧（力最大）的时候承担的工作最困难，因为此时肠线正缠绕在圆锥直径最小的地方拉动圆锥轮转动；随着弹簧的力越来越弱，肠线渐渐从圆锥轮上解开，其缠绕的直径越来越大，因此维持转速需要的力越来越小。通过均力圆锥轮的调节，钟表始终以恒定的速度运转。

德意志制造的装在镀金黄铜盒里的便携钟（公元1550年），机械构件由钢和黄铜制成。表盘上有两圈刻度，一圈是常见的十二小时制，另一圈是意大利的二十四小时制。纽伦堡的制表匠必须做出一只这样的钟，以及一只可以自动显示日历和月相的钟，才有资格加入行会。

们解决了一个自弹簧诞生以来就困扰着工匠的问题：随着弹簧逐渐松开，它提供的力会越来越弱。弹簧无法作为钟表的驱动力，因为它会让钟越走越慢。为了解决这个难题，工匠发明了一种名叫“均力圆锥轮”（fusee）的装置，它的名字来自拉丁文里的“纺锤”。

到 16 世纪中期，弹簧钟已经小得可以做成表了。这样的小型钟表足以满足绝大多数用户的需求，但对天文学家来说还远远不够。随着星盘、四分仪和天象仪等观测仪器体积越来越庞大、测量越来越精确，天文学家开始抱怨弹簧钟实在太不准了。制作钟表的金属品质各异，弹簧的性能也会因气温、老化和润滑的程度而改变，有的钟一天的误差高达 4 分钟，要准确检验行星的运行规律，4 分钟实在是个不小的偏差。一位荷兰眼镜制造师汉斯·李普希以一种间接的方式使这个问题更加紧迫。1608 年 10 月 2 日，李普希向荷兰政府献上了一件可以用在战场上的设备，他将其命名为“观望器”——现在我们称之为“望远镜”。荷兰军队的改革者、拿骚的莫里斯亲王乐于尝试一切有助于战术改良的新设备，他欣然带着望远镜上了战场做实际检验，并支付给了李普希900荷兰盾的赏金，条件是让他把望远镜改进为双筒型。

其实，早在1300年左右，玻璃眼镜片就已经出现。是谁最早把玻璃磨成了镜片？历史模糊不清，有可能是比萨的一位佚名工匠，又或许他是来自威尼斯。但在眼镜出现300多年以后，才终于有人发明了望远镜，这看起来实在有些奇怪。不过从这个例子里，我们可以再次验证科技发明与社会需求之间的关系。经历了所谓“黑暗时代”期间数百年的战乱，欧洲经济重回正轨，当时的社会急缺抄写员，任何能够延长老年抄写员职业寿命的设备都大受欢迎；但那时候火药还没有发明，大炮尚未出现在战场上，在那时的宇宙观下，人们也无法想象天上的行星是三维的、可观测的，总而言之，没有人需要望远镜。所以，新发明仿佛总要等到人们翘首以盼的时候才会“应运而生”。其实有很多时候，新发明的技术条件早已成熟，就像从眼镜到望远镜一样，简直是必然的，却由于没有用武之地，而迟迟不出现。此外，没有市场需求时，往往也缺乏相应的技术基础和社会基础，新发明即使诞生，也只能昙花一现。

望远镜出现的时机正是一个绝佳的例证。那时，天文学家刚刚开始质疑托勒密的古老宇宙观：宇宙是许多同心球壳，地球位于正中央，行星和星座分别居于球壳上，都围绕地球运行。按照托勒密的观点，天体的运动应该完美和谐，但用星盘实际观测的结果却有很多地方不符合他的理论。比如说，行星的运行轨迹似乎不是围绕地球的同心圆，到16世纪中期，已经有人提出了一种理论，认为行星的运行轨迹并不是正圆，而且只有另一套完全不同的宇宙观才能解决观测到的异常现象：太阳才是这套系统的中心，所有行星围绕太阳运行，包括地球在内；月亮是地球的卫星，围绕地球转动，正如金星绕太阳转动一样。如果其他行星也拥有卫星，必然会使这套理论更加可信。于是1609年，伽利略举起新发明的望远镜观察天空，他找到了这个重要的证据：木星拥有自己的卫星。此外，固有的宇宙观还面临着新的冲击：月亮看起来并不是正圆的，而且，它的表面似乎和地球一样，也有山峦和沟谷；天空中的星星无穷无尽，超乎此前人类的所有想象。

1610年，伽利略通过望远镜观察月球后绘制的淡水彩月相图。月球表面上出现了不规则的阴影，推翻了此前“所有行星都是完美圆形”的理论。

望远镜彻底改变了人设想自己在宇宙中的位置。人类不再是万物的中心、上帝的选民。望远镜解放了我们，让我们更自由地审视自己和周围的世界。既然没有什么是恒定不变的，“新哲学认为一切皆可质疑”，那么任何事物都值得并且应当深入调查。

木星的卫星给钟表匠带来了新的难题。卫星围绕木星运行，要确切地证实这个新发现、把它添加到现有的理论中去，天文学家必须准确测量它绕轨运行的时间。而如先前所说，弹簧钟的准确度是指望不上的。据说解决这个问题的正是伽利略本人：在比萨的一座大教堂里，他看见一盏吊灯来回摇晃，发现无论灯晃动的幅度是大是小，它每摇摆一次花费的时间总是相同，所以，钟摆效应可以用来精准地计时。不过根据伽利略的笔记，他的研究仅止于设计了一套钟摆装置，钟摆每往返一次，就驱动齿轮转动一格。制造出了第一台钟摆计时器的人，是荷兰人克里斯蒂安·惠更斯。

荷兰人对研究计时器尤为热衷，因为当时，他们刚刚开展前往东方的远航，船上的领航员遇到了一个难题。只有当你向东或者向西走得足够远的时候，这个问题才会显现。惠更斯的发明在某种程度上正是为了解决这个问题。对天文学家来说，摆钟满足了他们精确计时的需求：钟摆往返一次的时长始终是固定的，它像早期钟表里的配重绳一样，作为主齿轮运动的基准，准确度比此前的钟表高得多。但摆钟仍然无法彻底解决领航员的困扰，因为一

惠更斯的摆钟。如图所示，钟摆的均匀摆动作用类似最早的配重绳，驱动竖杆上的拨片咬合齿轮，控制钟表主轴匀速运转。

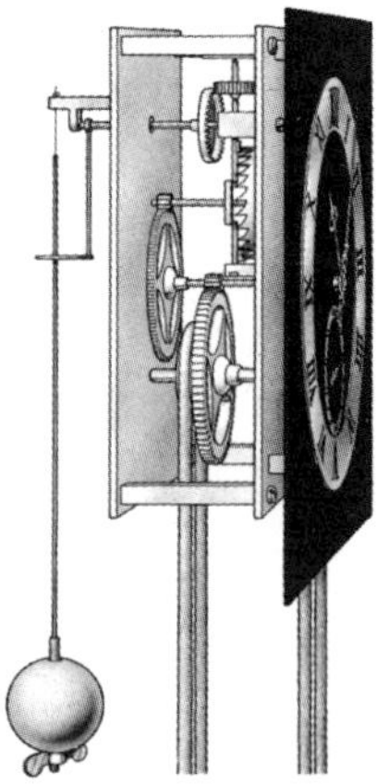

旦遇上较大的风浪，钟摆也会受到干扰。远航的水手之所以需要知道准确的时间，是因为星表能告诉他们的只是天体位置所对应的某个固定地点和固定时间。所有星表的基础都是某一条子午线，即星表基准地点所在的那一条南北经线。我们以格林尼治星表为例，如果船从格林尼治出发向正北或者正南行驶，那么根据星表，你随时可以推算出船行驶的距离；但是，如果船向东或向西行驶，表上星星的位置就会根据船的经度变化而变化。地球每24小时自转一圈，所以每向东或向西前进15度，日出就会提前或推后1小时，星星的位置也会相应变化。领航员必须知道基准子午线上的确切时间，才能运用这条规律准确地推算距离。时钟每误差1分钟，船在赤道上的推定位置就会偏差大约15英里。当时的世界经济对跨洋贸易的依赖程度越来越高，船准备靠岸却发现有15英里的误差，意味着不可接受的经济损失。人们急切地寻找一种能在海上的恶劣环境中长期正常工作的高精度计时器。答案似乎只有一个：提高制造弹簧的金属的品质。来自英国北部唐卡斯特的一位钟表匠解决了这个问题，也间接引发了后来的工业革命，他名叫本杰明·亨茨曼。

有时候，重大变革的诞生与勤勉努力、细心观察、经济刺激或才能全然无关，只是出于纯粹的偶然。整个欧洲有无数钟表匠和亨茨曼一样不满于钟表弹簧的质量，一定有很多人尝试过解决这个难题，但谁也没找到答案。当时各地采取的都是同一种炼钢技术：把木炭和铁一层层交替堆叠，在顶上覆盖一层细沙，高温加热数日之久。在此期间，木炭里的碳逐渐渗入铁里，形成钢壳。工匠剥下钢壳，再把多层钢壳叠在一起锤打，制成由薄片叠成的钢材。这样的材料做刀具没有问题，弯成弹簧时却很容易断裂或者变形。亚伯拉罕·达比发现焦炭如何计算船所在的经度（东西方向的位置）？这是伴随跨洋远航而来的导航难题。清晨6点，日出时分，船只（左下角）位于东太平洋，领航员知道，以格林尼治时间为基准，晚1个小时意味着向西15度，因为地球每小时转动15度。因此，假如船上有足够准确的时钟可以显示格林尼治时间，他就能根据自己所在位置与格林尼治之间的时差换算出自己所在的经度。以这幅图为例，当地时间晚了6个

小时，意味着他所在的经度是格林尼治向西90度。如此，就可以将太阳和星星的位置转换为格林尼治“本初子午线”时间，继续计算船只与格林尼治在南北方向上的距离，得出纬度。图右的另一条船演示了基本的纬度计算方法。领航员在夜晚的特定时间测量某颗恒星与地平线之间的角度，恒星的高度角随纬度不同的变化是有规律的，所以知道了角度和时间，领航员就能判断自己处于这条经线上的哪个位置。

燃烧可以维持极高的温度时，亨茨曼正好住在一片玻璃工坊附近。由于达比的发现，玻璃工匠开始用焦炭烧炉子，同时用当地沉积的斯陶尔布里奇陶土涂抹熔炉内壁。这种陶土能反射热量，使炉温进一步升高。亨茨曼还观察到，旧玻璃片也可以回收利用，因为炉内的高温会把它们烧熔，然后完美地和新烧的玻璃融合到一起。

1740 年，亨茨曼在阿特克里夫村建立工坊，使用同样的方法炼钢。他把小块的多层钢放进坩埚，利用高温将性质各异的钢片熔炼成均匀的液体，冷却后的钢材变得十分强韧。18 世纪晚期，这种新的“坩埚”钢弯成的弹簧成了船用精密时钟的部件，新的时钟在几个月内的误差

英国约克郡谢菲尔德郊外的亨茨曼炼钢炉。亨茨曼的改良征服了竞争对手——法国的刀匠，谢菲尔德的炼钢产业逐渐成熟。

只有区区几秒。但不仅如此，亨茨曼的钢材还将为18世纪的社会带来更深刻的变革。大约就在他开始炼钢的时候，英国的法国移民之子约翰·多伦德开始尝试在望远镜中使用两片透镜。他本想证实牛顿的理论——望远镜如果使用一个以上的镜片就会产生色差，结果却推翻了它。多伦德发现，是否有色差取决于透镜使用的玻璃材质，他尝试用冕牌玻璃（窗户用的就是这种玻璃）做一块镜片，用燧石玻璃（亨茨曼在工坊里看见别人做的那种）做另一块，结果发现，穿过这两层透镜后的光没有出现任何色差。1757年，多伦德申请了无色差透镜组的专利。航海业立即接受了多伦德的发明，为1731年约翰·哈德利改良后的四分仪添加了新的透镜，领航员可以更准确地观星了。

这种设备采用双镜片望远镜，望远镜前方有一面玻璃镜，称为“定

望远镜的演变。

牛顿发现，光在穿过一片透镜的两个面以后会分成两种颜色。

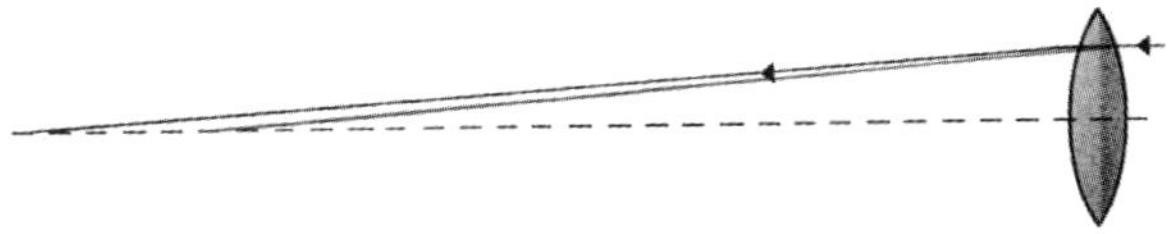

多伦德解决了这个问题：让光依次穿过两种材质的玻璃镜片（也就是4个面），分开的色带会重新聚焦于一点，得到清晰的图像（如下半部分的透镜组所示）。

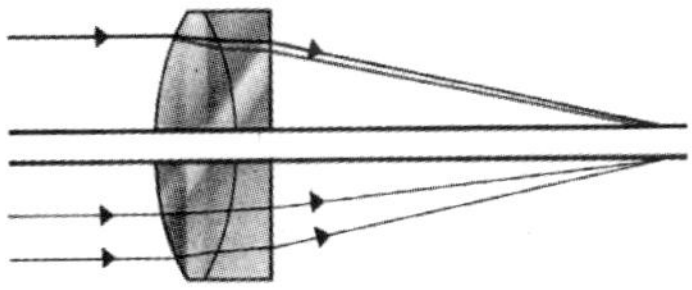

在望远镜上安装无色差透镜组，光和图像可以正常聚焦。

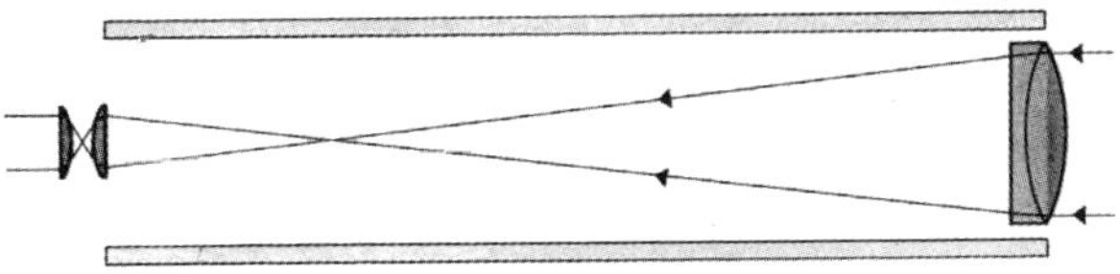

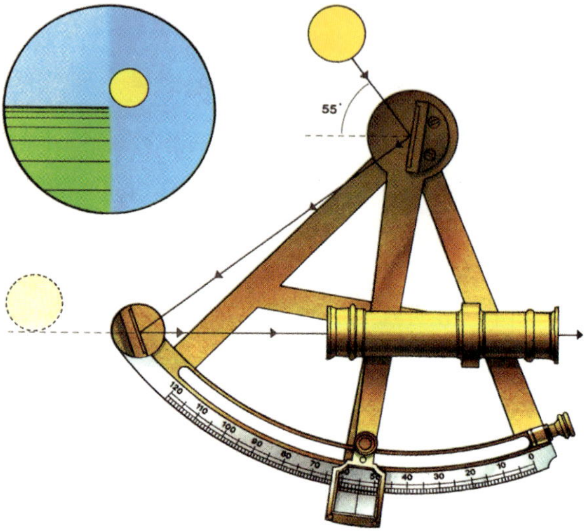

哈德利的六分仪。望远镜保持水平，观测者转动安装了动镜的指标臂，让镜头里的太阳和水平线正好相切（左上），然后读出分度弧上的刻度，这就是太阳的高度角。

镜”，左半部分为透明玻璃，右半部分镀了一层银，形成镜面。六分仪框架上安有可以活动的指标臂，指标臂顶端的“动镜”（活动反射镜）可以将天体的像反射至定镜的镜面，再反射至望远镜中。通过望远镜观星时，调整指标臂，让恒星正好与水平线相切，此时指标臂所在的刻度就是恒星的高度角。六分仪精度极高，导航员根据它推算船只的位置，误差在 100 码以内。新望远镜的问题在于，它的精度实在太高，金属分度弧上手工錾刻的刻度竟然无法与之匹配。这样一来，人们必须找到更准确的方法来刻画弧度：误差不能大于 10 角分。

当时工匠仍在使用圆规手工錾刻角度。对于尺度较大的仪器，这种方法足以满足需求；但望远镜的精度要求大大超出了极限。如果一个刻度代表 10 角分，就需要在 360 度的圆盘上均匀錾刻 2160 个刻度。

人们迫切需要解决这个问题，英国政府甚至为此开出了赏金，准确测量经度（精确到 1/3 度）的赏金更是高达两万英镑。很多钟表匠纷纷进入了制作天文仪器的行当，其中有一位名叫亨利·辛德利的约克郡人，在 1739 年用一套切割钟表齿轮的设备改造出了錾刻角度的机器。原理很简单：将一个水平放置的齿轮作为基座，再在齿轮边缘的切线上放置一颗螺丝钉。螺钉旋转时，它的螺纹会与齿轮咬合，推动齿轮缓慢旋转。数一数螺钉需要转多少圈才能使齿轮转动 1 周（360 度），就可以计算出齿轮每转动 1 度（或者 1 角分）时，螺钉需要转几圈。

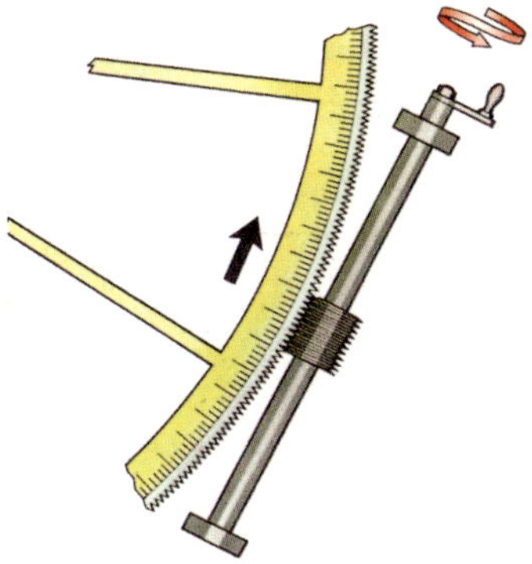

分度器的主体是一个整体浇铸的铜齿轮，齿轮内有加固的辐条。待分度的刻度盘被水平固定在分度器齿轮上方的 3 根滚轴上，绕齿轮中心的垂直钢轴以极高的精度旋转。分度器的齿轮由切线螺钉驱动，螺钉每转动一圈，齿轮就精确地转动一定的度数。

亨利·辛德利也许太过慷慨地分享了自己的创意，因为现在看来，很可能正是他手下一个名叫约翰·斯坦利克里夫的工人私自把这个发明献给了一位当时已经颇有名望的仪器制造商——杰西·拉姆斯登。拉姆斯登的妻子莎拉正是约翰·多伦德的女儿。1774 年，“拉姆斯登分度器”为杰西赢得了 300 英镑的奖金，订单也滚滚而来。他的分度器能在 20 分钟内刻好一台六分仪，这类天文仪器的价格随之暴跌至原来的 1/10。拉姆斯登分度器有 2160 个轮齿，切线螺钉每旋转一圈，齿轮就会前进一格。公道地说，拉姆斯登也不是完全坐享其成。他设法集齐了制造分度器的原材料：齿轮来自约克郡，螺钉来自法国。这种分度器的关键在于高精度螺钉，幸运的是，法国一位名叫安东尼·西奥特的设备制造商找到了提高车床精度的方法，对拉姆斯登来说，这真是恰逢其时。

原始的车床古已有之，但得益于新的驱动装置，18 世纪的车床与古代的早已大不相同。以前，车床的驱动力来自木枝或木棍的弹力。工人把绳子一头绑在木棍上，再缠绕住水平置于车床的工件，绳子另一头与踏板相连。踩下踏板，绳子牵引工件自转，踏板踩到底抬起之后，棍子又拉动绳子反向运动，工件随之反向旋转。每隔一次转动，即工件每同向旋转一次，工人就把车刀抵在木块上切削一次。水力进入工业领域后，车床也得到了改良，工件可以始终朝着同一个方向旋转。到 17 世纪，车床又增加了精密的传动装置和凸轮，可以加工更复杂的工件（也许正是因此，当时的家具流行各种球形装饰）。不过随着铁的用途越来越广泛，原有的车床渐渐无法满足加工需求了：铁太硬，工人单靠双手很难固定车刀。于是，加工家具的车工发明了能通过机械原理将车刀移动并固定在车床侧面的刀架。接下来，西奥特在试图

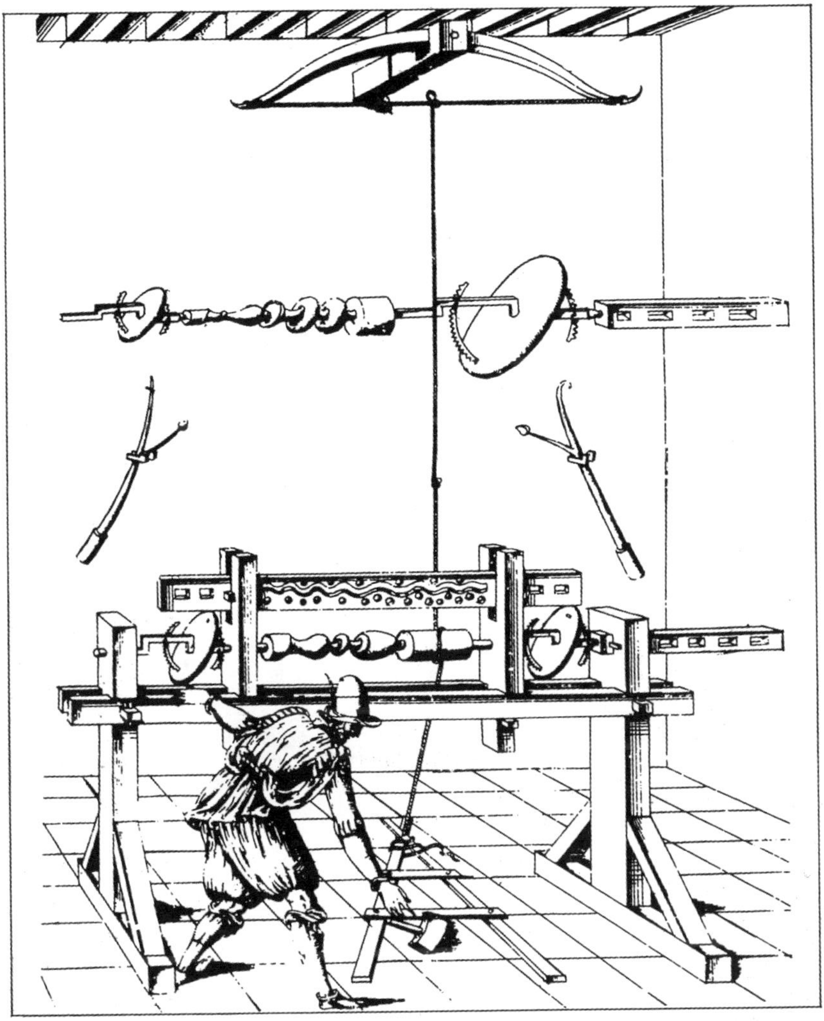

足踏木车床的某种变体，驱动力来自头顶的弓。放开车床下方的踏板，弓就会把绳子往上拉，车床上的工件也随之旋转。请注意工件上方的模具，工人按照样板的形状移动车刀，做出一模一样的产品。

用车床加工钟表里的均力圆锥轮过程中，解决了车床沿工件长轴加工时的精度问题，使得车刀沿着工件长轴移动时，可以始终保持准确均匀的切削力度。

西奥特的设计理念是，用螺杆充当车刀的可移动底座，并将螺杆转动转化为水平移动。他在车刀底座上打一个螺纹孔，然后水平穿入一根螺杆，随着螺杆转动，底座带动车刀沿螺杆稳定移动，精确切削工件。这套装置还为杰西·拉姆斯登解决了切线螺钉的加工难题。他把螺杆加工成切线螺钉的形状，工人只要操作螺杆转动，车刀就会自行切割出和模具一模一样的螺钉来。到了这一步，亨茨曼重新回到了

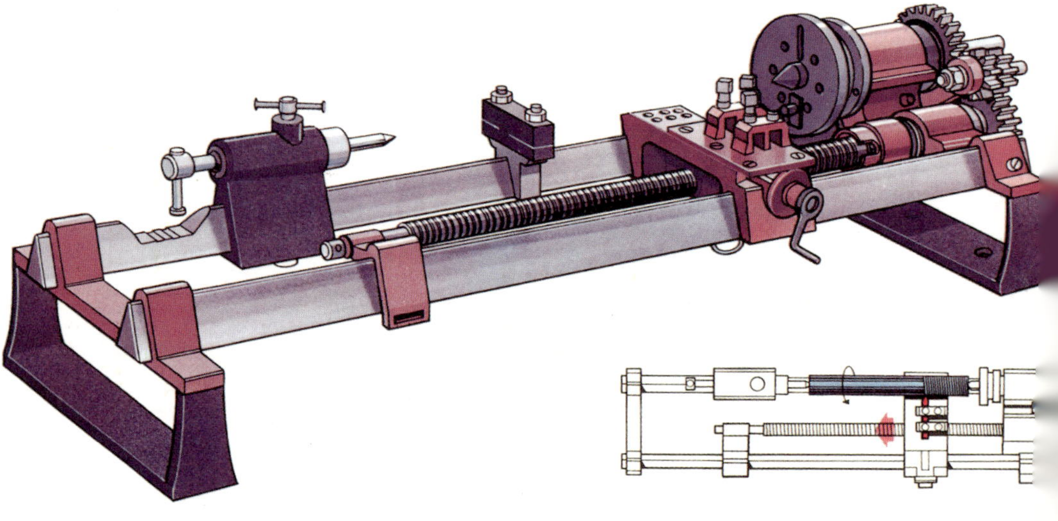

莫兹利的车床。示意图展示了螺杆旋转时如何带动车刀沿着工件稳定移动、切削加工。车床右侧的传动装置可以调节加工出的螺纹尺寸。莫兹利还利用高精度螺杆制成了千分尺，其测量精度可达 1/1000 英寸。千分尺的工作原理和拉姆斯登的切线螺钉相同。

我们的故事中，因为只有一种金属可以轻而易举地切开任何一种铁，那就是亨茨曼的坩埚钢。有了这种钢材，工业革命发生的条件已经完全成熟；如果没有它，车床就无法如此高效地工作；而若是不能精确切割金属，工业革命也无从谈起。

一位名叫亨利·莫兹利的工匠综合前人成果，把金属切割的诸多发明完美地集成于一台机器内，发明了一种能够高效切割金属工件的车床。莫兹利本是伍尔利奇皇家兵工厂的一名铁匠，若不是当时的伦敦发生了一系列令公众震惊的抢劫案，他或许会一直默默无闻地待在工厂的车间里。在劫案带来的恐慌中，洁具制造商约瑟夫·布拉马恰于此时发明的一种高级锁引来争相抢购。布拉马本人出生于农家，出于偶然进入木匠行当，后来又开始制作洁具，接着成了锁匠。1789 年，18 岁的莫兹利成了布拉马手下的锁匠学徒。后来布拉马公开承认，接下来的 8 年里，正是因为莫兹利发明了一些新工具，让锁匠能够更快、更精确地完成工作，才使布拉马锁得以批量生产。1797 年，25 岁的莫兹利已经结婚成家（他娶了布拉马的女管

著名的布拉马锁。在它问世后的 40 年内，谁也无法将它打开。后来，一位名叫霍布斯的美国锁匠终于打开了这把锁，花了整整 16 天。

家），但每周的薪水只有 30 先令，于是他要求加薪。遭到布拉马拒绝以后，莫兹利愤然离开，在伦敦的牛津街旁自己开了家作坊，同时也带走了已经设计好的车床图纸。

此前改进过的种种车床都只能切削一些装饰性的小玩意儿，但莫兹利的车床能加工工业尺寸的工件，而且精确度没有损失分毫。他对精确有一种近乎狂热的执着。1800 年产的莫兹利车床（时人称为“推车”）以丝杠为核心，可滑动的刀架精确地安装在精心设计的三棱滑条上。新车床精度更高，加工速度也更快，莫兹利因此声名鹊起。他的店开在维尔斯街，有个法国人每天早上都会从这里路过，莫兹利时常会跟他聊聊天。正是通过他，莫兹利认识了流亡的法国保皇党人马克·伊桑巴德·布鲁内尔，当时布鲁内尔刚从美国回来。

1800 年，布鲁内尔找到莫兹利，建议他尝试制作船用配重块。在那个年代，配重块是操纵船只时不可或缺的装置。工匠在木质配重块上安装一两个滑轮，再把一端已固定的绳索系在配重块上，就可以方便地将这条绳索放松或拉紧，这样的设计一直沿用到今天。配重块可以用来调节风帆、拖拽重物、快速移动大炮。一艘配有 74 门火炮的船需要 1400 多个配重块，而这种大小的船在当时只能算是三流。1800 年，船用配重块完全是手工制作的。布鲁内尔想到，可以利用机械加工配重块，他希望莫兹利能造出这样一台机器。

莫兹利花费了 6 年时间来钻研。1808 年，第一批机械加工的船用配重块问世了，这是世界上最早的大尺寸量产工业品。然而，尽管位于朴次茅斯的这家配重块作坊运转良好、利润可观，但在接下来的 50 年里，这种生产模式并未风行至英国的其他工业领域。布鲁内尔声称自己的灵感来自美国，也正是在这 50 年里，英国本可能因这项

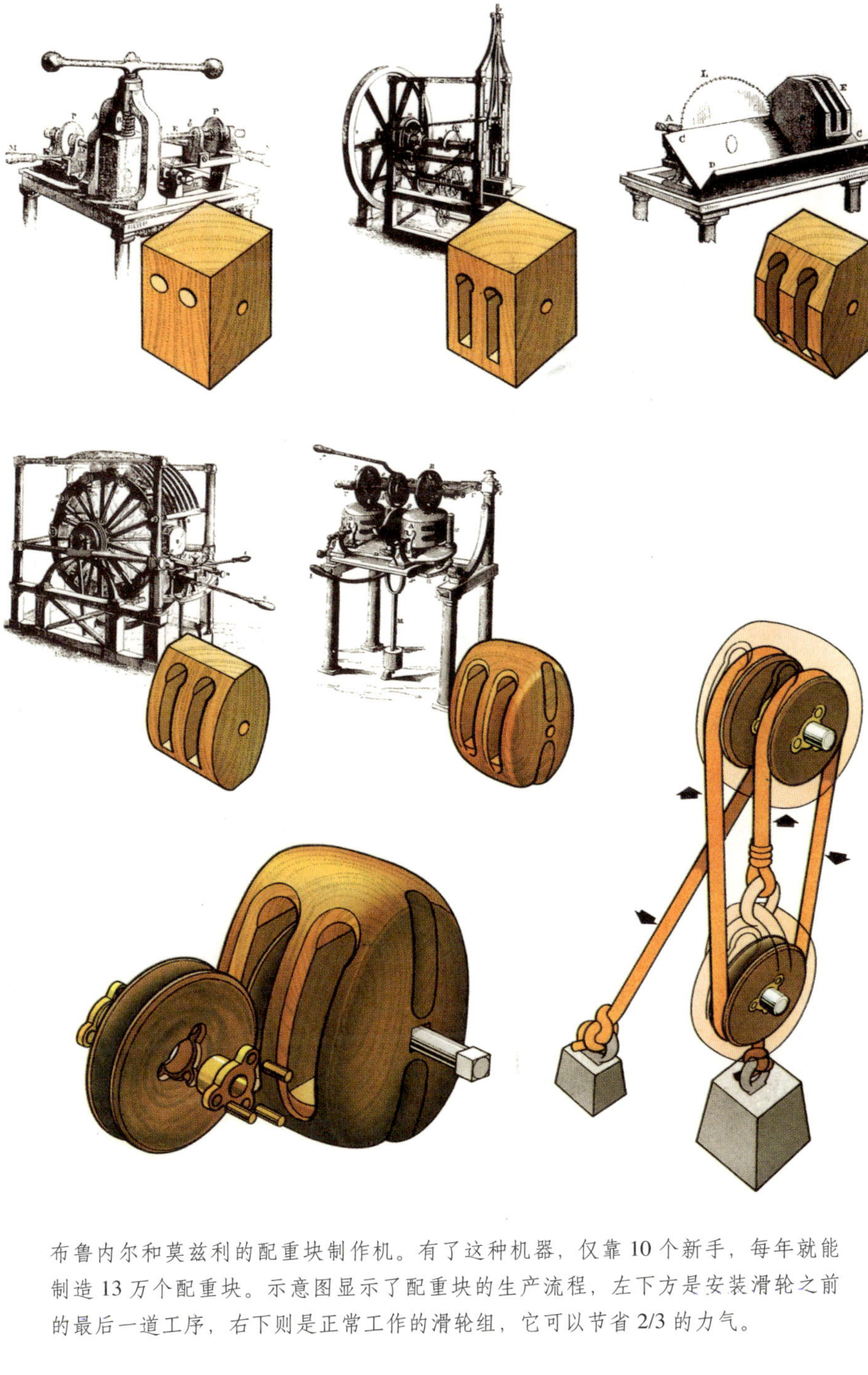

布鲁内尔和莫兹利的配重块制作机。有了这种机器，仅靠 10 个新手，每年就能制造 13 万个配重块。示意图显示了配重块的生产流程，左下方是安装滑轮之前的最后一道工序，右下则是正常工作的滑轮组，它可以节省 2/3 的力气。

发明获得的领先优势被消磨一空，美国后来居上，夺取了工业界的领导地位。

自动化机器必然会取代熟练的工人，无怪乎它在英国非常不受欢迎。19 世纪初，依照几个世纪以来的惯例，所有的水力资源（河流的使用权）和原材料（例如煤炭和木头）都掌握在私人手中，每个莫兹利这样的发明家背后都有上千个靠手艺养家糊口的工匠，他们从学徒做起，在作坊里苦干多年，才练成了赖以为生的技艺。英国人多地少，社会阶层分明、竞争激烈，机器却让新手也能干出像样的活儿来，原来的工匠顿时失去了叫价的资本，只能放弃磨练多年的手艺，变成普通劳力。自动化机器威胁了工匠的生计，所以他们奋起抵制。不过，在这期间，已经有很多手艺人不惜触犯法律，漂洋过海去美洲寻找新的机会，那里没有英国的条条框框，人的前程要广阔得多。随着与殖民地的矛盾日渐激化，英国国会颁布了法令，禁止技术流向美洲。1750 年的法令中写道："在国王陛下的美洲殖民地……禁止修建任何磨坊或其他粉碎、加工铁矿的作坊，禁止建设炼钢炉……"违反禁令的人将被课以 200 英镑的罚金，熟练工匠一辈子也赚不到这么多钱。独立战争以后，禁令又加以修订："不得向美国输出钢铁行业相关的任何工具、机器和人员……"尽管如此，仍有无数手艺人乔装打扮成普通工人，甚至改扮成女人，拥向新大陆。他们偷偷把工具藏在箱子里，有时候还会在箱子外贴上"果树"的标签。当时的美国最急缺的是能制造纺织机器的人。合众国建立之初，费城、普罗维登斯和罗德岛等地的工厂主常常亲自在码头上蹲守来自英国的航班，寻找这方面的人才，用优厚的合同和奖金礼聘他们在新家园开展事业。1807 年到 1809 年，英国对美国实施贸易禁运；1812 年，两国再次爆发战争。在政治因素的影响下，美国有大量投资海外的资金回流到国内市场，纺织业贸易急速扩张。

美国纺织业很快走上了工业化大生产的道路，背后有几个原因。首先，在美国，很容易找到一片靠近水源的地方修建新工厂。新英格兰地区森林密布，工厂主还可以买下一整条河流的使用权。其次，当时的美国急缺劳动力。政府以每英亩1.25美元的低价向新移民出售土地，鼓励他们定居，于是许多人义无反顾地奔向荒野做起了农场主，要知道，在家乡，这样的土地他们一辈子都买不起。富余的劳动力只有农场主的女儿们。有的女孩只是想逃避农舍里单调乏味的杂活，更多人是为了赚钱资助兄弟上学，或者给自己攒嫁妆。这些女孩没有接

洛厄尔工厂里的女工。为免发生丑闻，这些女工在短暂的休息时间必须待在专门修建的集体宿舍里，日常活动也必须严格遵循固定的日程表。

受过任何训练，情势所迫，工厂主不得不借助于自动化机器，因为机器只需照料，不需要操作者有太熟练的手艺。1813 年，波士顿金融家弗朗西斯·卡博特·洛厄尔在波士顿附近的沃尔瑟姆开办了波士顿制造公司。洛厄尔曾在英国待过一段时间，亲眼见识过曼彻斯特的棉花加工业。1812 年战争前夕，洛厄尔回到美国，认识了一位名叫保罗·穆迪的机械专家——后来他工厂里的大部分机器都是由穆迪制造的。1814 年，洛厄尔雇用了一位刚从英国过来的新移民，这位移民带来了最新的织机技术，在朴次茅斯配重块工坊创造的工业生产体系即将在纺织业焕发新生。洛厄尔雇用了许多农家女孩照管机器，他将所有工序安排在一个大车间里，由一个中央动力源提供所有动力。新鲜的棉花从工厂这头送进去，织好的布匹从车间另一头运出来。大名鼎鼎的“美国制造体系”就这样迈出了第一步。很快他们就将迈出第二步，依靠的仍然是欧洲工人在重重限制之中取得的突破。

18 世纪中期，法国枪炮制造商昂纳·勒布朗创立了枪械零件的标准体系。零件标准化以后，枪械一旦有哪个部件坏掉，就可以立即更换，依旧严丝合缝。当时的滑膛枪由工匠手工制造，他们担心自己的地位和收入下降不愿意采用新方法，于是勒布朗把自己的想法告诉了时任美国驻法国大使托马斯·杰斐逊。杰斐逊立即意识到，这套系统具有巨大的价值。当时美国的枪械主要从欧洲进口，然而美国与欧洲国家曾经发生过不少摩擦，谁也说不好未来还会不会打仗。如果将枪械零件标准化，美国就能建立自己的武器制造业，摆脱仰赖对手鼻息的尴尬境地。杰斐逊劝说勒布朗前往美国，不过没有成功；尽管如此，他还是给美国战争部长写了一封热情洋溢的信，阐明了这个想法。回到美国以后，杰斐逊开始努力游说国会，希望在美国建立标准化的武器制造体系。他得到了乔治·华盛顿的支持。1798 年，伊莱·惠特尼得到了美国政府的一份合同，运用新的标准化体系为美国军队生产 1.2 万支滑膛枪。惠特尼以发明家自居，后来他声称标准化体系是他发明的，但实际上，哪怕在美国，第一个采用勒布朗体系的也不见得就是惠特尼。同一时期有另外两位枪械商也在用类似的方法制造武器，分别叫作约翰·霍尔和西缅·诺斯。尽管如此，伊莱·惠特尼建立枪械标准化生产体系的说法仍广为流传，因为人们需要英雄。军火厂里的机器精确运转，生产出符合标准、可随意更换的零件，1815 年，美国国会规定，军队采购的所有滑膛枪、手枪和步枪都必须采用标准化

1820 年，伊莱·惠特尼在美国康涅狄格州纽黑文建立的军火厂。背景里的房屋是工人和家属的宿舍。

零件。接下来的 50 年里，洛厄尔建立的工厂系统与武器制造商的标准化理念在美国制造体系中融合，各家工厂开始源源不断地生产出各种可更换零件的产品：缝纫机、火车机车、自行车，以及由自行车制造经验发展而来的汽车。很多汽车制造商都是从自行车厂转型而来的，例如凯迪拉克。

随着美国日益向世界开放，并且勘探出海量的自然资源，美国制造体系蒸蒸日上，到 19 世纪末，这个国家的工业产值已经达到世界第一。新机器能为广大的民众生产出各式各样的产品，在这个过程中，越来越专业化的是机器，而非工人。与其他国家相比，美国有更强的动力引入自动化生产设备：它需要接纳成千上万根本不会讲英语的移民，而且他们绝大多数都来自非工业国家。部分是为了解决如何指导这些工人的难题，1881 年，宾夕法尼亚州米德瓦尔钢厂的工程师弗雷德里克·泰勒开始尝试建立标准化的工作流程。泰勒用秒表测量、分析生产过程中的每个动作，与此同时，另一位工程师弗兰克·吉尔布雷斯和他的心理学家妻子莉莉安用刚问世的摄像机拍下工人的动作，然后慢速回放，试图将其简化为最标准、最高效的工作方式。泰勒和吉尔布雷斯夫妇的努力最终让工人也融入了美国的标准化制造体系，他们和机器上的零件一样，成了可以替换的部分。现代化的生产线就此诞生。

6 火上浇油

1585年的一幅弗拉芒派画作描绘的冰冻年代。13世纪到15世纪间，夏天短暂，冬天酷寒，催生了许多新发明，欧洲人的居家生活也因此出现了巨大变化。

自古以来，人类从未停息制造各种工具来提高生活水平、增加财富。生活标准始终稳步提升，只是有时会被战争、瘟疫和饥荒打断。有助于社会发展的新发明总会得到人们的认可，无用的则被抛弃。150 年前，美国制造体系诞生，大大加速了生活水平提升的脚步。这套体系始于武器制造业和纺织业，但是“在同一个车间内利用集中供应的能源从原料到成品”的理念迅速渗透到其他领域。过去 100 年来，生产线彻底改变了创新影响生活的速度。一方面，商品的极大丰富造就了某种类型的“物质民主”，至少在发达国家，一定程度上缩小了贫富差距。另一方面，新型商业组织诞生，他们致力于利用广告来激发民众对新事物的欲望。

新产品的目标不再是满足基本的生存需求，而是刺激消费者“为变而变”的欲望，由此形成生产与消费的闭环：创造出的需求会促进经济增长，继而提高工厂产量，于是工厂需要雇用更多工人，薪资的增长又会刺激新的消费需求。生产线就此主宰了日常生活的方方面面。每天有成千上万的人在同样的时间上下班，所以交通系统要满足高峰期的通行需求，在一天中的其他时间，街道上大多是空荡荡的。城市规划者必须考虑在方便通勤的地方修建足够的住房。为众人同时供应早餐也成了生产线的一部分，早餐过后1小时，这些人又都将在流水线旁开始一天的工作。生产线彻底改变了我们的生活方式。标准化提升了生产效率，不过从此以后，只有富人才买得起真正个性化的产品。大部分普通人住在同样的房子里，穿同样的衣服，开同样的车，看同样的电视节目，做同样的成功美梦。美国制造体系的先驱希望提供人人都买得起的产品，他们缔造出的是一座规模经济的帝国。批量生产的成本低于作坊式的零敲碎打。购物中心取代了小商店，大型企业逐渐发展成跨国集团。

随着资源供应越来越集中，同时原材料与能源日益短缺，我们需要思考一个问题：我们的社会够不够有弹性。如果有一天，必须改变

生产线让许多人的生活变得整齐划一，为了满足他们的需求，现代城市的规划者必须做出相应设计，照片里的洛杉矶高速公路立交枢纽就是明证之一。

20 世纪中叶最杰出的人工制品——汽车。无所不在的汽车见证了人类对单一能源的依赖。

现有的生活方式，我们将如何适应？现代的高楼没有壁炉，在这样的建筑里该怎么生火取暖？如果能源日渐枯竭，我们怎样面对更寒冷的世界？上一次气候剧变出现在中世纪早期的欧洲，那时和现在一样，整幢房屋采用集中供暖的方式。

黑暗时代晚期，欧洲大部分地区已经建立了庄园制度，因为农民需要集中资源，以集体的形式生产和生活。新式犁很重，需要好几头牛才能拉动，所以农民需要分摊犁和牛的成本，划出一片固定的场地共同饲养牲畜、维护农具，然后顺理成章地，人们以牲畜和农具为中心居住下来。在那个动荡的年月里，庄园逐渐发展成自给自足的封闭社群。某些地区甚至有法律规定，庄园不得使用任何无法自行生产的物品。与其他国家相比，英国早期庄园生活在史料中的记述最为详细完整，我们不妨从这里出发，因为欧洲居家生活的剧变正是从英国开始的。撒克逊社会内部等级森严，不同地位的人各有明确的身价。如果某人被谋杀身亡，那么杀人者有两个选择，要么偿命，要么付赔偿金。贵族的赔偿金需要1200先令，大乡绅300先令，自由农民200先令，农奴分文不值，而且相同阶层的男性身价高于女性。

撒克逊庄园里的佃农，哪怕是在和平年代，也注定要度过脏乱、残酷、短暂的一生。大部分人从6岁开始起早贪黑地干活，直到在不到40岁上死去。自由农、大乡绅和领主比佃农略强一点，火是他们日常生活的中心。当时的诗人不厌其烦地歌颂大厅里火光有多温暖，歌颂人们是怎样彼此陪伴，因为大厅里让人舒心的东西着实有限。勺子、碗和杯盘等家居用品是用车床做出的木制品，家具是些粗制的桌子、长凳和圆凳，只有庄园里地位最高的人才有资格独享一把椅子。皮革无处不在：便鞋、皮鞋、绑腿、水壶、缰绳、马饰、马具、袋子、皮夹，全都是皮制的。衣服主要是由粗糙的羊毛布织成的，不过成品手感各异，有的像法兰绒般光滑，有的则类似哈里斯粗花呢。内衣是亚麻的。那些衣着得体的皇室成员会在羊毛裤里面穿上亚麻缝制的内衣裤，外面披一件丝绸镶边的羊毛长斗篷，系一条腰带；到了冬天，就换成一件皮草的短斗篷，再裹上羊毛长披风，用一枚胸针固定。佃农一年到头都穿着粗羊毛短上衣和长裤，里面不穿内衣。庄园里的女人负责缝补衣服，这是她们的主要职责之一，另一项是烘焙食物。农户的膳食相当简陋：粗面包、稀粥、奶酪、蔬菜、蛋、煮熟的羊肉和咸猪肉，偶尔会有一只鸡或者兔子，常喝的饮料是啤酒和蜂蜜酒。骨骼证据表明，当时的人身高基本不超过5英尺6英寸①。许多女人深

①约合1.68米。

受关节炎之苦，是长年蹲踞导致的。

当时的房子也很不舒适。比较大的房屋通常是长方形的，一般只有一层。房子几乎全部由木头搭建而成，英语中的“木料”（timber）一词在古英语中就是“建造”的意思。有点钱的人会在木墙上悬挂壁毯，既能保温，又能增添一点色彩。当时的人们常常会在遗嘱中专门交代壁毯的去向，比如一份遗嘱写道：“我向巴斯的圣彼得修道院捐赠……一套床品，以及壁毯和窗帘……两个箱子留给艾德吉夫，里面是我最好的床罩和亚麻床单，以及所有配套的床品。”房子里最重要的那个房间称为“大厅”，人们通常在这里吃饭睡觉。白天，人们会在地上铺一层稻草来吸收泼洒的液体和吃饭时掉下来的食物残渣，春夏两季还会在草叶中添加花瓣和草药，让室内的空气更清新。到了晚上，残破的稻草会被扫掉换成新的，人们要么睡在稻草上，要么睡在铺了褥子的地面上。现代的各位读者看到这里或许已经感到了凉意，不过别忘了，当时的平均气温要比现在略高几度，气候更舒适，庄稼生长的季节也比现在长至少 3 周。但是，这段中世纪的“小阳春”只持续了一段短暂的时间，不久后，小冰期遽然降临，不只是气温，社会生活的剧变也即将来临。

关于变化的最早记录出现在《盎格鲁－撒克逊编年史》里。1046 年，修士们写道：“就在这一年的 2 月 2 日以后，冬天突然袭来，霜雪覆盖大地，天气十分恶劣，没有人记得曾见过这么严酷的冬天。病死的人和牲畜不计其数；鸟儿和鱼也无法忍受这样的寒冷，成片地冻饿而死。”现代科学家从格陵兰岛和南极的冰川中提取了一些冰核，里面保存着当时的空气、植物和其他生命体。这些证据表明，到了 12 世纪初，气候变化日渐明显：天气变幻不定，大雨和狂风时常不期

1438年圣芭芭拉的一幅油画，其中展现了烟囱带来的奢侈生活。木制家具托着女主人的脚，让她不必踩在冰凉的瓷砖地板上；玻璃窗上安装着防风百叶窗；壁炉旁的管子上挂着一条毛巾，毛巾下面的壶里灌着满满的温水。烟囱让房间更加舒适，人们也更乐意进行阅读之类的室内活动。

而至，夏天的气温也降低了。13 世纪初，“小冰期”正式开始，它将要持续近 200 年。在数百年的温暖以后，突如其来的寒冷引发了欧洲人生活方式的剧烈变革。

这场变革最重要的驱动力，是熬过严寒活下去的愿望。正如修士们所言，冬天越来越冷。瑟瑟发抖的人们迎来了第一个温暖的创新——烟囱。当时为了防火，整幢屋子只在中央有一座炉子，冬天设在室内，夏天搬到室外。柴火燃烧的烟雾径直向上，从房顶的洞口排出。进入小冰期以后，这样的炉子显然不够一屋子人取暖，要知道，那时候庄园里所有人都挤着睡在大厅里。领主和夫人或许还能裹两幅窗帘什么的，但所有人都只能指望那唯一的炉子。

烟囱的诞生解决了这个问题，并且改变了人们的生活方式。早期的烟囱作用可能类似 9 世纪瑞士圣加尔修道院的排烟系统。修士们在房子的地板下加筑了若干烟道，于是炉子的热气可以从地板下流走。这套系统的设计初衷只是为了去除房子里呛人的烟雾，但或许有人从中得到了启发，尝试着把烟囱添加在当时使用的那种极为简单的鼓风炉上。烟囱上安装了胸墙和烟囱帽，既能让火焰一直熊熊燃烧，也能把烟气和火花排到室外。设计者想必相当了解上升气流和下降气流的物理性质，并拥有利用这些气流的经验。当时除了取暖炉以外只有一种炉子，就是炼铁、制造玻璃使用的鼓风炉，因此，为民用取暖炉修建烟囱的工艺很可能是由这些行业的工匠发明的。

与此同时，房子自身的结构也在改变。开放的天井式建筑被密闭性更强的房屋取代，足以承受各种剧烈的天气变化。1185 年，约克郡的康尼斯伯勒竖起了英国的第一根烟囱，这些烟囱本身也使建筑结构发生了改变。壁炉里的火花可以通过烟道排到室外，所以炉子不必非得放在房间中央才能保证安全了。这个时期的房子不再全部由木头搭成，所以着火的风险也小了一些。有了烟囱，人们可以把炉子放在角落里或者墙边。安全起见，炉子周围需要用比木头防火性能更强的砖砌一圈隔离层，因此，烟囱所在的那面墙往往更加坚固，可以提供类似脊柱的支撑力，支撑一个以上的房间。而且现在每个房间可以设置独立的壁炉了。壁炉上方的罩子挡住了火花，使它不再飞溅到天花板上，而且壁炉加热小房间的效果更好，所以现在，天花板也可以修得低一些了。

新分隔的房间最大的影响是加剧了社会阶层分化。宫廷中最先隔出的小房间是为了让国王与关系密切的人独处，先是和家人，然后是和官员和大臣。英国枢密院直到 1300 年才成立，因为在此之前，根本不存在“隐私空间”的概念。档次不同的公寓修建起来，每个房间都有独立供暖。洗澡更加普及。房间更小，意味着文书工作在冬天也可以继续进行了。此前，从 5 世纪到 11 世纪，修士们抱怨冬天手冷的记载不绝于史，有时候连墨水也会结冰。而现在，人们修建起独立的会计室，例如 1260 年，阿宾顿修道院就有了一个这样的房间。差不多在同一时期，随着水车的应用越来越广，欧洲经济飞速发展，文书工作也日渐繁杂。烟囱解决了抄写员在冬天工作的难题，进而为欧洲商业的复兴打下了坚实基础。

烟囱也让人们第一次意识到了隐私的概念。卧室里有了独立的热源，人们开始习惯在自己的房间睡觉，不再一起挤在大厅，而且可以裸睡。人们对待爱情的态度随之悄然改变，现在，爱成了个人的、隐私的、浪漫的。中世纪的宫廷爱情诗或许诞生于十字军东征那漫长的禁欲期间，但在欧洲北部的严寒中，若是没有烟囱带来的温暖，那些脍炙人口的情诗大概难以流行开来。室内装饰也发生了变化。石膏一开始是在壁炉罩上涂抹一圈，用来隔绝气流；不久后，它渐渐成为一种时尚的室内装饰。人们在石膏上刻出曲线和图案，再涂上各种颜色。起初，工匠还试图让石膏墙看起来更像砖墙；后来，石膏自成一派，引领了新的流行趋势，金色、黄色等温暖的色彩大受欢迎。贵族把自己的盾徽绘制在墙上和壁炉上方。1239 年，人们计划在温彻斯特大会堂的墙上绘制一幅世界地图。绘制壁画的风气很快吹进了中等收入的人家，他们开始用狩猎画装饰自家墙壁。到 13 世纪，护墙板和镶板取代了石膏，成为新的防风装饰材料。冷杉木是当时常用的木材，因为它比橡木更好加工，不过英国并不出产冷杉树。1252 年，亨利三世命令手下从挪威进口冷杉木，“以制作护墙板，装饰温彻斯特城堡里我们的爱子爱德华的房间”。和烟囱出现之前一样，羊毛挂毯仍是常用的保暖装饰品。最早的挂毯样式非常简单，人们把它悬挂在餐桌后方，免得大家背后受凉；随着社会日渐富裕，挂毯也越来越奢华。法国小镇阿拉斯是羊毛

1470 年左右，德意志地区的一间浴室。火炉和烟囱带来了新的室内卫生习惯。新的温暖和由此兴起的室内活动招致了教会的严厉批评，因为它纵容了人与人的亲密行为和“荒淫举止”。

挂毯的主产区，小镇的名字甚至成了“挂毯”的代名词。到 15 世纪，挂毯已经成为每一个房间里不可或缺的装饰品。

房屋的软装都已如此革新，人们身上穿的衣服也不遑多让。14 世纪，欧洲服装业迎来了两大革新：编织和纽扣。大约 1235 年，班贝格大教堂的亚当之门雕塑和巴森海姆的一处浮雕中都出现了纽扣，这两个镇子都位于如今德国的汉堡附近。编织的最早记录出现在布克斯特胡德的一幅圣坛装饰画上，画里的圣母玛利亚正在为襁褓中的耶稣编织衣服。纽扣和编织让日常衣物变得更贴身、更保暖。婴儿的死

葡萄牙国王约翰在一间按 15 世纪末风格绘制的餐厅里款待英格兰国王之子冈特的约翰，他坐在国王的右手边。请注意，一张华丽的挂毯悬挂在未点起的壁炉前方，阻挡从烟囱中吹入的气流；桌上铺有餐巾，左侧的窗口通往一间独立的厨房。

亡率降低了，从当时人们许愿内容的变化中，可以发现一些端倪：大人早早准备好了各种用品，开始期盼孩子健康长大。房子更温暖以后，居家生活方式也得以考究起来。人们在房间里设置独立的卫生间，给洗脸池和厕所安装水管。13 世纪腓特烈二世修建的蒙特城堡里，厕所带有冲水的装置。随着卫生条件改善，餐桌礼仪也有所进步。描绘晚宴的插图中开始出现用于洗手的大水壶和亚麻餐巾，抚摸桌底穿梭的猎狗逐渐被视作不得体的行为。烟囱刚出现后不久，厨房就与餐厅分隔开来。有些大宅的厨房里有好几个炉子，共用一个大烟囱。15 世纪，一些鞑靼奴隶来到意大利，他们带来了让炉子烧得更旺的空气涡轮装置，这或许加深了欧洲人对气流特性的理解。

在这个时期，阶级分化已经相当彻底，各阶层的人们不分彼此、围在炉火旁过夜的场景不复存在，以农业为根基、人际关系密切的封建社会已随烟囱中升起的气流渐渐消散。有人并不甘心。14 世纪末，诗人威廉·朗兰德曾经写道：

布克斯特胡德的圣坛装饰画，绘制于 1395 年。这是最早的描绘编织的图画。

列奥纳多·达·芬奇在约 1480 年设计的由涡轮驱动的旋转烤炉。

大厅里的悲哀挥之不去，
领主与夫人不愿再于此逗留，
现在，每一位富人都在他专门的房间
独自用餐，躲开穷人的视线；
他们的小房间里或许还有烟囱，
而大厅原本才是聚餐的场所。

到 16 世纪 40 年代，英国人的生活标准再次大幅提升。一方面，欧洲逐渐走出黑死病的阴影，国内局势稳定，海外扩张积极，民众的家庭财富得以快速增长；另一方面，亨利八世解散了天主教廷的修道院，大量财富涌向社会。这一时期的市场由卖方主宰，地租恒定，而商品价格不断上涨，这一切都对中产阶级和自耕农有利。此时，他们获得了完整的工地所有权，早在几百年前就已经固定下来的地租则低得不可思议。中产阶级开始有了点余钱，可以购买先前只有富人才有资格染指的奢侈品。大部分余钱投入了建筑业：有人盖新房子，有人翻修破旧的老宅。由于饮食改善，战乱平息，人口不断增长，家庭规模也随之扩大；与此同时，烟囱等居室创新出现以后，农民也能够和国王一样，盖起一幢房间众多的建筑，给全家人居住。

哈德威克邸是这波建筑热潮留下的典范之一，直到今天，它仍矗立在英国德比郡的田野。1591 年到 1597 年，作为什鲁斯伯里伯爵的未亡人，哈德威克的贝丝修建了这幢别墅，并在 77 岁那年搬进了新家。贝丝是个令人望而生畏的暴发户，她一共结过 4 次婚，并且每次都比丈夫活得更久。当时有诗云：

她温暖过四张婚床，
每一次都仿佛冥冥注定，
死亡夺走了每一任丈夫，
将财产尽数留给了寡妇。

哈德威克邸所展现的不仅仅是富裕老妇人的古怪癖好。这座别墅最负盛名的是它对玻璃的运用。当地有句谚语说："哈德威克邸，玻璃比墙多。"英国新建筑大量使用玻璃的习惯，将对未来造成深远的影响。在此之前，欧洲的玻璃制造业已经相当发达，教堂和宫殿是玻璃工坊最主要的客户。到了15世纪，修筑教堂的热潮过去，玻璃制

哈德威克邸西侧。楼顶上装饰了一圈"E.S."的字母，代表"伊丽莎白·什鲁斯伯里"（"贝丝"是"伊丽莎白"的昵称）。修建这幢别墅的时候，贝丝专门雇用了几位玻璃工匠住在一层，烧制所有玻璃。

哈德威克邸的中央大厅。请注意室内用来防风保暖的护墙板、镶板、石膏装饰和墙上的挂毯。石头地板上铺着厚厚的编织地毯。

造业也随之陷入困境。不过，16 世纪英国兴起的住宅建筑风潮又让这个行业起死回生，甚至有别国工匠不远千里来到英国寻找机会。到 16 世纪 60 年代为止，英国使用的大部分玻璃还都是从欧洲大陆进口的。然后，1567 年，一位当时住在安特卫普、名叫让·卡雷的法国阿拉斯人获得许可进入英国，在伦敦东南方肯特原野的树林里修建了一座烧制窗玻璃的作坊。作为交换条件之一，他同意把烧玻璃的技术传授给英国人，这样，在 21 年后专利到期时，英国就能拥有成熟的本土制造能力。即便没到 21 年卡雷就已去世，到 1580 年，也已经有大量别国玻璃工匠涌入了英国的树林，英国的玻璃制造业蓬勃发展起来。由于木头价格和运输费用不断上涨，工匠不得不四处迁徙生活。为了以较低的成本获得木头，他们必须把作坊设在树林附近；而一旦周围的木头被砍光，就需要换一片树林另起炉灶，并且为了迁徙花费一大笔开销。

好几个难题同时摆在了玻璃工匠面前。首先是对原材料的竞争：烧制玻璃需要消耗大量木材，蓬勃发展的建筑业也需要很多木头——而正是建筑业的发展才将这些玻璃工匠吸引到了英国；此外，炼铁的工匠也需要用木头烧制木炭来加热鼓风炉。再有就是对原材料的限制。1581 年，英国国会通过了一项法律，禁止砍伐泰晤士河沿岸 22 英里内、苏塞克斯森林 4 英里内和海岸线 3 英里内的任何树木。一方面是旺盛的需求，另一方面是有限的原材料，越来越多玻璃工匠感受到了压力。他们尽可能地把作坊修建在河流附近，因为无论是运输原材料还是产品，走水路都比陆路更加经济。所以到了 1593 年，国会又提出了一项法案，试图禁止在河流沿岸 8 英里内设立玻璃工坊。

当时的玻璃依窗框的大小分为两种。较大的窗框需要配上宽幅玻璃，工匠把软化的玻璃吹成圆筒状，然后沿一条边切开，趁热摊平。另一种称为“冕牌玻璃”。工匠先是用吹管将软化的玻璃吹成泡泡，再将玻璃泡粘在一根铁棍上。随后，使吹管与玻璃泡分离，旋转铁棍，在离心力的作用下，泡泡展平、摊开，形成一个圆形的玻璃片。从铁棍上把它掰下来，就得到了最终的成品。在一些老屋里，至今仍可看到古老的冕牌玻璃，玻璃片的中央有靶心般的纹路，那是和铁棍接触时留下的痕迹。

所以，拜蓬勃发展的玻璃制造业所赐，到了 1600 年，英国开始面临严重的木材危机。英国人试图靠海外供给来解决原材料短缺的难题，1608 年，北美大陆上，弗吉尼亚的詹姆斯敦殖民地刚刚建立一年，

16 世纪玻璃工匠的工作情景。半球形的炉子外面砌了一层砖，以加强保温效果。前景中有几个模具（E），吹制玻璃的工匠站在炉子前面，给软化的玻璃塑形。房间外的搬运工正在把做好的玻璃制品裹在稻草里搬走。

人们就在那里修建了一座玻璃作坊。(詹姆斯敦殖民地纲领的起草者之中有一位罗伯特·曼塞尔爵士，未来几年内，他还将在一系列事件中扮演重要的角色。)虽然詹姆斯敦的沙子、氢氧化钾和木材资源都很丰富，需要进口的原材料只有石灰，但是 1 年过后，由于缺乏熟练的工匠，这家作坊仍然入不敷出。英国的玻璃价格继续走高，木材的缺口越来越大。玻璃工匠的难兄难弟还有造船商和制造枪炮的工匠，前者同样是经济发展浪潮中的受益者，后者则负责给前者的产品提供武装。当年禁止私自伐木的法令，本意正是省出些木材留给造船厂和军工厂。这时，要建立自给自足的国防体系、重现英国主宰羊毛市场的辉煌，英国人必须找到新的木头来源。

早在 1543 年，一位名叫威廉·莱韦特的教士发明了铸造铁炮的技术，英国东南部森林里的铁匠传承了他的技艺。这些铁炮由皇家直管并垄断，但是到了 16 世纪下半叶，为了充盈国库，王室把它们对外出售了不少，弗朗西斯·德雷克爵士忍不住写信向国会抱怨：“我相当确信，在此之前，女王陛下的 1 艘军舰就足以击败 10 艘西班牙船只；但是时至今日，由于我们自己将武器拱手让人，我们的船就算与敌人单挑也难言必胜。”铁炮在欧洲流行开来，不过这时的英国人开始认为青铜才是更优秀的铸炮材料。1564 年，西班牙军队封锁了安特卫普，进口铜的商路骤然被切断。伊丽莎白一世的国务大臣塞西尔勋爵忧心忡忡，迫切地希望在英国建立完整的炼铜产业。当时英国的铜矿开采得很少，不过，王室垄断了几乎所有的贵金属矿，而铜矿经常与金矿或银矿伴生，于是塞西尔的地位使他能够采取一些行动。现在他手里有矿山，却没有相应的专业知识，所以他把视线投向了德国人，尤其是富格尔家族——早在 100 多年前，他们就是英国王室的债主了。富格尔家族在巴伐利亚的奥格斯堡建立了欧洲首屈一指的银行，他们与矿业巨子大卫·豪格保持着密切的财务往来。豪格控制着因斯布鲁克附近提洛尔的采矿业，那里也是铜矿的主产区。1564 年，豪格公司的 3 位优秀职员应塞西尔之邀到英国探矿。1565 年，他们在坎伯兰郡发现了铜矿，接着又组织了近 400 名提洛尔矿工前来开采。外来的矿工和当地人发生了剧烈的冲突，伊丽莎白一世不得不写信要求当地法官“设法阻止近期针对德国矿工的攻击、谋杀和暴力事件”。1566 年夏天，勘探者们找到了一处铜富矿，资金立即急速涌入。两年后，为了掌控矿山及相关资源，塞西尔主持成立了皇家矿山公司。

除了开采和冶炼铜矿以外，塞西尔对羊毛产业也很有兴趣。羊毛产业自 14 世纪以来就已成为英国经济的支柱，不过加工羊毛的部分工序需要用到金属梳篦，这种工具主要是由黄铜制成的。不消说，当时的英国也没有自己的黄铜制造产业，塞西尔希望改变这一局面。黄铜是一种铜锌合金，制造时需要用到菱锌矿，在当时的英国，这种矿石全靠进口。英国人再次将目光投向德国人。这次的办法来自当时的英国铸币厂厂长，他曾帮助一位名叫克里斯托弗·舒茨的德国人取得了黄铜锭加工方法的专利。舒茨发明的这种方法称为“锤击法”，因为他将黄铜锭敲打成平板时使用的是杵锤。1565 年，舒茨带着他的专利来到英国，并获得了英国政府的授权，可以在国内任何地方勘探菱锌矿。第二年 6 月，探矿者在海滨的门迪普丘陵发现了菱锌矿，随后短短几个月内便开采了 20 吨矿石。菱锌矿的开采量被视为国家机密，知情者只有塞西尔和铸币厂厂长。1568 年，他们成立了第二家公司：采矿及碎矿工程学会。学会和皇家矿山公司共同垄断了英国的红铜和黄铜产业，被丰厚回报吸引来的投资者进一步促进了两家公司

1544 年的采矿活动。矿场位于河边，画面右侧的大平底船正在等待运送矿石和金属。左上方，一车车的矿石被送入水力驱动的鼓风炉冶炼。地上的水渠从遥远的山中引来活水。推着独轮车的男人身后能看见矿井口的木轨道和配套的木推车。

的发展。铜产量激增，木炭的需求也随之增长，砍伐森林的脚步更快了。到 1615 年，木材危机已经相当严峻。解决危机的方法其实已经出现，而且在接下来的 1 个世纪里，不仅是英国，整个欧洲都将因此掀起一场剧变。变革的核心是一种新式炉子。

1611 年，侍臣爱德华·祖奇和他的团队获得了一项专利，不用木头也能烧制玻璃。这种新式炉的设计者很可能是一位名叫托马斯·珀西瓦尔的玻璃工匠。炉子采用的燃料是煤。当时的煤大多是在地表开采，纯度很低，但新式炉利用埋在地下的管道引入外部空气，一举解决了煤里的大量杂质燃烧对玻璃制造的影响。新鲜空气通过管道进入环形炉壁内的炉心，炉子里，紧贴炉壁摆着一圈罐子，里面装有用来制作玻璃的混合物，罐子顶上有盖，以免煤烟掉进去污染玻璃。点燃炉壁下的煤炭，半球形炉壁上的特殊黏土层会将热量反射至罐子上，同时使炉温升高，然后，炽热的空气和烟尘沿着设在墙壁里的烟道排到炉外。这种炉子后来称为“反射炉”，与燃烧木头的传统炉相比，它制作的玻璃质量更好、更受青睐。

罗伯特·曼塞尔爵士刚刚从詹姆斯敦时运不佳的玻璃工坊中抽身回来，这种新型工艺正合他意。他花上一笔钱，入股了祖奇的公司。曼塞尔本人颇有势力，他是英国宫廷的侍臣，也是一位海军中将，而且，他的家族拥有的土地上还有丰富的煤炭资源。1615 年，曼塞尔提出收购其他合伙人手中的股份，并且还清祖奇的债务；同年，詹姆士一世宣布禁止使用木材制作玻璃。国王颁布的公告中写道：“任何人均不得使用任何种类的木材或木料来软化、制造或帮助软化任何种类、任何样式的玻璃……”于是，曼塞尔垄断了新的玻璃制造业。此后几年间，他在英国的诺森伯兰和达勒姆建起了最早的大煤田。1622 年，英国枢密院接到了一群制炉匠的投诉，曼塞尔前去为自己辩护。最终他赢得了这场官司，而另一位侍臣格兰迪逊子爵在听证中注意到了新式炉，他的家族也很快进入了这个行当。

1650 年降临的英国内战加快了新式炉的发展。战争中，两家皇家垄断企业暂告歇业。其实早在 1640 年，这两家公司就已出现财务危机，而且外界的批评声浪不断，人们指责公司未能满足家用的纯铜和黄铜需求。内战结束后，两家公司试图重整旗鼓，但在此前的 10 年间，私人企业已经蚕食了它们的市场。1689 年，这两家公司正式解散。此前不久，格兰迪逊家的后人在 1678 年获得了一项专利，使用烧煤的反射炉来熔铅。50 多年前曾密切关注曼塞尔官司的格兰迪逊子爵正是此人的祖父。

格兰迪逊选在布里斯托尔附近建立工厂。这里距离门迪普丘陵地区的铅矿很近，附近的萨默塞特也发现了菱锌矿，迪恩森林里还找到了铜矿，布里斯托尔的冶金业由此迅速崛起。这里的地理位置得天独厚：各种原材料和煤矿近在咫尺，又坐享埃文河丰富的水力资源和便利的港口。铅厂投入运营后，格兰迪逊雇了一位名叫克莱门特·克拉克的人来担任厂长，不过很快他们就为薪水发生了争执：克拉克有好几年没领工资，但格兰迪逊还是不满意。最后克拉克带着助手离开铅厂，开始琢磨用反射炉炼铜。炼铜需要更高的温度，克拉克的一位助手约翰·科斯特解决了这个问题，他或许是提高了鼓风系统的效率，或许是采用了纯度更高的煤。1691 年，反射炉炼铜的产业已经一片繁荣，科斯特离开克拉克的工厂，创办了自己的公司。接下来的 10 年里，炼出的铜越来越多，企业主开始为自己的产品寻找武器制造和铸币以外的新出路。

真正的机遇还是落在黄铜上。尽管塞西尔勋爵付出了巨大的努力，英国仍需进口大量黄铜。王政复辟[①]后，英国经济飞速发展，普通家庭对黄铜的需求也直线上升。对伯明翰的一名年轻的贵格会信徒来说，这样的前景已经足够诱人。亚伯拉罕·达比来到布里斯托尔，试图冶炼黄铜。他是为了从中赚钱，不过急于清理库存的炼铜厂厂主或许也从中推了一把，促成了达比的这次远行。

对达比来说，布里斯托尔不仅意味着商业上的机会，这里也是英国第二大的贵格会宗教中心。达比曾在伯明翰一家制造黄铜麦芽研磨机的贵格会企业当过学徒。这种小型家用机器有点类似现代的手摇咖啡研磨机，当时的人们用它来粉碎麦芽，以酿造啤酒。在各种金属制

---

① 1658 年，当时英国实质上的统治者克伦威尔去世，其子继承后很快被推翻。1660 年，前任国王之子返回英国，继位成为查尔斯二世，称“王政复辟”。

造工艺中，达比对黄铜格外了解，这与他的信仰不无关联：当时大部分的铁和铜都用于武器制造，而这个行当是贵格会信徒绝不会参与的。达比带着布里斯托尔急需的知识来到了这座城市。要冶炼黄铜，他只需要菱锌矿，而大量菱锌矿就位于布里斯托尔周边不到 15 英里的地方。

达比的第一步行动是寻找在当时的英国尚不存在的熟练黄铜工匠。1704 年，他前往荷兰，为自己的布里斯托尔黄铜丝公司招兵买马。荷兰人制作的空心黄铜件在整个欧洲首屈一指，达比迫切希望学到他们的新技术：用自动杵锤加工黄铜。不久后，一批荷兰工匠动身前往布里斯托尔，接下来的几年里，达比又多次造访荷兰。某一次，他看到了荷兰人在沙子中铸造黄铜罐的新工艺，想到可以用同样的方法来铸造铁器。铁比黄铜便宜得多，铁器想必在家用市场上更容易大卖。荷兰人也已经尝试过用此法铸铁，只是没有成功。1707 年，达比手下一位年轻的学徒约翰 · 托马斯找到了铸造铁器的方法。此人的其他生平事迹已经湮没于历史。达比非常明白这套方案的价值，和托马斯签订协议的时候，他甚至把房间的锁孔都堵上了。约翰 · 托马斯为英格兰打造出了一把开启工业革命的钥匙。

此后不到一年，达比就果断告别黄铜制造业，离开了布里斯托尔。他沿河而上，来到柯尔布鲁戴尔，据说这里有大量煤矿，能为反射炉提供充足的燃料。历史又创造了一个奇妙的巧合。就在达比前往布里斯托尔创业的同一年，距他不足 100 英里的某个地方，有个人所做的工作正要触发一系列事件，最终同样在柯尔布鲁戴尔迎来结局。这个人名叫托马斯·萨弗里，他设计了一种新的排水泵。随着采矿业的发展，矿井排水的难题越来越让全欧洲头疼不已。在萨弗里工作的康沃尔地

柯尔布鲁戴尔连夜运转的炼铁厂。18 世纪初，大部分炼铁厂规模都很小，而且一般都建在荒郊野外，靠近木材、煤炭的产区和水源。

区，排水问题尤其严峻，因为这里的很多矿井都位于海岸线边缘，矿层甚至延伸到了海床下方。1695 年，勇往直前的女旅行家西莉亚·菲尼斯曾描述自己在英国西部的见闻："甚至在主日，他们也得辛勤工作，1000 名男人和男孩奋力把 20 座矿井中的水排干。"在雷德鲁斯，她看见"一百座矿井只有一部分还可正常运转，其余的都被汹涌的地下水淹没了"。时间回到 17 世纪初，在尝试用水泵抽干积水时，人们发现了真空，这个发现又启迪奥托·冯·居里克在 1654 年发明了真空泵。以真空泵为基础，众多后来者继续探究，1695 年，法国人丹尼斯·帕潘试图用火药驱动活塞泵，后来他把动力源换成了蒸汽。帕潘的蒸汽泵利用蒸汽压力推动活塞沿气缸向上运动，但要把活塞降下来，就得靠外置的配重块。萨弗里改进了帕潘的蒸汽泵，并亲切地称它为“矿工之友”。萨弗里抛弃了活塞，而是把蒸汽灌进筒状的“接收器”，接收器下部浸泡在需要抽干的水洼里。但这种泵的效果并不好，因为工艺所限，当时加工出的金属无法承受泵循环前半程的蒸汽高压，管道的焊接材料会在高温下熔化，导致接缝漏气。奇妙的是，另一个致力于解决同一问题的人，正是因这种缺陷而获得了成功。那人是达特茅斯的一位五金匠，名叫托马斯·纽科门。

纽科门和他的管道工搭档约翰·卡莱一直在矿区间游走，修理金属机械或是现场打造器具。他们深知排水的重要性。1700 年到 1705 年之间，他们综合居里克、帕潘和萨弗里等人的成果，发明了自己的“蒸汽机”，其中萨弗里采用独立的锅炉来制造蒸汽的理念至关重要，不过，纽科门重新引入了活塞。驱动这种巨型泵的蒸汽来自蜂窝状的锅炉，这种锅炉在当时的酿酒坊中广为采用，以蒸煮麦芽。和酿酒工一样，纽科门把锅炉直接安装在炉壁上方的砖砌锅炉房里，蒸汽在锅炉中循环，再通过烟囱排出去。活塞圆筒顶部用水密封。这套系统的缺陷在于运转速度很慢——实在太慢了。

不过，到了 1704 年或者 1705 年，纽科门也遭遇了萨弗里当年遇到的问题——管道上的焊接材料熔化了。他自己是这样描述的：

> 活塞圆筒壁上有一处铸造时留下的缺口，用锡补上了。但蒸汽的高温熔化了焊锡，原本位于铅套里的冷水从缺口涌进活塞筒内部。筒内蒸汽急速冷凝，形成了高度真空。活塞筒外用于平衡水压的配重块无法抵御这样强大的吸力，活塞链条也被扯断，于是活塞向下坠落，砸穿了筒底和锅炉盖。热水流了一地，向我们

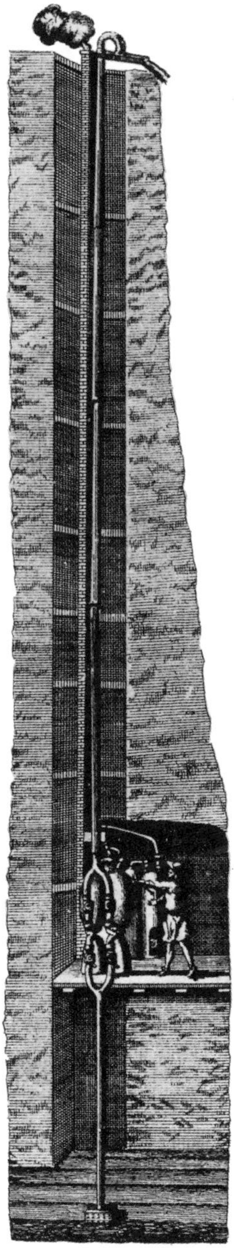

萨弗里的“矿工之友”排水泵。蒸汽一旦沿着管道进入水面以下，阀门就会打开，使外面的冷水流入套管内。如此一来，蒸汽冷凝形成部分真空，真空的吸力就可以把水抽上来。

确凿地证明，这是一种无可比拟的强大力量……

这一发现的确非同小可。短短几周内，纽科门就改进了自己的蒸汽机，好让活塞每次下降时都发生“意外”。他添加了一套辅助系统，每当活塞筒里灌满蒸汽，这套系统就会向筒内注入一小股冷水。纽科门蒸汽泵立即大获成功，10 年内就传遍了整个欧洲。唯一的问题在

纽科门的蒸汽泵。蒸汽进入环形砖砌锅炉房上方的圆筒，然后在水流的喷射下冷却。冷凝形成真空，使空气推动圆筒内的活塞下降。活塞通过链条与杠杆的一端相连，所以当活塞下降时，杠杆的另一头上升，拉动右侧的排水泵拉杆。

于，使用者希望活塞圆筒越大越好，圆筒的制造成本却成了最大的障碍：它们由黄铜制成，而黄铜的价格居高不下。1722 年，纽科门终于找到了解决问题的钥匙，它正埋藏在柯尔布鲁戴尔。

我们再回头来看看达比。这些年里他与酿酒工合作，努力控制反射炉的炉温：温度既要高得足以熔铁，又不能高到让煤炭里的杂质污染铁水。幸运的是，当地的煤矿含硫量很低，相对较纯。达比又借鉴了酿酒工的麦芽干燥技术使原煤焦化，进一步提高了纯度。托马斯·纽科门前来寻找黄铜圆筒的替代品时，发现达比的工厂可以大批量铸造铁筒，而且价格比黄铜的便宜许多。从此以后，纽科门的蒸汽泵一骑绝尘，直到 41 年后的某一天，格拉斯哥大学的一位工程师又一次改良了它。这位工程师的成果让蒸汽泵成了整个工业革命的发动机。

今天的学校仍在讲述当年发生在格拉斯哥的传奇：有一天，詹姆斯 · 瓦特望着沸腾的水壶发呆，发现升腾的蒸汽会不断顶开水壶的盖子，于是灵光一闪，就这样发明了蒸汽机。事实上，瓦特是格拉斯哥大学的机修师，当时他受命去修理一套蒸汽泵模型。干活的时候瓦特意识到，这种蒸汽泵的效率其实不够高，因为当那股注入的水流将活塞圆筒内部的蒸汽快速冷凝时，圆筒自身的温度也会下降，所以下次注入水流时，有一部分蒸汽会提前冷凝。瓦特意识到，圆筒实际上同时承担了两项任务：它必须保持高温，以免蒸汽过早冷凝；与此同时，它又必须降至低温，以便让蒸汽适时冷却。二者显然彼此冲突，瓦特从中看到了改进的可能。他为蒸汽泵设计了独立的冷凝单元，又在活塞圆筒外添加夹层，注入锅炉烧的热水，如此一来圆筒就可以一直保持高温。著名的瓦特蒸汽机就此诞生。它比纽科门蒸汽泵强大得多，甚至足以充当其他机械的动力源。

瓦特的蒸汽机，独立冷凝单元位于主圆筒左下方。冷凝单元左侧的圆筒是真空泵，它一直浸在水里以保持低温。

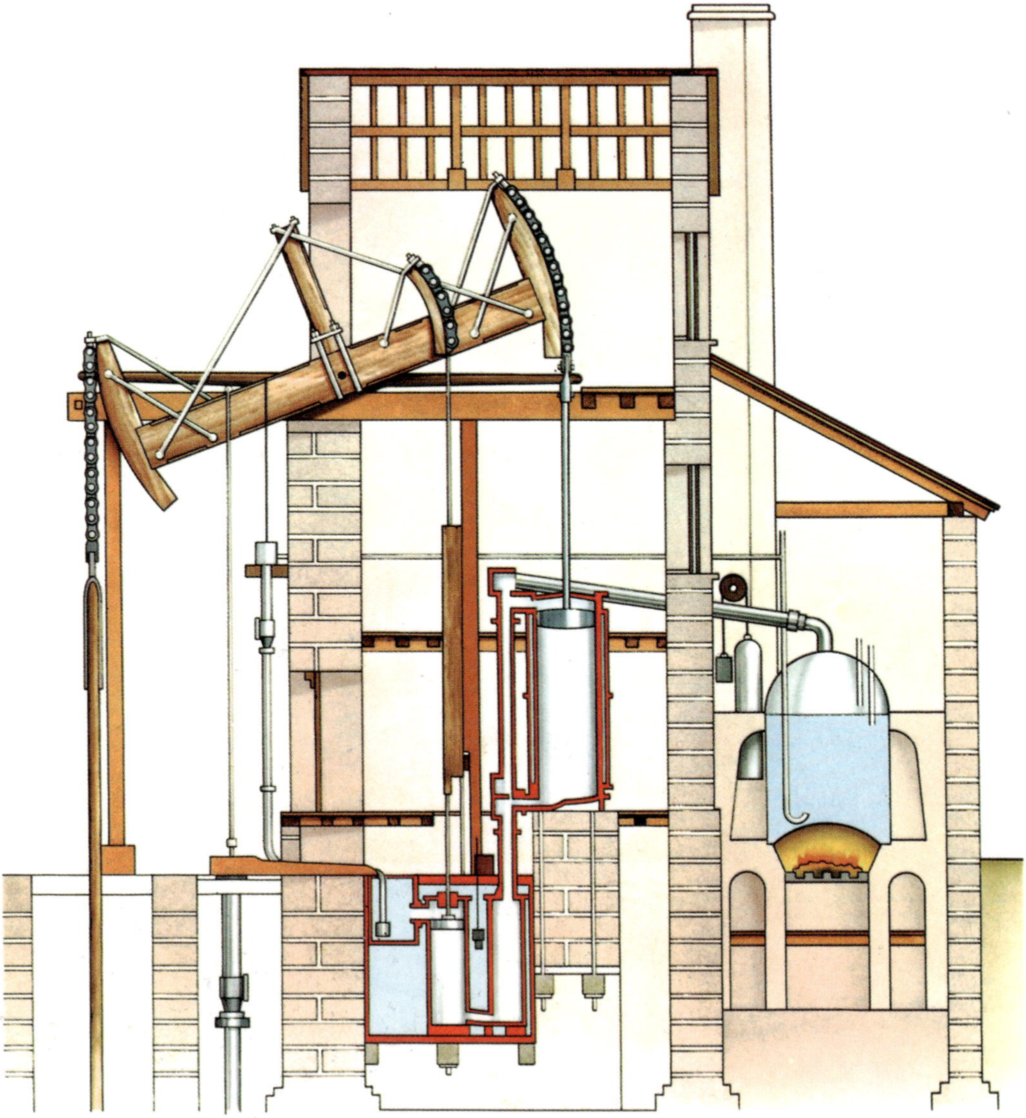

瓦特的成功设计却造成了一个难题。纽科门用水密闭活塞顶部，这会降低圆筒温度，所以瓦特取消了这个结构。这样一来，活塞与圆筒之间必须严丝合缝，才能充分利用每一盎司蒸汽。但是在 1769 年瓦特蒸汽机获得专利时，没人能铸造出这么高精度的圆筒。1773 年，多亏了法国的一个科研委员会，问题解决了。委员会成立的初衷是缓解士兵对自家大炮的恐惧。当时法国的大炮很容易炸膛，所以炮兵比敌人还害怕大炮。法国的一位准将德拉欧列日于 1773 年前往英国，学习如何制造更可靠的大炮，他在那里认识了一对在柯尔布鲁戴尔附近开办铸铁厂的兄弟：约翰和威廉·威尔金森。正是因为这次偶遇，工业革命开始后，威廉来到法国南特，担任新成立的法国国家铸铁厂厂长。德拉欧列日的到访还带来了另一项成果：他离开后的第二年，约翰发明了炮管钻。

威尔金森的圆筒钻床，动力来自砖墙后的上冲式水车。钻床能够达到如此高的加工精度，关键在于威尔金森采用了导杆来引导钻头，使钻头旋转时不会偏离轴线。

约翰制造大炮的方法与前人截然不同。他先铸造出一根实心的炮筒，将炮筒水平放置，由瓦特的蒸汽机推动它旋转；与此同时，在引导杆和传动系统的辅助下，工人用钻头缓慢而精确地沿着炮筒中轴线向内钻入，以极高的精度将炮筒掏成空心。这种加工方式本身就是一种了不起的创新，它树立了机械加工高精度工艺的原型。1775 年，威尔金森已经造出了能够加工高精度活塞圆筒的钻床，“误差绝不会超过一枚旧先令硬币的厚度”。这样的精度正好足够满足瓦特的需求。

威尔金森的高精度炮筒不仅帮助了瓦特，也为他的妹夫约瑟夫·普里斯特利带来了转机。1762 年，普里斯特利迎娶了约翰的妹妹玛丽，当时玛丽只有 18 岁，正是柔弱敏感的年龄。玛丽的这位新夫婿是个牧师，但是因为口吃，事业很不顺利。和当时的很多人一样，普里斯特利是个业余科学家；根据他留下的信件，我们还知道，他长期穷困潦倒。显然，普里斯特利和玛丽结婚完全是为了钱，当他发现妻子根本没有多少钱的时候，只好把主意打到了两位大舅子头上。18 世纪 60 年代末，普里斯特利和妻子住在利兹，靠约翰的接济生活。他一边做着糟糕得足以被开除的布道工作，一边在教堂隔壁的酿酒厂里研究气体的性质。普里斯特利对酿啤酒的大桶上方那层“凝固的空气”非常感兴趣。他观察到，“这层气体大约有 9 英寸到 1 英尺厚，可以方便地把各种物品放进去观察。”他放进去观察的各种物品包括老鼠（死了）、蜡烛（灭了）、少量火药（熄了）和大量乙醚。不幸的是，做最后一项实验的时候，他还没来得及观察，就不小心把乙醚掉进了桶里，于是酿酒工把他赶了出去。不过，普里斯特利还注意到了另一件事：如果在这层“凝固的空气”里将一杯水倒进另一个杯子，水里就会立即充满气泡，嗞嗞冒泡的水喝起来味道相当不错。普里斯特利宣称这种水可以治疗坏血病，并试图把它推销给海军部，结果没有成功。于是他放低眼光，转向了大众市场。苏打水很快在欧洲掀起了养生水疗的风潮，普里斯特利也因此一举成名。

普里斯特利随后开始利用大舅子提供的免费炮管，一心钻研气体的性质。他把炮管当作容器，在里面燃烧各种东西，并收集燃烧后的气体进行实验。他设计了一个实验来检查空气的纯度：将两根导线各自与一台静电起电机相连，再置入同一只玻璃容器，使两根导线靠得很近，但并不接触，然后将待测试的气体抽入容器，打开起电机，两根导线之间就会产生电火花。普里斯特利认为，如果空气被点燃，就说明它是纯净的。这套装置后来被称为“空气纯度测定仪”，欧洲的科学家和醉心于养生保健的人都对它产生了极大的兴趣。普里斯特利写信向几个人介绍了自己的工作，其中包括一位当时住在科莫的意大

18 世纪典型的酿酒厂。普里斯特利观察到的“凝固的空气”实际上是啤酒发酵产生的二氧化碳。

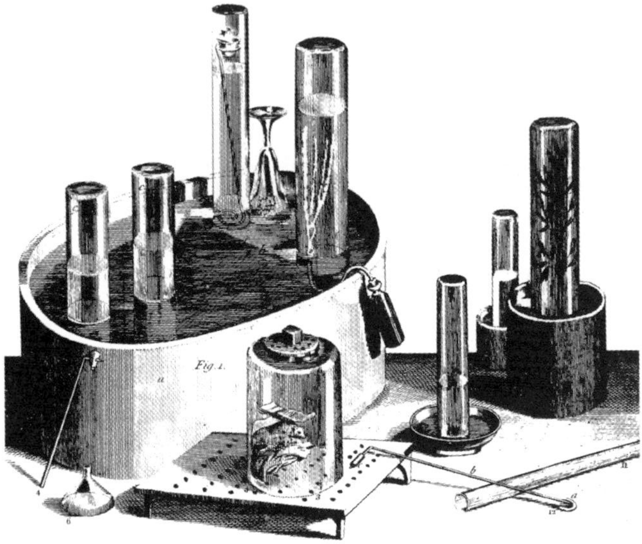

大约 1775 年，普里斯特利研究气体性质的实验设备。在研究空气的组成部分时，普里斯特利发现了氧气，这一发现又激起了人们对呼吸系统的研究。

利学者，名叫亚历山德罗·伏打。

收到这封信的时候，伏打刚刚发明了一种便携式发电机——起电盘。这套装置由 3 份松节油和 1 份蜡的混合物制成，摩擦时会产生静电，而且产生的电荷几乎可以无限期地保存在装置内部，所以伏打将它命名为“永恒电机”。听说了普里斯特利的空气纯度测定仪后，伏打也用玻璃管制作了一套类似的设备，两条导线的电源正是他自己的起电盘。1776 年 11 月，伏打在马焦雷湖钓鱼时，发现岸边的芦苇丛中散发出一股恶臭，如果在这里给空气纯度测定仪通电，玻璃管里就会发生剧烈的爆炸。伏打断言，这股恶臭中一定含有某种“可燃气体”，现在我们知道，那是甲烷。他写信给同事，讨论是否可以改进玻璃管，利用这种气体来制造出某种玻璃炸弹。随着养生热潮的兴起，空气纯度测定管风行一时。19 世纪初，拿破仑进军埃及的时候甚至成立了一家公司专门制造这种玻璃管，试图借助它绘制一份埃及的“臭气地图”，因为当时的人们认为疟疾源自糟糕的空气（“mal’aria”这个词在意大利语中的意思就是“坏空气”）。但是大家很快就发现这套理论完全站不住脚，空气测定的热潮迅速退去，伏打的玻璃测定管也销声匿迹。

然而，在当今世界无处不在的一种新事物诞生的过程中，伏打的测定管将要扮演至关重要的角色。追根溯源，这还得感谢 19 世纪中期发生在北冰洋的一系列事件。1800 年，鲸的数量急剧下降，美国的捕鲸船不得不远赴北太平洋进行捕捞作业。当时全世界共有超过 700 艘捕鲸船，因为人们需要鲸脂来炼油，为照明灯提供燃料。到 1840 年，格陵兰的鲸几近灭绝，而进入北极圈捕鲸的成本极高，鲸油的价格一路飞涨，人们迫切需要找到替代它的燃料。当时煤气已经投入使用，但在美国和欧洲的乡村仍未普及，这些地区的人们

伏打的起电盘。用猫皮摩擦松节油和蜡凝成的圆盘会产生静电，随后电荷会流入带玻璃把手的金属盖子里，金属盖实际上相当于一种便携电池。

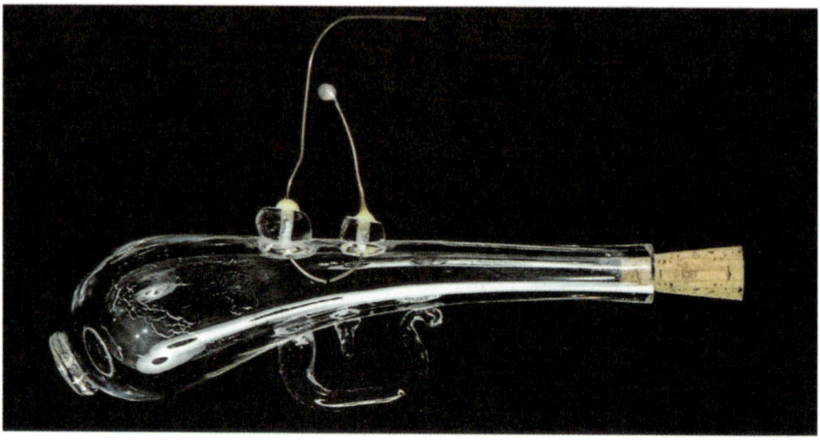

伏打的空气纯度测定管。实验者将气体灌满玻璃管，然后盖上塞子，用手触摸一根导线使其接地，同时将另一根导线搭在起电盘上。

玻璃管内距离很近的两根导线之间会爆出火花。这种空气纯度测定管是现代汽车火花塞的前身。

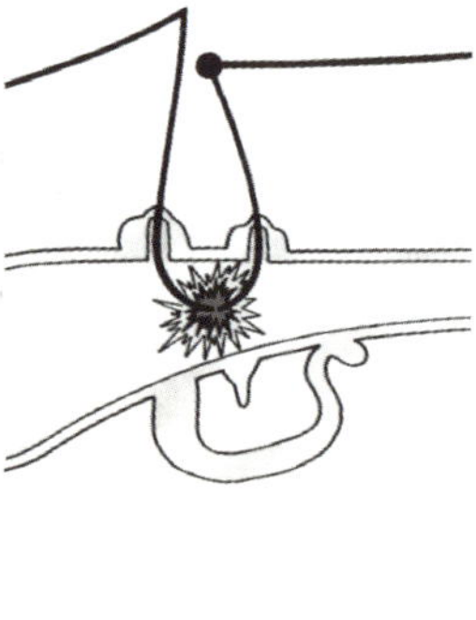

需要新的照明灯。

1859 年，前铁路调度员、“上校”埃德温·德雷克在美国宾夕法尼亚州的石油溪找到了人们期盼的新燃料。当时有个采盐的矿工在这里发现了一种黑色的烂泥状物质，他把样品送给了波士顿的投资人。虽然金融家们觉得这种黑泥无非是某种污染物，但他们还是派了德雷克前去钻探。这些黑色的烂泥正是石油，它几乎立即摧毁了整个捕鲸产业。

迅速崛起的照明燃油商恨不得把地里抽上来的每一加仑油都换成钱，但石油中有一种成分密度较低，很容易爆炸。这种成分不适合用来照明，所以有一段时间，炼油厂弃之如敝屣。它是原油第一步提炼的产物，闪点很低，在较低的温度下也会爆炸，所以相当危险。不过到了19世纪末，几项发明将这种危险的工业废料变成了至关重要的资产。它的用途之一是替代煤气。1860年，法国人约瑟夫·艾蒂安·勒努瓦发现，煤气与空气的混合物很容易爆炸，于是他发明了一种类似增强版纽科门蒸汽泵的机器，利用爆炸来推动活塞。新机器吸引了德国工程师尼古拉斯·奥托的注意，1876年，他发明了著名的奥托发动机：将民用煤气和空气的混合物导入圆筒引发爆炸，推动活塞向下运动，通过机械连接装置驱动凸轮；旋转的凸轮在回归原位的过程中又推动活塞沿圆筒向上运动，排出燃烧后的废气；活塞再次向下运动，吸入新的煤气和空气，然后再次返回，压缩混合气体；压力达到最大时，气体再次发生爆炸，如此循环往复。这就是经典的四冲程奥托循环。

新能源立即投入了使用，人们利用它来驱动水泵、缝纫机、印刷机、车床、织机和其他许多机械。不过这种动力最大的局限在于，发动机必须连接稳定的气源。如果没有气，发动机就无法工作，而稳定的气源通常只存在于城镇中。此外，新发动机非常笨重，噪声也很大。1882年，奥托手下的工程师戈特利布·戴姆勒和设计师威廉·迈巴赫在与奥托的一番争吵后离开了工厂，一起来到斯图加特郊外一座名叫巴特康斯达特的小村，成立了自己的公司。新发明的拼图在这里终于显露出了全貌。如前所述，普里斯特利的苏打水激发了欧洲人对臭气和养生的兴趣。部分缘于此，人们开始试图分离臭气和好的气体。他们使用的主要技术来自意大利水力工程师乔瓦尼·法尔达·文丘里在1797年做出的成果，当时水力还是整个工业界的焦点。文丘里发现，

美国宾夕法尼亚州罗斯威尔的两张对比照片，从中可以看到石油小镇惊人的发展速度。1863 年（上图），这里只有少量的建筑和油井架；到了 1867 年（下图），镇上的建筑已经如蘑菇般挤挤挨挨，教堂、酒店和中心商业区一应俱全。请注意图中高耸的油井架，人们正是利用它来钻探地层深处的石油。

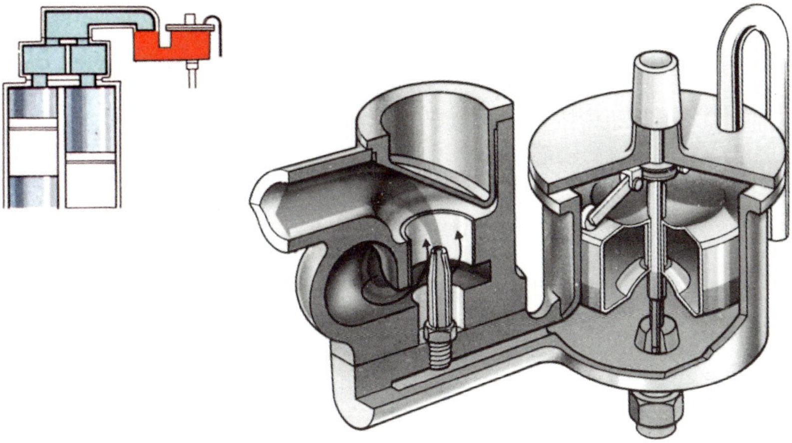

迈巴赫的喷雾式化油器。在大图中我们可以看到，油箱（右）里的燃油靠自身重量挤入垂直的喷管，然后气流（见箭头）再将燃油雾化。左上方的小图是化油器（红色部分），它位于发动机的活塞筒旁边，油气混合物在活塞筒内发生爆炸。

如果让水流过一段两头粗中间细的管子，水流在经过“瓶颈”时，流速会变快，同时压力下降；重新进入较粗的管道后，水流的速度和压力又会恢复正常。后来人们将利用这个原理来测量城市供水系统中的水流，但戴姆勒对此的应用将要带来更加深远的影响。当时，香水制造商利用文丘里的发现制造了香水喷雾，急于赶走臭味的医学界对此十分欢迎，这种小玩意儿很快在欧洲和美国流行起来。19 世纪 70 年代晚期，“喷雾熏香器”开始出现在家用取暖设备上，它们同样利用了文丘里效应。

这些熏香器的核心设计思路是利用气流来雾化液体。精油喷口位于气道最窄处，空气流经这里时，气压急剧下降，于是精油从管子里被吸出来，雾化成极小的液滴。无论迈巴赫是否听说过这些小玩意儿或者文丘里效应本身，他的确利用了这个原理，并将它与奥托的四冲程活塞结合到了一起。燃料是现成的：之前因易爆而被抛弃的“轻油”非常适合这种发动机。迈巴赫将汽油喷管装在气道的最窄处，低压吸出管内的汽油并将之雾化，为内燃发动机提供了最理想的燃料。1892年，迈巴赫的化油器甫一问世就大获成功，德国甚至立法限制人们使用其他方法。到了1900年，迈巴赫和戴姆勒又给发动机添加了火花塞，原型正是伏打的玻璃管。新发动机的名字来自戴姆勒最主要的经销商之女——梅赛德斯。

研发化油器的早期，戴姆勒曾将发动机装在一艘船上。有记载称，他曾在德国的湖里试驾新的机动船。所以后来，奥地利图尔内尔巴赫

身穿白色西装的威廉·迈巴赫坐在他制造的一辆梅赛德斯汽车上。照片拍摄于1903年，巴特康斯达特的工厂院内。

湖的一位钢琴制造师与他的公司签订了一份开发新式轻型发动机的合同，看起来也相当顺理成章。这位客户名叫威廉·克瑞斯，1901 年，他订购了一台自重 500 磅的 40 马力发动机。之前的 35 年里，克瑞斯一直在尝试各种发动机，希望在水面上高速行驶；与此同时，他还在不断改进设计，他的工作吸引了足够的关注，还为他赢取了弗朗茨·约瑟夫一世提供的一笔总额高达 5000 克朗的奖金。正是用这笔奖金，他订购了这台轻型发动机。

1901 年 10 月，踌躇满志的克瑞斯第一次试用新发动机。他并不知道的是，戴姆勒公司那边出了点小差错：他收到的发动机比合同约定的重了近一倍。新发动机咆哮着，推动他的“双体船”在湖面上飞驰，然而就在即将实现他毕生追求的那一刻，克瑞斯突然发现，后方的航迹上出现了漂浮的碎片。他绝望地试图抬升船体，挽救自己的杰作，但“小船”还是偏离了方向，倾覆解体了。等到克瑞斯有能力重整旗鼓的时候，别人早已赶在了他的前面。实际上，他的发明比美国那两位名叫莱特的自行车工程师还早了两年。如果不是轻型发动机的参数出了问题，克瑞斯或许真的有可能驾驶他的杰作离开图尔内尔巴赫湖的水面。那将是一架飞机。

7 长链

1622 年，荷兰水文学家黑塞尔·格里兹为东印度公司绘制了一幅宏伟的南太平洋海图。请注意，当时澳大利亚和新西兰尚未被发现。这是 1643 年阿贝尔·塔斯曼远航时最重要的参考海图之一，正是在这次旅程中，他发现了塔斯马尼亚、汤加和斐济群岛。

喷气式飞机大概是对全球社会影响最大的现代科技产品。电话和电脑扩展了人们的精神视野，人们得以接触不同的文化；飞机则消除了物理距离的障碍，让人真正来到远方的世界。从这个意义上说，飞机是自行车、火车和汽车的直系后裔。自行车出现之前，从未有一种交通工具能以如此廉价、简便的方式，把村庄联结起来；火车和汽车使跨国交流成为现实；飞机则是跨越了大陆的界限，使人们联结在一起。

毫无疑问，飞机改变了人们心目中距离的概念。登上飞机，周围的现实便离你而去，你在一只与外界隔绝的旅行舱里待上一段时间，又在旅途终点重新回到现实，出发地和目的地之间的高山大海仿佛都不存在。超音速飞机又改变了时间的概念。现在，自东向西飞行的旅客到达目的地的时间可能比出发时间还早，这种错乱带来了一种身体上的不适：时差。飞机应用日益广泛，也加快了人们消耗稀有资源的速度。每小时的航程都需要烧掉好几百加仑燃油。同时，为了提高飞机的使用效率，一架飞机在空中飞行的时间总是越多越好，所以人们始终在追求以最快的速度让飞机落地后重返空中。

飞机彻底改变了西方技术和文化扩散的速度。一旦某个偏远之地建成了一条1万英尺的跑道，当地人的生活就会立即改变，这种天翻地覆或许只有上一次遭入侵时才可比拟。现代社会的旅行者希望离家万里也能拥有熟悉的舒适环境和生活方式，所以在某个酒店房间里醒来时，你越来越难立即明白自己身处何方。在迎合游客需求的过程中，当地的风俗和景象也渐渐改变。随着人们制造出一架架能够搭载数百位乘客飞越半个地球的大型客机，变革的步伐进一步加速。第二次世

最早的波音747飞机，机身长231英尺，翼展195英尺，航程可达6000英里。货运版的747机鼻区域可以整体向上掀开，以便装卸集装箱，它能够装载100吨货物。

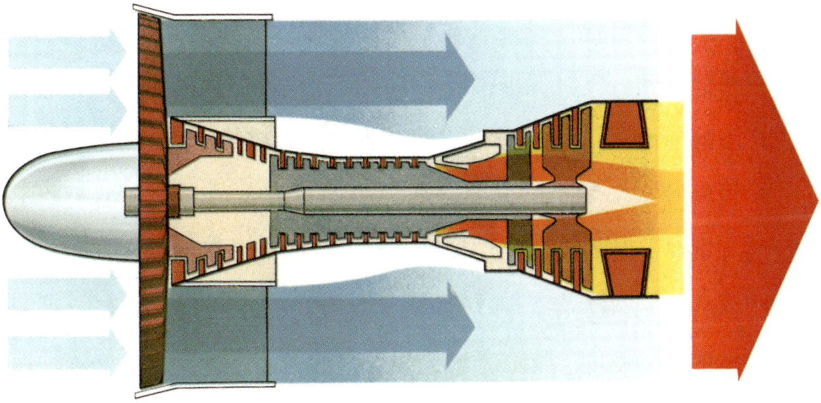

喷气发动机。中央主转轴上装有倾斜的叶片，用于吸入空气并将其压缩。随后，空气进入燃烧室，被加热到高温。部分高温空气用于驱动主转轴，其余的通过发动机喷管向后喷出，为飞机提供推力。

界大战结束后，西方的生活水平和个人可支配收入稳步提高，乘坐飞机的商务人士和旅行者越来越多。新的喷气机比老式螺旋桨客机的效率更高，机票费用的下降进一步刺激了人们的出行需求。

飞机的设计和制造产业最早出现在美国。这是一件自然而然的事情：美国幅员辽阔，所以从 20 世纪初开始，就积极使用飞机。作为世界上贸易最发达的国家，美国的航空业发展之成熟、产业之全面，在全球首屈一指。为了满足出行需求，美国需要高效、灵活的大型客机。以如今的科技水平，当然可以造出更大的飞机；但要恰到好处地满足目前的需求，现在的宽体式喷气机是最理想的选择。它的主体设计方案没有什么夺人眼球的技术，飞机平时只需进行常规维护，主要结构件的更换周期长达数十年。综合考量载荷（乘客或货物）、时速、地面装卸和加油时间、机组成员人数等各方面因素，这种宽体式喷气机可能是自 17 世纪以来最高效的运输工具。17 世纪时，当时贸易最发达的国家同样出于商业考虑，设计制造过一种最优化的运输工具。现在我们看到，飞机促进了经济的发展，消耗了大量燃油，影响着各个产油国的命运；这与17世纪航海业的情形相似得惊人。

当时贸易最发达的国家是荷兰。16世纪，荷兰人逐渐垄断了波罗的海贸易。随着欧洲经济发展，对木材的需求日益旺盛，大片森林遭到砍伐，消失无存。到16世纪末，政府甚至不得不立法，试图减缓森林消失的速度。忧心于自己领土内的树木日渐稀少，法国、西班牙、葡萄牙和英国开始把目光投向波罗的海沿岸国家，寻找新的木材来源。造船行业是木材最大的买家，商船和战舰都要用木头打造，而在当时，荷兰人几乎垄断了木材贸易。接下来荷兰人又迈出了关键的一步。16世纪90年代，荷兰南部掀起了一场反对西班牙统治者的暴动，大战之后满目疮痍，南方的工厂、港口和城镇损毁殆尽，难民带着积蓄和技术拥向北方的阿姆斯特丹。但由于土地有限，无法容纳所有人从事耕种、建立工厂，于是大部分难民选择经商。很多人去了欧洲其他国家的城市，建立与家乡的贸易纽带。这场迁移潮发生时，荷兰对波罗的海的贸易垄断也达到了巅峰。于是，荷兰成为欧洲最富裕的国家，他们的首都迅速发展为欧洲首屈一指的贸易中心。海外的货物汇聚于此，再运往其他国家，作为中间商，荷兰人分享了可观的利润。新式船就诞生在这波早期的贸易热潮中，以满足荷兰人的商业需求。这种船名叫福禄特帆船，第一艘船制成于1595年，不过要等到新的世纪，它才开始大规模生产。1603年，已经有80艘福禄特帆船在海上穿梭，而且数字还在迅速增长。

造出新式船的是荷兰人而非他们在欧洲的其他竞争对手，原因在于只有荷兰独辟蹊径，造船思路与当时的主流趋势完全不同。追根溯源，这或许还得从1453年君士坦丁堡陷落说起。土耳其人控制了这座城市以后，来自东方的商品经君士坦丁堡运往欧洲的价格大幅上升。为此，葡萄牙人开始寻找抵达红海的新航路，1495年，他们绕过非洲大陆的最南端到达印度，在那里建立了贸易站。有了这个来之不易的落脚点，欧洲对香料、丝绸、印花棉布和金银等奢侈品的需求激增。

16世纪的葡萄牙克拉克帆船，它是地中海地区最早的三桅船。和当时大部分船只一样，它既能运送货物，又能充当战船。请注意船尾高耸的船楼，由于船员队伍庞大，船上需要充足的内部空间。克拉克帆船最多可装载800名船员和100门舰炮。

到 16 世纪初，东印度地区与欧洲之间已经有常规的贸易往来，而在西边，西班牙人正在中美洲和西印度群岛开辟领土，运回糖和银。欧洲跨洋贸易的大扩张即将拉开序幕。

16 世纪下半叶，贸易扩张遭到了战争的阻挠。西班牙与低地国家大打出手，战火在尼德兰点燃，蔓延到了法国和西班牙，紧接着，争执扩展到宗教领域，新教徒和天主教徒誓不两立，把整个欧洲大陆卷入其中。16 世纪末，参战各方的军事资源和经济资源都几近枯竭，只能约定暂时罢手。休战期间，贸易重新繁荣，不过到这个时候，商船已经不敢独自出海了。跨洋远航成本高昂，货物也很值钱，一旦遇到海盗，船队就会蒙受巨大损失。与此同时，海上劫掠在当时相当猖獗，英国人的船只常常在大西洋上逡巡，等待向东归航的笨重的西班牙运银船驶入视线。于是越洋商船出海时，总有战舰在左右护航。所有国家都醉心于建造更好更强的战船，除了荷兰。

16 世纪的威尼斯兵工厂，这家造船厂由萨查里亚·安东尼奥所有。造船厂采用流水线式生产，威尼斯得以维持一支由 1000 条船组成的庞大海军。背景中，一艘造好的船正从干船坞下水；画面左侧，装配工正在为已经漂浮在水面上的船安装甲板上的附件。

威尼斯兵工厂可能是当时全世界最棒的造船厂，当时最先进的战船正是它设计的盖伦帆船。威尼斯人采用流水线生产，帆船被拆分为多个标准部件，各自生产后，再全部运到船坞里装配。这种新式船装备完善，配有3到4根桅杆，上面悬挂横帆，用以在往返于大西洋的航程中鼓满稳定的信风；船头的斜桅和船尾都挂着三角帆，足以适应出入港时近岸多变的风向；船头和船尾耸立着起防御作用的船楼。盖伦帆船的船身狭窄而坚固，以支撑舰炮的重量；甲板分为3层，其中两层甲板上各有一两门大炮。西班牙无敌舰队的失利警示着后来人，胜利属于重武装战船，因此盖伦帆船的设计理念正是将火力优势发挥到极致。较大的盖伦帆船重量超过800吨，平均每吨重量就需要1名船员，如此繁多的人手绝大部分是为了照料舰炮和船帆。更重的舰炮能击沉更大的船只，不过与此同时，装备重炮的帆船也必须造得更大，才能承载这额外的重量。有些重装盖伦帆船的总重量超过1000吨。

在荷兰以外的所有国家，舰船设计都由海军负责，造出的船只军商通用。所以，满载着货物从新西班牙返航的，也是盖伦帆船。但这些船上装载武器、配足人手以后，留给货物的空间就相当有限了。然而越洋贸易利润丰厚，盖伦帆船载货量虽小，一趟下来也足以赚上一笔钱。当时很多商船走的是三角形路线：先满载着纺织品从欧洲出发，沿非洲西海岸航行，用纺织品换取当地的奴隶，再前往西印度群岛，卖掉奴隶，采购糖，最后载着糖扬帆返航。不过，对于同样利润颇丰的欧洲沿海贸易来说，盖伦帆船就实在太笨重了。正是在这片水域，荷兰人的策略获得了优厚回报。

在荷兰，海军和商人各司其职，前者建造战船，后者专攻商船。福禄特帆船由荷兰商人设计制造，接下来的200年里，全世界的货运

荷兰的福禄特帆船，最初出现在荷兰北部的港口城市霍恩。福禄特帆船是史上效率最高的商船之一。

船无出其右。第一艘福禄特帆船在霍恩下水首航，无论从哪个方面看，它都如此独特。这种帆船的船身极细长，船的长宽比最高可达6:1，几乎是普通帆船的两倍；它的甲板十分空旷，只在船尾处有一座小小的舱室，大部分空间都可以用来装货；船底几乎完全是平的，因此船身内部的空间大而方正，十分方便运载货物；船体的设计经过改进，尾部的线条几乎垂直；福禄特帆船的桅杆比普通船更短，风帆的面积也更小；为了方便调整船帆并且减少船员数量，船上装了很多配重块和滑轮。以上这些设计，还使得这种船的重心比其他船更低，更能经受恶劣的天气。福禄特帆船的设计综合了荷兰商船此前数十年在狭窄的内陆水路中穿梭往返时逐步积累的许多改良。虽然从技术上说，荷兰人完全有能力造出2000吨的福禄特帆船，这种新式船的重量很少超过500吨。因为基于载货量和航行距离来考虑，500吨左右是最恰当的。新船需要的船员更少，甲板上的建筑用松木取代橡木搭建，因此它的制造和运营成本都远低于同时代的其他船只，商人也因此更乐意频繁往来。穿梭往来的福禄特帆船支撑起了一个贸易帝国，它们沿着欧洲的海岸不知疲倦地往返，向荷兰运来波罗的海国家的粮食、木材、铁、鱼和毛皮，西班牙、葡萄牙和法国南部的盐和酒，还有英国的羊毛。阿姆斯特丹成了欧洲最富裕的城市，但这样的繁华如昙花一现，很快就将凋零。

在英吉利海峡的另一边，英国的殖民地逐渐有了收益。到 17 世纪中期，殖民地的丰厚回报让英国成了水手之国。当时的英国大约有 550 万人口，其中有 5 万人长期漂泊在海上。从事航运业的人口比例是现在的 5 倍。这次迅猛的海运扩张，驱动力来自烟草和糖。（有传闻称，英国人之所以热爱甜茶，是因为东方的茶和西方的糖正好同时来到了这个国家。）殖民地即将给英国带来惊人的财富，正如一位商

1669 年，荷兰东印度公司的船舶停靠在广州港。荷兰人追随着葡萄牙人的脚步来到东方，寻找丝绸和香料。到 17 世纪 20 年代，他们几乎已经垄断了这门生意。

人所说："殖民地的任务是消化我们的产品和货物，并且提供商品供国内消费或者转运出口，免得我们大费周章到别处去买。此外，殖民地还能为我们的穷人提供就业机会，促进航海业发展。"他确切地指出了英国即将走向富裕的原因，而伦敦也即将因此获得数百年未曾动摇的独特贸易地位。1615 年，英国的烟草消费量是 5 万磅；到 17 世纪末，英国每年进口的烟草已经超过 4000 万磅，其中有 2500 万磅转运出口到欧洲大陆。在这几十年里，烟草的价格下降到了原来的 1/400。同时，英国从西印度群岛进口的糖增长了 8 倍，从印度进口的印花棉布是原来的 5 倍，这两种货物有 90% 转运出口到了欧洲大陆。远洋贸易面临的一大障碍是它需要庞大的资金支持。起初的投资行为比较随意、没有组织，通常会由某个有钱人独力资助一整支船队。但是，单枪匹马的投资人能提供的帮助总是有限的，到了 17 世纪末，这种投资方式已经走到瓶颈。人们必须发明新办法来筹集远航资金。

新办法来自陆地。在这个时期，欧洲首次出现了土地登记制度。政府制定了土地所有权的规章，在此基础之上，地主可以用地产做担保，顺利地借到一大笔钱。这些早期的抵押贷款为英国的发展提供了资金，伦敦贩卖土耳其"黑酒"的小店成了金融交易的据点。在这些咖啡馆里，你可以借债、放贷、投资，或者干脆把钱花掉。有些咖啡馆还会印制小报，刊载入港的进口货物信息、海上的灾难、城里的八卦、求职广告（"冷静果敢的年轻男子，精通拉丁语和法语，胜任船上任何职位，会读账目，能演奏小提琴与长笛，诚寻雇用"），甚至还有约会服务（"我认识几位男士和女士，朋友们都很希望他们能够找到伴侣；若有条件匹配者，我非常愿意牵线搭桥"）。商人、艺术家、大学教员、船员、贵族齐聚于此，咖啡馆里什么样的人都有，什么样的东

1705 年，伦敦的一家咖啡馆。蜡烛除了照明，还充当拍卖的计时器。拍卖师把一根针插在蜡烛侧面，当蜡烛燃烧到这个位置，针从熔化的蜡烛上落下，就不再接受新的出价。

西都能买到，无论是鱼、年轻姑娘，还是美国弗吉尼亚的土地。交易日渐繁荣，涉及的款项规模日益庞大，需要某种监管，因为时不时总会有无法如期入港的船只，或者到了账期却难以偿清的债务。1683 年，信用证的出现解决了这个问题，即使船没有入港，信用证也可以替代现金，直接支付给债权人。在伦敦凯蒂顿大街的马头酒馆成立了一家管理信用证的组织，1694 年，它正式更名为英格兰银行。

海上的商船越来越多，跨洋航行又常常需要长达 1 年的时间，航行的时间一长，风险也成倍增长，人们不得不考虑保险的问题。归根结底，如果船沉了，所有投资者都将血本无归，这样的项目当然不会有人愿意资助。1688 年，一位名叫爱德华·劳埃德的人开办了一家咖啡馆，里面同时经营保险买卖，他还雇了人在店里定时宣读航运新闻。1700 年，他出版了一份船舶名录，收录了船舶名称、船长姓名、出发地和目的地、船只吨位、甲板数量、是否配备武器、生产厂家、出厂时间、船主姓名，还有最重要的：船体与船上设备的状况。船体的状况被分为 A、E、I、O、U 五个等级，设备状况则分为 G 级（良好）、M 级（中等）和 B 级（较差）。最好的船是 AG 级，最差的则是 UB 级。

正是对船舶状况的担忧，在此后 100 年间催生出了现代人几乎家家必备的一种新发明。温暖的海域中生活着一种名叫船蛆的微型软体动物，进入这些海域的船只越来越多，木质的船体不断遭到船蛆蛀食，损伤极大。要预防船蛆，唯一的办法是在船底厚厚地涂上一层沥青。18 世纪初，这种材料主要来自斯堪的纳维亚和波罗的海沿岸，也就是当时的瑞典王国如今属于瑞典和芬兰的地区。在此之前的 200 年里，随着英国、法国、西班牙和葡萄牙的森林资源日渐枯竭，欧洲大部分地区越来越依赖来自北方的木材，用它们建造船只、生产沥青。松木是最适合制造沥青的木材，人们把松木放进坑里小火烘烤，收集从烧焦的木头里流出来的黏稠物质，蒸馏提纯，然后灌进桶里装船运走。荷兰人控制了这项贸易，并且由此建立起庞大的商业帝国。芬兰的特产经荷兰出口到了英国，养肥了荷兰中间商，也加强了英国对芬兰的依赖。另一方面，俄国始终眼红着波罗的海温暖的港口，因为它自己的港口一到冬天就会封冻。1700 年，俄国为此向瑞典和芬兰发动了战争。战乱彻底切断了沥青的运输，不过对英国人来说幸运的是，他们拥有的美洲殖民地也能出产它。1705 年，安妮女王的大臣们在伦敦颁布了《赏金法案》，北美洲新英格兰和卡罗莱纳的殖民者每生产 1 桶沥青，就能获得 5 到 10 先令的奖励，政府还派出代表，“去说服殖民者，他们的协助对母国的事业至关重要”。1725 年，英国使用的沥青有 4/5 来自北美殖民地，波罗的海战争结束后，从北美进口沥青的产业已经欣欣向荣，除了少量高品质沥青，英国便不从芬兰进口这种原料了。然而这又是一个不太幸运的决定。1776 年，北美殖民地叛乱，随后美国宣布独立，这下英国彻底失去了沥青的来源。幸运的是，飞速发展的航运业已经触发了另外一系列事件，即将为这个问题提供一个看起来很简单的解决方案。这个“简单的解决方案”将要使苏格兰的一位贵族迎来他的厄运，并催生工业革命最伟大的发明之一。

15 世纪晚期，一艘沿非洲海岸航行的船停在岸边接受修理。画面右边的工人正在烧火蒸馏沥青。沥青不仅能预防船蛆，还能增强船身的防水性能，延长船体寿命。

我们将目光重新投向 16 世纪，英国的造船业刚刚兴起的时候。政府颁布了法令，森林资源仅限海军造船厂使用。这条法律造成的后果之一是，玻璃工匠和铁匠不得不寻找烧炉子的新燃料。他们看中了煤炭。很快就有人发现，煤在特定环境下会产生黑色黏稠液体。当时的人们并未大规模使用这种工艺来制造沥青，因为它的成本太高，还不如从美洲殖民地进口，不过现在，情况就大不相同了。第九代邓唐纳德伯爵阿奇博尔德·科克伦就此踏上了他的破产之路。拜他的几位祖先所赐，阿奇博尔德的人生起点比较倒霉：他们一再选错支持的君主，而且嗜好赌博，家族的财富几乎被挥霍一空。1778 年，阿奇博尔德继承爵位的时候，祖先留下的财产只剩下了爱丁堡附近的祖宅库尔罗斯庄园，以及不远处的一座小煤矿。为了重振家业，科克伦开始为这座煤矿寻找最有利可图的出路。他知道制造铁器需要用到焦炭，便和附近的卡伦制铁厂做起了买卖。用 3 次婚姻得来的财产跌跌撞撞地尝试之后，科克伦发现，炼焦产生的副产品比焦炭本身更值钱。比如说，其中有一种盐类可以制造碱和肥皂，另一种盐类则是一种收敛剂，可以用于纺织业，给羊毛除油。科克伦试图将炼焦产生的一种黏性物质卖给印刷厂作为黏合剂，甚至还曾涉足制氨产业。这几次创业无一例外，让他在财务困境中越陷越深。

在科克伦所有的冒险中，他投入最多的当属利用干馏法由煤制造沥青：加热蒸馏煤炭，收集散发出的气体，冷凝得到沥青。科克伦递交了一份措辞十分谨慎的专利申请：“……一种从井煤中提取或制造沥青、柏油、精油、挥发性碱、矿物酸、盐和煤渣的方法。”1781 年，他获得了这项专利权。他在自家的土地上修建了一座沥青制造厂，厂里有 4 口窑，总共可以容纳 14 吨煤炭。为了完成这项大工程，他不得不大举借债。新工厂很快生产出大量沥青，科克伦为此欢欣鼓舞，然而就在这时，他满怀懊恼地听说，海军部已经决定改用铜来加固船底了。这位伯爵再也没能东山再起，1831 年，他身无分文地死在巴黎的贫民窟。讽刺的是，就在那一年，他的一位亲戚也在巴黎去世，留下了大量遗产，但他们彼此都不知道对方就在同一座城市。

就在科克伦放弃沥青厂之前不久，他的生命中发生了另一件讽刺的事情。当时他不小心让一口窑的温度超过了通常的上限，于是整个窑爆炸了。科克伦沮丧地提到，爆炸产生的气体也燃烧起来，发出明亮的光芒，但他没有进一步探究，只是在窑顶上装了一根炮管，看着从里面喷出来的火焰取乐。科克伦完全错过了事情的重点。1782 年，他再次去往伦敦，徒劳无功地试图向造船厂推销他的沥青，这将是他人生中最后几次前往伦敦的旅程之一。他顺路去伯明翰郊区拜访了詹姆斯·瓦特，向他提起了这种奇怪的气体。当时瓦特和搭档马修·博尔顿已经开始制造蒸汽机，他们雇了一位名叫威廉·默多克的年轻人来打理他们在康沃尔的蒸汽机生意。（据说，默多克得到这份工作，是因为他在面试时戴了一顶自己用车床制作的木头帽子。）1791 年，默多克获得了一份科克伦未能申请到的专利："一种用于保护船底的混合物"。1792 年，他开始尝试着用煤来制造能够燃烧的气体。默多克使用的设备相当简单，只有一个用来装煤加热的大铁罐和一根管子，管子通往另一个房间，煤气燃烧的火光把屋里照得雪亮。1799 年，默多克来到博尔顿和瓦特

威廉·默多克的煤气提取装置。英国曼彻斯特的菲利普和李工厂安装的就是这种设备，图中的容器（E）能装下 762 千克煤。

在伯明翰苏荷建立的工厂，向他们介绍这种自己“发明”的气体。瓦特建议他在拿到专利之前务必多加小心。英国和拿破仑在亚眠签署和平协议后，默多克在苏荷工厂的两头分别安装了一根煤气喷管以示庆祝，煤气燃烧产生的气味很快得名“苏荷臭”。

1805 年，曼彻斯特的菲利普和李纺织公司订购了 50 盏煤气灯。纺织行业是个庞大的市场，并且对这种新式灯非常欢迎。随着克朗普顿纺纱机和阿克赖特织机等新设备出现，纺织业快速成长，但照明的蜡烛和鲸油灯常常引发火灾，高昂的保费令工厂主难以承受。火上浇油的是，英国和美国的外交关系陷入僵局，鲸油的供应时常不稳定，价格也一路飞涨。1806 年，50 盏煤气灯在曼彻斯特的工厂里安装完毕，这些灯点亮时已经不会散发“苏荷臭”了。新的照明灯不仅安全，还

1774 年，博尔顿和瓦特在苏荷建立工厂，开始合作。到 1800 年，这家工厂已经制造了约 500 台蒸汽机，其中 52 台用于采矿，84 台安装在纺织厂。

更廉价，如果一座工厂每年采购蜡烛的开销是 2000 英镑，换成煤气灯以后，只需要 600 英镑就能获得同样的照明效果。有许多投资人盯上了这块潜力巨大的市场。早在 1802 年，一位风格华丽的德国企业家弗雷德里克·阿尔伯特·温莎（他把原本的德文姓氏“温茨勒”改成了英式）就已闪亮登场。

温莎也在尝试制造煤气，不过他用的原料是木头。根据他的自传，用煤气灯照亮整个英国的想法“像电火花一样从我脑子里冒了出来”。1802 年，温莎来到伦敦，第二年年底，他就在莱塞姆剧院举行了一次极为生动的演讲，展示煤气灯的好处。温莎亲自现场演示，但由于他的英语很糟糕，所以他雇了个英国人来朗读他的讲稿。温莎的宣传相当高调，他专门制作了华丽的小册子来宣传自己、推广煤气灯。在这本宣传册中，温莎也声称煤气是他发明的。有一段写得稍好的宣传词是这样的：

> 滚滚尘烟，笼罩大地，
> 丽质蒙尘，凡人窒息。
> 巍巍伦敦，商业之都，
> 烟囱林立，黑烟起伏，
> 氤氲浓雾，永不消散。
> 何以救赎，唯有焦炭。

他推出了各式各样的煤气灯：枝状吊灯、丘比特雕像灯、鱼尾灯、纹章装饰灯，不一而足。它们都拥有一根锥状的点火喷管。

尽管这些灯的模样夸张古怪，但温莎设计的煤气制造和输送装置

温莎的各种灯。他打算用华丽的造型吸引潜在的投资者。温莎曾经向投资人承诺，5 英镑的本金每年可以得到 570 英镑的回报！

足以证明他进军煤气灯产业的坚定决心。温莎的煤气制造装置是一个铁罐子，在盖子周围用黏土密封，防止泄漏。罐子上面是圆锥形冷凝室，内部有带孔的隔板，可以使煤气扩散并得到净化。冷凝室顶部的盖子中间向外伸出一根管子，将煤气导入灯内的点火装置。这种灯使用的煤气来自中央供气管道。博尔顿和瓦特为工厂和住宅安装的煤气灯都采用了独立气源，但温莎颇有远见地想到，若要在城镇里大规模推广煤气灯，必须建立大型中央供气系统。显然，这需要投入大量资金，温莎为此全力以赴。1806 年，他四处游说，希望募集资金成立一家全国性的照明和供暖公司，“为我们的街道和房屋提供光和热……就像现在的自来水系统一样”。1807 年，温莎在卡尔顿府到林荫路的围墙上安装了一排展示性的煤气灯，投资如潮水般涌来，1812 年，他的企业更名为“煤气灯和焦炭公司”。1814 年，温莎走上了辉煌的巅峰。他在伦敦的圣詹姆斯公园里竖起一座煤气灯塔，来迎接访问英国的同盟国君主，这是自拿破仑被放逐到厄尔巴岛以来伦敦最盛大的庆典。在正式表演的前夜，温莎的杰作吸引了摄政王的目光。他很幸运，因为到了第二天，一位侍臣坚持要在煤气灯表演开始之前燃放烟花，结果引发了一场震耳欲聋的爆炸。整座灯塔笼罩在熊熊火焰中，大大超出了温莎规划的演出效果。好在，人们终于看到了煤气灯的潜力。就在那一年，在多方支持下，温莎的煤气灯照亮了威斯敏斯特市的圣玛格丽特教区。短短 6 年内，英国的主要城镇都装上了新的煤气灯。1823 年，全国共铺设了 300 英里供气干线；到 1850 年，这个数字增长到了 2000 英里。煤气灯所到之处无不引发轰动。沃尔特 · 司各特爵士对此很不感冒，他写信向一位朋友抱怨："有个疯子提议要照亮伦敦，你猜他打算用什么？我告诉你，用烟！"不过总的来说，大部分人还是欢迎煤气灯的，例如 1821 年，玛丽 · 贝内特夫人收到的一封信中就写道："拥有钻石项链和科雷吉欧的画又怎么样，还不如给家里装上煤气灯！……亲爱的夫人，请一定要安装煤气灯。在煤气灯的光辉下啃干面包，也比点着蜡烛吃野牛肉强。"

煤气灯为英国带来了广泛的社会影响。夜晚的街道立即变得安全了。"以前，"有人写道，"在昏暗的街灯下，行人根本分不清前面的人是更夫还是小偷，也看不清路边的是人行道还是阴沟。现在大不一样，煤气灯的亮度堪比阳光，夜晚的街道变得安全亲切。"有了煤气灯，工厂在晚上也能继续运转，产量随之提高。现在人们可以充分利用夜晚的时间，工人学校出现，识字率不断提高，书籍的销量也增长了。夜校应运而生，14 岁之前没上过学的人有了新的出路。夜校开设的课程范围相当广泛，从哲学到机械制图无所不包，但最大众的还是基础的文化课：阅读、写字、算术、语法。技工学校在英国遍地开花，教授科学和艺术。破天荒地，大家在晚上也能出门参加社交活动了，伦敦那些伟大的俱乐部开始崭露头角。

整个英国首都只有泰晤士河没有享受到煤气灯带来的好处，反而深受其害：炼焦的废料成吨地排入河里，河岸臭气熏天。其他各地煤气厂的废料也都排入了附近的河水。1819 年，一位在格拉斯哥经营染布坊的苏格兰人来到一家煤气厂，想买点便宜的石脑油，这是之前人们在炼焦的废料中发现的一种物质。这位苏格兰人觉得可以用石脑油来清理他的染布机，而且既然它是一种工业废料，所以应该花不了几个钱。1820 年的某一天，他用石脑油清洁各种材料的时候无意间发现，这种油可以溶解橡胶。橡胶由西班牙人从美洲运回以后，用途

伦敦的煤气街灯创造了一种新职业：点燃街灯的灯夫。当时的一首诗骄傲地描述道："在此后的每一个夜晚他都将忙碌，让人造的光明照亮你的归途。"

上图：1864 年，伦敦克雷莫尼花园。在此之前 20 年，煤气灯已经遍布全城。现在，上流社会的先生和夫人们哪怕在晚上也能在城市的广场和公园里悠闲地散步，不必担心暗处潜藏着鬼鬼祟祟的拦路小贼。

下图：煤气灯创造的夜生活并不全都是有教益的，画中的人们聚集在灯光明亮的芬斯伯里蓝锚酒馆，观看猫捉老鼠来取乐。

一直十分有限，主要是用来制作橡皮。此外，它还被用来生产外科手术用的导管、制作球芯。既然橡胶可以被石脑油溶解，那么它或许也能添加进布料。这位染坊主于是把溶化的橡胶涂抹在两层棉布之间，并用自己的姓氏将这种新布料命名为“麦金托什”，这个词后来在英文里成了雨衣的别称。1823年，麦金托什获得了防水布的专利，一年内，他就开始向政府供应这种材料，并与曼彻斯特的一家纺织厂建立了合作关系。

时髦的全天候猎人，他的帽子和斗篷都是用“帕拉玛塔”羊毛布缝制的，这种布用橡胶处理过，不畏风雨。新的防水衣物让人们更乐于参加户外活动。

当时麦金托什并不知道，一位名叫托马斯·汉考克的前马车制造商也在探索橡胶的特性，他最初可能是想增强马车的防水性能。1819年，他正在伦敦贩卖橡胶。当时的橡胶是论“瓶”卖的，因为在橡胶的原产地南美洲，人们用玻璃瓶搜集橡胶树流出的乳胶，乳胶凝固后，打破玻璃，就得到了一块块瓶状的橡胶。汉考克发明了一种加工方法：将瓶状橡胶切成细条，然后加热，细条就会重新粘连起来。他在1820年获得了这种加工方法的专利，从此以后，人们可以用橡胶来制作手套、绑带、长袜、吊袜带、鞋子和鞋底了。这些产品一经面世就大受欢迎，但汉考克很快就遇到一个问题：他的原材料不够用了。虽然汉考克把每一瓶橡胶都切成了细条，但总会有奇形怪状的边角料无法有效利用。于是他发明了一种碾磨机，这是一个方盒子，里面装着带齿的滚筒，可以把不规则的橡胶块切碎。然后，工人把碎块搜集起来重新压制，切成形状规整、可以有效利用的细条。

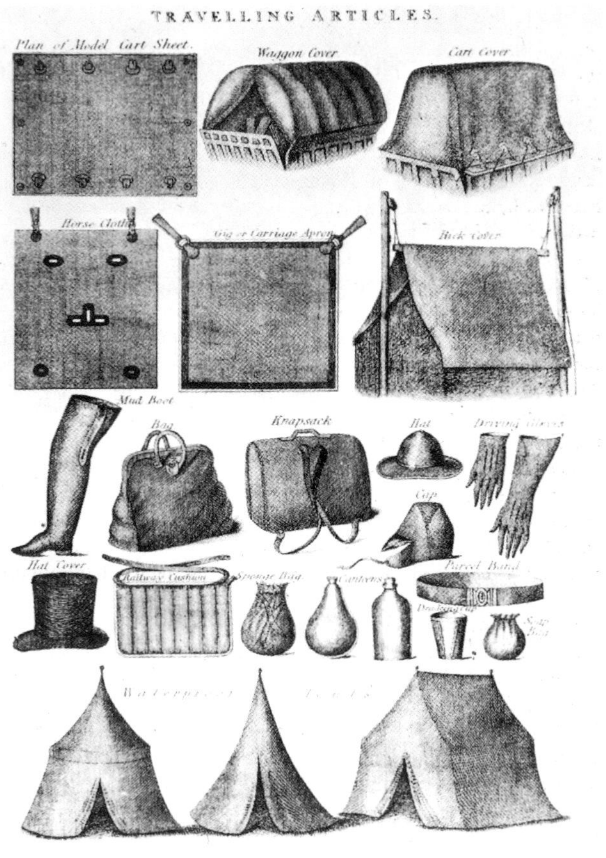

种类繁多的橡胶制品中的一小部分。图中很多物品虽然不适合个人使用，但是不难看出军队为何对它们有如此强烈的需求。有了这些橡胶制品，士兵能在任何天气下执行任务。

出乎汉考克意料的是，这些切碎过的橡胶塑性大大提升。碾磨机成了他最重要的发明，他将这项技术保密了10年之久。

与此同时，麦金托什的防水布在1824年富兰克林探索北极的远征中大显身手。橡胶逐渐普及，软管、印刷滚筒、啤酒泵、充气床垫、毯子、救生用具、帽子、船罩、自行车轮胎……橡胶制品渗透了日常生活的方方面面。1825年，汉考克和麦金托什开始合作生产现在我们非常熟悉的橡胶雨衣；1839年，古德伊尔发明了橡胶硫化法，极大改进了橡胶制品的弹性和品质。橡胶产业由此开始了惊人的增长。1830年，英国进口的橡胶只有23吨；20多年后，这个数字已经增长到了5000吨以上，但汉考克和麦金托什仍然时常头疼原料短缺的问题。1853年，汉考克写信给伦敦邱园的管理层，请求他们试种自己随信附上的橡胶树幼苗，或者直接从南美引进橡胶树，以便未来能在远东建立橡胶种植园。若不是当时邱园正忙于在远东种植另一种意义重大的南美洲植物，橡胶产业或许会走上另一条发展轨迹。

这种植物名叫金鸡纳树，1630年，耶稣会传教士在秘鲁偶然发现了它。19世纪，英属印度的军队和官员都深受疟疾困扰，而金鸡纳树皮中含有奎宁，可以用来治疗这种疾病。邱园的植物学家渴望获得金鸡纳树的种子，栽培出树苗，送到印度，救同胞于水火之中。1859年，植物学家查尔斯·马卡姆率领两支探险队前往利马寻找金鸡纳树种。第一支队伍失踪了；第二支探险队带回了种子，培育出了金鸡纳树，但从中提炼出的奎宁效果实在太差。当时印度的官方植物学家福布斯·罗伊尔博士寄回英国的信中写道："……它是治疗印度热病不可或缺的药品。我可以毫不犹豫地说，必须将金鸡纳树引入印度。自从中国的茶树以来，还没有哪种植物能像金鸡纳树这样值得引入。"

金鸡纳树幼苗终于运到了马德拉斯，却一棵都没有活下来。英属印度的行政官员和军人众多，当局不得不高价从爪哇进口奎宁，那里的荷兰人用同样的幼苗成功地培育出了金鸡纳树。印度当局给伦敦写了无数封信，要求他们设法解决这个问题。他们在信中哀叹，大批在印度的英国人因疟疾丧生，如果没有奎宁，他们根本无力统治这片土地。英国士兵在印度的预期寿命只有在本土时的一半。

与此同时，橡胶制造商仍在购买煤焦油，从中提炼石脑油，然后抛弃剩余的废料。科学界逐渐对焦油本身产生了浓厚的兴趣。19 世纪 50 年代初，人们已经鉴别出了这种黏稠物质中的几种化合物，其中一种的结构和奎宁十分相似。在伦敦皇家化学学院一位德国教授的启发下，他的年轻助手威廉 · 珀金开始琢磨，是否能用这种化合物来制造奎宁。1856 年的复活节假期，珀金有了一个偶然的发现。他这样描述："我试图用一种人工合成的碱制备一种生物碱：奎宁。结果却发现，反应产物不是无色的奎宁，而是一种红色粉末。为了理解其中原理，我选取了另一种结构更简单的碱性物质：苯胺，以它为原料，重复了这个实验，这次得到了纯黑色的粉末。"珀金所说的苯胺，当时是所有石脑油提取物的统称。第二次实验选择的这种材料后来让他成了百万富翁。在他清洗这种"纯黑色粉末"的时候，它竟然变成了浅紫色，第一种人造苯胺染料就此问世。珀金悄悄继续了自己"不务正业"的实验，做了一系列技术测试。在父亲的倾囊资助下，19 岁的珀金在伦敦郊外办了一家小厂。1857 年，这种染料上市销售，突然间，世界变得多彩起来。连维多利亚女王也做了新的淡紫色衣服。苯胺的氧化反应立即成为化学家研究的热点，新的苯胺染料如潮水般涌现：先是有了各种各样的绯红，然后是蓝色系、紫色系和绿色系。

1862 年的伦敦博览会上，五彩缤纷的新染料吸引了许多人驻足欣赏。

与此同时，这些染料的原材料——煤焦油，仍在源源不断地流进河里。化学家争相探索用煤焦油还能制造出什么东西，而全国各地的煤气厂似乎还没有意识到它的价值。1863 年，德国化学家欧根 · 卢修斯（他是后来成为产业巨头的赫斯特公司的创始人之一）发现了一种新的绿色。它的首次亮相非常高调。里昂一家名叫“勒纳尔和维莱”的丝绸染色厂买下了赫斯特公司生产的所有绿色染料，用它染制了一批丝绸，然后用这种面料缝制了一条裙子献给法国皇后欧仁妮。皇后穿着这条裙子出现在巴黎歌剧院的那天晚上，时尚界为之轰动。这是第一种遇到煤气灯光不会变蓝的绿色布料！ 19 世纪 70 年代早期，在英国工作的德国化学家集体回到祖国，其中包括最初启发珀金研究焦油的那位教授——A.W. 冯 · 霍夫曼。他们有些是受到了政府的征召，有些是收到了好得让人无法拒绝的工作邀请。与此同时，年仅 36 岁的珀金宣布退休，投身于“纯粹的科学”，英国的染料工业陷入了低潮。

染料化学家创造的多彩世界。巴斯夫公司在推广阴丹士林的早期广告中自豪地宣称，这种新染料可以再现大自然的颜色。

皇后的绿裙子，赫斯特公司 1977 年仿制。皇后穿着这条裙子亮相以后，绿色丝绸风靡一时，里昂的丝织厂垄断了这种颜色。

英国拱手让出了染料业发展的先机，原因之一是这个国家实在太富裕了。英国的工业基础在整个欧洲首屈一指，殖民地为她提供廉价的进口原料，再无条件买进她制造的产品。既然在成熟可靠的工业领域就能轻松赚取丰厚的利润，投资者自然觉得没必要冒险进入染料业这样前途未卜的新行当。此外，工业科学家和工程师在英国的社会地位相对较低，也许正是因此，从事科学的人都耻于赚钱。和珀金一样，他们都梦想着有朝一日能攒够钱离开工业界，回归“纯粹的科学”。

德国人的态度截然不同。18 世纪，德国涌现了一批伟大的哲学家，其中就有康德和沃尔夫，再加上瑞士教育家裴斯泰洛齐的教育改革带来的影响，德国的教育结构彻底转变。这些哲学家和教育家认为，人类的知识是不完整的，高等教育的目的不是灌输已知的事实，而是培养学生的探索精神。19 世纪初，德国人开始建立技术高中；到 19 世纪 80 年代，德国的大学和技术学校体系趋于完善，由此带来的社会阶层融合是英国人完全无法接受的。新兴的德国染料工业从学校里就可以发掘大量人才。工业界和学术界人士关系密切，例如化学家海因里希·卡罗从英国回到德国以后，就加入了巴斯夫公司的研究小组。卡罗一直与学术界保持着交流，巴斯夫公司的成功离不开这层关系的助力。有了卡罗牵线搭桥，大学实验室研发的最新染料生产工艺源源不断地引入巴斯夫的工厂，直接投入生产。其他成就卓著的德国企业，例如赫斯特公司、拜耳公司、爱克发公司，也采用了相同的模式。染料业的发展还带动了看似毫不相关的领域，例如医药行业。对色彩的研究让德国化学家开始系统探索化合物的结构和性质，进而合成了阿司匹林等药物，发明了组织染色诊断等新技术。利用组织染色技术，医生可以识别出梅毒潜伏期的患者，巧合的是，染色用的化学物竟然也能治疗梅毒，这种疾病终于被攻克。这种新药名叫洒尔佛散。

这个时期，化学家已经详尽地分析了煤焦油中的各种成分，并为其中的大多数找到了用途。唯一还没有仔细研究的物质是前文提到的“苏荷臭”。不过，在飞速发展的德国，它很快就将找到用武之地。1870 年，德国还是一个彻头彻尾的农业国家；40 年后，她已经摇身一变，成了欧洲的工业巨人。这样的飞跃，原因之一是钢铁行业的崛起，以及随之而来的城市化进程。40 年间，德国人口从 4100 万膨胀到了 6600 万，同时期英国人口从 2600 万增长到了 4000 万，法国的人口则几乎毫无变化。人口膨胀导致了一场粮食危机，其源头是东普鲁士的容克贵族。东普鲁士被称为德国的面包篮，那里的大部分土地掌握在容克贵族手中，几乎一半的可耕作土地属于他们的庄园。黑麦是当地的主要作物：东普鲁士的土壤太轻，不适合种植小麦，此外，黑麦主要依赖钾肥，而德国的钾肥储藏量十分丰富。1870 年，美国的粮食价格已经相当低廉，因为新发明的麦考密克收割机比人工收割快了足足 6 倍。来自美国的低价粮食冲击着德国市场，务农的利润大幅下降，于是容克贵族要求政府提供补贴，当局满足了他们的要求。讽刺的是，只有出口黑麦才可以得到补贴，政府还建立了关税壁垒来限制粮食进口。所以，德国人本来明明可以吃到黑麦面包，但在政策的影响下，本国的黑麦却在大量流出；与此同时，由于缺乏氮肥，他们也无法种植足够的小麦来做白面包。当时欧洲大部分地区使用的氮肥是来自智利西海岸的硝酸钠。智利的硝酸钠藏量丰富，工人挖出矿石，将它粉碎煮沸得到硝酸钠晶体，晶体碾成粉末，就成了上好的肥料。1900 年，智利出产的硝酸钠已经几近枯竭，如果不能及时找到替代品，欧洲将面临一场全面饥荒。

解决问题的钥匙就隐藏在“苏荷臭”里。当时人们已经知道，这种气味来自煤焦油中的氨。19 世纪中期，英国一位名叫乔治·福恩斯的农业化学家提出，可以尝试把氨转化成一种盐，作为肥料。到 20 世纪初，这种思路在技术上已经可以实现，主要的障碍在于氨气无法大规模生产。1909 年，技术学校出身的德国化学家弗里茨·哈伯为巴斯夫公司攻克了这一难关。哈伯的大部分前期工作是与巴斯夫公司的雇员卡尔·博施合作完成的，所以这种制氨法被称为哈伯－博施法。采用哈伯－博施法，必须要有一种能承受高压的容器，飞速发展的德国钢铁业刚刚生产出了这类产品；此外还必须用到液氢和液氮，它们的制造方法则是由卡尔·冯·林德为慕尼黑的啤酒窖开发冷冻技术时发明的。哈伯把 3:1 的液氢和液氮注入容器，使容器内保持 200 个大气压和 600℃高温，然后让气体流经锇制成的丝网。混合气体在锇的催化作用下发生化学反应，生成了氨。这是一种全新的获得氨气的途径，下面的步骤就是已有的成熟方法了。氨气经过另一座高温炉，在那里与空气混合，然后流过铂制丝网，生成一氧化氮，再与空气和水混合生成硝酸。将碳酸钠加入硝酸，就能得到硝酸钠，和智利出产的肥料一模一样。哈伯的大规模制氨法原本是为了一举解决德国的肥料短缺问题，但历史在这里又拐了一个弯，法国人亨利·穆瓦桑在巴黎做的几个实验改变了它的用途。

穆瓦桑原本是想利用新的电弧炉制造人工钻石，这种炉子能达到极高的温度。当时人们已经知道，钻石在高温环境下会变成普通的碳，穆瓦桑想逆转这个反应，用廉价的方法制造钻石，但是做了大量实验、往炉子里添加过一切他能想到的物质以后，仍然一无所获。然后，1895 年的某一天，穆瓦桑将石灰和碳加热到 2000℃，意外得到了电石。这种化合物本身没有什么出奇的性质，然而它与水接触后会释放一种气体，这种气体燃烧时，发出明亮的白光。穆瓦桑生活的年代只有煤气灯摇曳的黄光，电力则非常昂贵，于是他断定，自己无意中找到了照亮未来的明灯。电石和水反应生成的气体被命名为乙炔，它立即吸引了大量投资。那时谁也说不准煤气和电力的前景，投资人有充足的理由支持一种看起来颇具竞争力的照明能源。1899 年，德国已经有了近 25 万盏乙炔灯，超过 8000 家乙炔厂为它们提供燃料。乙炔灯的成本只有电灯的一半，占用的空间仅有同等亮度煤气灯的 1/4，它的

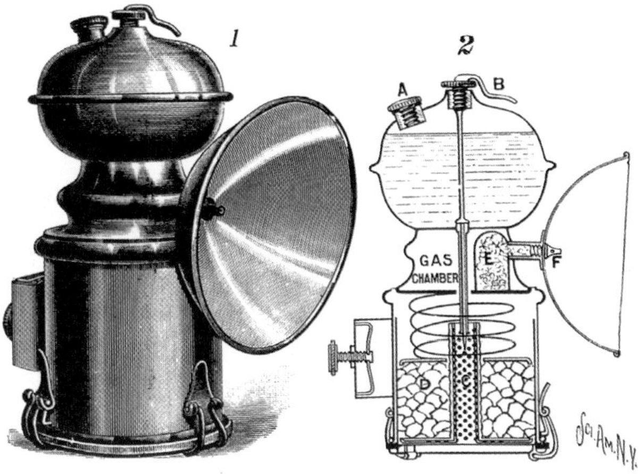

1900 年乙炔的常见用途之一：为自行车灯提供燃料。罐子里的水滴到下方的电石上产生乙炔气体，气体在反射罩中心的喷嘴处被点燃，作为光源。

未来似乎充满希望。到 1900 年，为了给电弧炉就近提供低成本的能源，瑞士、挪威、法国比利牛斯山和北美尼亚加拉瀑布的几座大型水电站附近都建起了乙炔厂。乙炔不仅能照明，还可以用来制造灯烟、替代煤气驱动引擎（它的燃烧效率是煤气的 4 倍）；此外，它与氧气混合后燃烧产生的氧乙炔焰温度极高，十分适合焊接金属。

但是革新接踵而至，突然截断了乙炔的未来。奥尔·冯·韦尔斯巴赫发明了一种煤气灯罩，大大增加了煤气灯的亮度；同时，人们找到了更便宜的发电方式。1905 年，乙炔的价格下降了 70%，整个产业跌到了谷底。电石堆积在欧洲和美国的仓库里，无人问津。

这时候，德国的染料制造商重新出现在发展的轨迹上。巴斯夫公司的卡罗和弗兰克尝试用氰化物充当色基，却有了出乎意料的发现。将碾碎的电石放入 1000℃的加热炉，再通入氮气以后，他们得到了

1893年制造的韦尔斯巴赫煤气灯罩。这种灯罩是将硝酸钍和硝酸铈以99:1的比例混合，溶入水中，再用它浸透丝绸或棉布制成的。煤气灯的火焰会烧掉灯罩上的布料，并将硝酸盐转化为氧化物。二氧化钍和二氧化铈吸收煤气灯火焰的能量时，会将其转化为极为明亮的光芒，煤气灯的亮度因此大大增强。

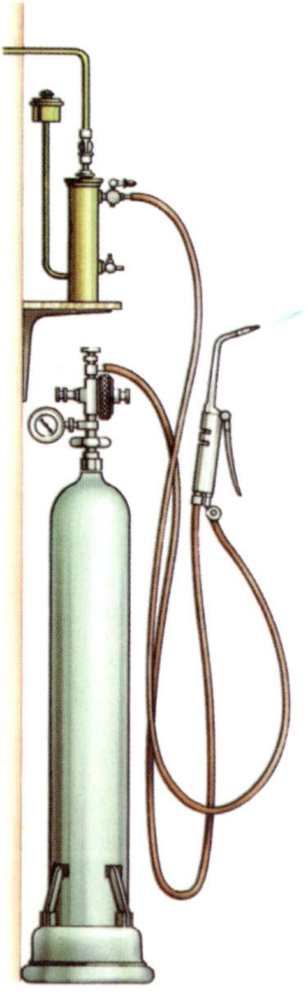

乙炔产业早已没落，只有几项成功的发明沿用至今，例如图中的乙炔焊机。

1900 年，巴斯夫公司的靛蓝实验室。正是这些从企业中诞生的科学与工业知识，为德意志工业帝国奠定了根基。尤其讽刺的是，第一次世界大战期间，英军制服使用的卡其染料还是来自德国的。

一种蛋糕状的混合物——氰氨化钙。这种物质含有丰富的氮，于是卡罗和弗兰克想到，他们似乎无意中找到了解决德国肥料问题的钥匙：氮元素能以氰氨化钙的形式直接撒入土壤，而且这种新肥料比哈伯－博施法生产出的氮肥便宜得多。哈伯－博施法铩羽而归，不过，它将在另一个领域大显身手。

德国的工业飞速增长，但到了 1908 年，许多德国商人都为产品缺乏销路而头疼。德国极度缺乏海外市场，因为它们当时几乎已经由法国和英国垄断。有人提出，德国已经成为全世界最强大的工业体，要获得与产业规模相匹配的地位，就必须拥有海外殖民地。这条路上最大的阻碍是英国，因此德国必须建立更强大的海军，来对抗英国的海上力量。德国人开始大量制造战舰，英国人自然不甘落后。这场军

1889 年，《伦敦新闻画报》上的这幅图片展现了人们在智利塔拉帕卡省富含硝酸盐的地层里开采生硝的情景。第一次世界大战初期，英国人切断了德国的生硝供给。

备竞赛一直持续到 1914 年大战爆发，这时德国人发现自己遇到了新麻烦。

战争仅持续了几周，德国人就意识到自己的弹药最多只能支撑 1 年。火药的主要原料同样是只在智利出产的硝酸钠。开战后，英国人切断了德国的原料供应。1914 年 11 月 1 日，两国海军在智利海域爆发了冲突，史称科罗内尔海战。如果不能打通这条海路，德国人将被迫在 1916 年初投降。这时，有人想起了哈伯－博施法，用这种工艺可以人工制造硝酸钠。制造弹药只需前进一步：将硝酸钠与浓硫酸混合加热，就能制成纯硝酸。爆炸性的火棉就是用硝酸浸泡棉花制成的。

德国人能支撑 4 年，说起来还得多谢当年的肥料短缺。

乙炔产业的崩溃还带来了另一项重要革新。1912 年，在位于德国斯图加特的格雷斯海姆电子公司，化学家弗里茨 · 克拉特试图用乙炔制造一种涂层，保护飞机机翼不受气候影响。他尝试的组合之一是将乙炔、盐酸和汞混合在一起。这种混合物在阳光下先会形成乳白色的悬浊液，随后凝结成固体。克拉特记下了混合物的配比，出于德国式的周全考虑，他还申请了专利。但是，受限于当时的加工水平，他没能为这种物质找到什么用途，最终放弃了深入探究。1925 年，他为公司申请的专利悄无声息地失效了。

被克拉特抛弃的这种材料名叫聚氯乙烯，20 世纪 20 年代，人们

长链聚合物是如何生成的。每种原子都倾向于与一定数量的其他原子结合成键：氢（绿色）与一个原子结合，氧（棕色）能形成两根键，氮（蓝色）形成三根，碳（红色）形成四根。

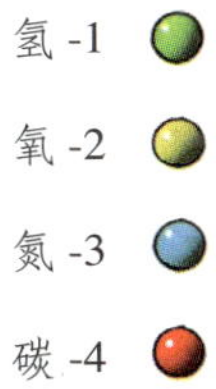

这两组分子中的每一个原子都结合了理想数目的其他原子。

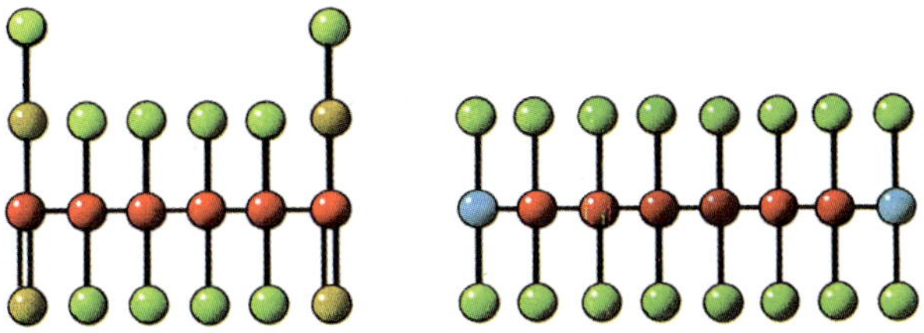

右图：把两组分子混合起来加热，两个氢原子和一个氧原子会结合形成水，以水蒸气的形式逸散。这样一来，每个分子两头的原子各自空出了一根键。

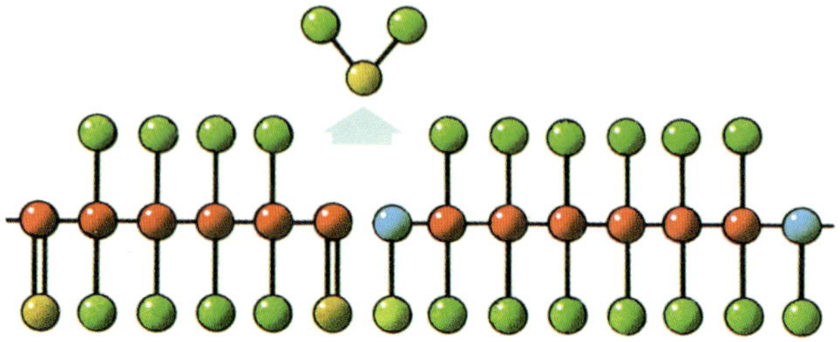

下图：失去同伴的原子找到了新伙伴。这个过程可以多次重复，生成新的长链分子。图中所示的分子称为尼龙。

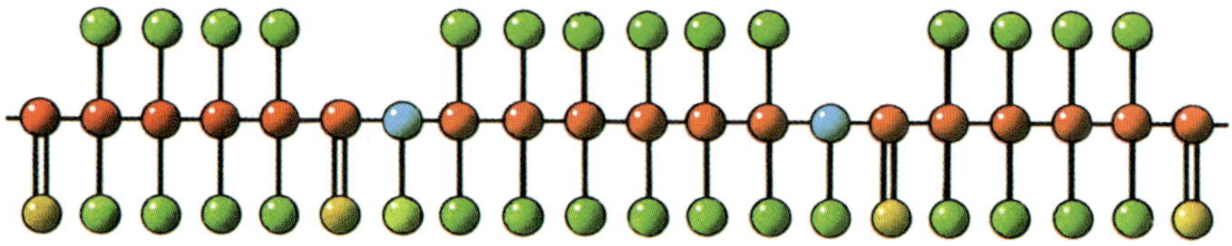

重新对它产生了兴趣，但克拉特已经错失了机会。聚氯乙烯的简称是一个我们更熟悉的名字——PVC。它是最早的几种塑料之一，没有它，现代的工业化国家就会停转。

8

吃吃喝喝 快快乐乐

15世纪初的勃艮第盛宴。图片来自著名的《贝里公爵的豪华时祷书》，描绘了公爵和他衣着华美的侍臣欢享晚宴的场景。宴会厅里的陈设极尽奢华（请注意右侧精美的盐罐），但狗依然可以上桌。

如今我们生活在塑料王国。“塑料”有两层含义。首先是这种材料本身：塑料无处不在。只要你此刻抬头看看周围，塑料制品之多一定会让你惊异不已。塑料取代了电缆中的橡胶、家具和建筑里的木头、布料和软装里的羊毛、铺设地面的石头、油漆里的油、汽车和飞机里的金属、制作容器的玻璃、打包用的纸和制作鞋子的皮革。用天然材料制作时显得奢侈的物品，用塑料制作以后便得以进入寻常百姓家。与此同时，这种“物质的民主”诞生还没有太久，因此人们依然试图在形状和颜色上极力还原天然材料的面貌。人们以羊毛的质感为范本加工人造纤维，将塑料表面颗粒化以模仿皮革，画上节疤来假装木头。我们还没能真正接受这种新材料，所以一方面已经离不开它，另一方面却想尽办法伪装它，使它看起来好像根本不存在。只有面对那些在塑料使用后才诞生的新发明，我们才接受了塑料本来的样子：塑料计算器看起来就是塑料做的，肥料袋和信用卡也一样。

塑料王国的另一重含义是，我们的世界可塑性更强了。塑料很容易改变造型，可以任意挤压、扭转、制造模具、注入，十分易于加工，生产商只需要付出非常低廉的成本，就能一次又一次地更改产品的形状和模样。他们也正是这样做的。消费者不再仅仅为了满足基本需求而购物，他们开始愿意为赏心悦目的外形埋单。所以，产品外形不断更新以迎合大众口味，创新成为设计的关键词。各行各业都开始有了自己的流行趋势，随着塑料时代延续，流行的风向也在不断改变。比如说，只需看外观，就能领略过去 50 年来收音机风格的剧烈改变。新瓶装旧酒带来的一个好处是，市场上的货物总在高速周转。消费者争相购买新款产品，仅仅因为它面世了。更新换代成了一种默认需求，我们的社会得以保持较高的就业率：市场永远不会饱和，消费需求也不会下降。高周转率、追求新奇、永不满足的生活需要强大的财力支持，

这并不是一个雕刻精美的象牙盒子。它是用合成材料注塑制成的，但只有仔细检查，才能找到它的破绽。虽然塑料在现代世界中的地位已经无可取代，但直到最近，“塑料”这个词才开始逐渐摆脱“廉价、没有品位”的意味。

磁条上的编码是什么样的？图中的“读卡器”是一个圆形透明容器，里面装满了氧化铁溶液。溶液中的铁离子被条带上磁化的部分吸引，显出独特的字样。

讽刺的是，帮助这样的世界维持平衡的东西正是由塑料制成的：信用卡。

现金跟不上现代世界的运转速度，所以目前还在使用它的基本只剩下个人交易。电子资金划拨系统让金钱和货物能以同样的速度流通，因为那些钱实际上并没有“移动”。信用系统创造了一项新的基本美德：信誉。你的信息记录在信用卡和借记卡背面的磁条里，财务管理固然因此而更加方便，但代价又是什么？要获得良好的信誉，你必须提供大量个人信息，换作50年前，这绝对是不可接受的隐私侵犯。不幸的是，在今天的金融系统里，这似乎不可避免。如果加油站只接受信用卡付款，你不去申请一张，就只能走人。而且，这还不是一个单纯的财务问题。随着银行、警局、学校、公司、保险机构里堆积的个人数据越来越多，如何保护这些信息成了一个至关重要的问题。谁能读取这些海量的信息，谁就拥有庞大的力量。与此同时，如果没有信用卡就无法生存，接下来会发生什么？在一个不接受现金的世界里，个人如何才能离开无处不在的信用卡系统？当信用卡中以数据形式存在的债务取代了象征现金负债的支票，这个无现金的社会将是什么样子？如果每个人都生活在赤字中，又会如何？

在15世纪，人类历史上首次出现了这种可能性，它影响了整个欧洲。事情起源于法国的勃艮第公国，这片领地绵延500英里，北接荷兰，南邻瑞士。从1360年左右到1477年，先后有4任公爵统治过这片地区。多亏了意大利人提供的贷款，这些公爵几乎一辈子都在负债生活。他们的债主是当时欧洲影响力最大的美第奇家族。

时间回到13世纪，一位名叫列奥纳多·斐波那契的比萨人从北非引入了阿拉伯数字，再加上复式记账法诞生，托斯卡纳人成了闻名欧洲的财务专家。要处理复杂账目，阿拉伯数字和新式记账法比原来含混不清的文字记叙要清晰得多，每一笔交易都能记作一个独立的借－贷条目。14世纪，随着跨国贸易兴起，意大利人又发明了汇票，商人不必再冒险携带大量现金长途跋涉。汇票是指定金额的信用票据，贴现率和汇率在商人出发之前就已约定，持票人可以在国外的指定地点取出指定数额的外国货币。这套系统需要银行才能运转，这些银行从国际性集市（例如香槟集市）上兑换货币和信用票据的柜台逐渐发展成庞大的金融机构。15世纪，意大利人通过在银行业的技术垄断，控制了整个欧洲的金融市场。1470年，仅在佛罗伦萨一地就有32家独立的银行，其中还有3家——巴尔迪银行、佩鲁齐银行和美第奇银行，将业务拓展到外国。

美第奇银行在罗马、那不勒斯、日内瓦、威尼斯、比萨、阿维尼翁、里昂、米兰和布鲁日都建立了分支机构。15世纪初，因为包括英国国王在内的客户拒绝偿还贷款，美第奇伦敦分行被迫关闭。1467年6

15 世纪佛罗伦萨附近普拉托市的托斯卡纳银行家。欧洲最古老的银行诞生在意大利的西雅那，不过，大规模的金融业始于佛罗伦萨，催生这一需求的是当地繁荣的羊毛贸易。

月，第四任勃艮第公爵查理继任时，美第奇银行布鲁日分行的经理是个自我中心、野心勃勃的精明中年人，名叫托马索·波提纳。后来他会成为一位蜚声国际的外交家，结交众多名人，但当时的他已经深陷困境。当查理的父亲、第三任公爵决心建立海军的时候，以顾问自居的波提纳答应从银行里借钱替他造两艘大帆船，结果公爵改了主意，拒绝购买，波提纳的两艘船砸在了手里。他只好把船租出去，银行承受损失、自认倒霉，当时的银行主席科西莫·德·美第奇为此恼怒不已。1469 年，“豪华者”洛伦佐继承了美第奇银行，波提纳与佛罗伦萨总部签订了新合同，成为银行经理。按照当时的规则，贷款时由分行提供一定比例的资金，总行负责其余部分，通常是占大头。洛伦佐写给波提纳的签约信中有一条写道：“尽量少与勃艮第公爵做交易……

“勇士”查理组建了金羊毛骑士团，图中他正在主持骑士团的会议。骑士团成员来自查理治下的各处领地，包括勃艮第、布拉班特、林堡、卢森堡、佛兰德、阿图瓦、哈南、荷兰、泽兰、那慕尔和梅赫伦。

尤其是，少向他贷款。”另一条则叮嘱他处理掉那两艘帆船，以后也别碰航运业。面对新老板的严重警告，波提纳做出了极符合他风格的反应：他把新银行命名为“洛伦佐·德·美第奇及托马索·波提纳公司”。聘用合同中约定的贷款金额最多只有6000英镑，波提纳给查理的贷款却打破了这个上限。这笔贷款能得到准许，部分是因为洛伦佐不久前成了某个同业联盟的领袖，控制了意大利托尔法附近教皇的领地上新发现的一处明矾矿。明矾是纺织业的重要原料，作为一种收敛剂，它可以除去羊毛上的天然油脂，使之更易编织。纺织业兴盛的佛兰德地区也是勃艮第公国的领土，显然，洛伦佐希望自己的慷慨之举能让查理不再从土耳其进口明矾。查理笑纳了额外的贷款，并且继续和土耳其人做着买卖。

美第奇银行贷款给勃艮第王室的历史，可以追溯到瓦卢瓦王朝的第一任勃艮第公爵菲利普二世的时代。当时菲利普借钱买下了不少北方领土，终其一生都没有还清债务。他的儿子欠的债达到了总收入的1/4，还曾抵押过勃艮第王室的珠宝。第三任公爵，也就是查理的父亲，要比两位长辈稍微节俭一点。值得一提的是，四位公爵借债的方式都是出让一定时间内某块领地的收益权，换取现金或者实物。所以我们或许可以说，勃艮第的公爵们发明了一种筹措财务开支的新方式。他们换来的大部分钱都用来摆排场了。勃艮第王室的铺张在欧洲首屈一指，到查理继位以后，更是达到了无可匹敌的高度。查理的王宫永远走在时尚的潮头，沉重的天鹅绒、华丽的丝绸、缀满珠宝的皮草、金线织成的布料、精美的花布和重磅织锦随处可见。最铺张浪费的自然是查理本人，他甚至用钢和天鹅绒打造了一顶缀满钻石的“战盔”。查理觉得自己是尤利乌斯·恺撒再世，必将拯救欧洲。他喜欢披甲出征，讨厌舞文弄墨。他总是精心制定详尽的战略，然后在疆场上一败涂地。面对接踵而来的失败，扩张的野心让查理走向了癫狂，他愿意不惜一切代价扩大自己的领地。查理觉得自己为了神圣罗马帝国的皇位而生，所以无论走到哪儿，他都在鞍袋里装着皇冠，随时预备着皇帝宣布他为继承人。查理唯一一次逮住了皇帝是1473年，在莱茵河畔的特里尔，他受封为格德司公爵。一位在场近侍的幽默描述反映了皇帝对这位自命不凡者的态度。

> 11月25日，天刚破晓，皇帝就急匆匆地登船离开。彼得·冯·哈根巴赫（查理的一个手下）乘着一艘小艇追了上来，他禀告皇帝，陛下居然起得这么早，公爵对此深感苦恼和沮丧。他请求皇帝放慢行程，好让公爵赶来道别，顺便谈谈其他事情。皇帝同意稍等片刻。船上的桨手休息了半个小时，但公爵一直没有出现。彼得主动提出回去催一催公爵，不过他的小艇刚刚驶出视线，皇帝立刻命令桨手全速划船离开了。

查理的野心和融资能力最终让他坠落深渊。有了波提纳提供的财务支持，查理从来没担心过士兵的工资。在那个年代，要发动一场战争，金钱不可或缺：大部分士兵是雇佣兵，要是拿不到钱，他们会毫不犹豫地离开战场。有了充足的兵源，查理总是冲动地挑起战事，然后被打得落花流水。1476年，他决定拿下勃艮第以南的一片土地，以便与意大利建立更密切的联系，因为他手下有很多雇佣兵来自那里。他带着英国人、意大利人、德意志雇佣军和勃艮第人混编的军团，浩浩荡荡地前往萨伏依。这支军队携带有100门各种尺寸的大炮，战斗主力则是勃艮第的重骑兵。士兵身后跟着庞大的车队，马车上载着查理几乎全部的珠宝，以及大量金银盘、书籍、圣物箱、烛台、杯子、硬币，甚至还有他的宝座。查理发起战争的唯一阻碍是位于如今瑞士境内的一些城镇组成的同盟，他们认为查理的行动妨害了他们的独立。所以，查理南行的第一个目标是解放纳沙泰尔湖沿岸的几座小镇。这几座镇上有他派去驻扎的部队，现在它们正在遭受瑞士人的攻击。

1476 年 3 月 2 日，一个飘雪的清晨，查理率领军队沿着湖岸向沃马居进发，士兵们排成 3 列，队伍长达 5 英里。突然，从山坡上的森林里冒出了瑞士人的先头部队，他们吹起号角，发出令人毛骨悚然的呐喊。查理的骑兵发动了攻击。这场战斗的结果将动摇封建欧洲的

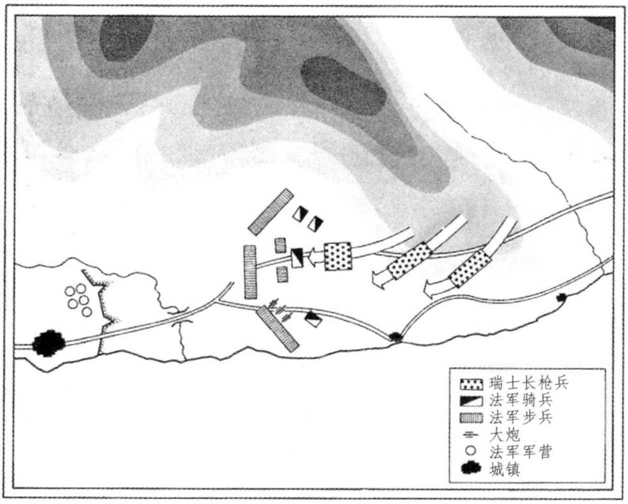

1476 年的格朗松之战，伯尔尼、巴塞尔、弗里堡和施维茨的地方联军打败了勃艮第人的部队。这支联军其实只是瑞士同盟军主力的先锋部队，他们满怀着赶走查理的渴望，冲在了战友前面。

当时的一幅画描绘了格朗松之战中的瑞士军队。最前面的一个长枪方阵已经来到山脚下，击退了查理军队的两次冲锋。第二和第三个方阵正高举着代表自己城镇的旗帜，沿画面左侧的山坡向下推进。

基础：贵族庄园制度。重装骑兵与步兵兵团的第一回合对抗中，骑兵就遭遇了惨败。瑞士人取胜的秘诀在于他们设计的阵型：长枪方阵。这种方阵最多可编入 6000 名步兵，士兵手中的长枪枪杆是长达 18 英尺的白蜡木，顶端装有 4 英尺长的钢制枪尖。步兵肩并肩向前推进，将紧密的阵型作为他们唯一的防御手段。所有士兵都身无片甲，兵团的机动性极强。轻装步兵可以跑步前进，可以灵活地使阵型朝向侧面或后方，矛尖也可以对准前后左右任何一个方向，他们在战场上坚定地快速推进，就像一头巨大的豪猪。面对这样的阵型，骑兵束手无策。

长枪会刺穿战马，把身披重甲的骑士挑落马下，然后，步兵可以轻而易举地杀死他们。查理的重骑兵主力被长枪方阵撕得粉碎，残兵败将一哄而散，查理也跟着逃走，金银珠宝在他们身后散落一地，就连查理的宝座也被抛弃在战场上。消息很快传遍了欧洲。

一年后，查理死在另一处惨败的战场上。战败的部分原因是他借的钱来得不够及时，雇佣兵纷纷临阵脱逃。到他去世时，布鲁日的银行借给他的贷款已经远远超过了最初约定的限额，所以波提纳也跟着完蛋：他被银行解雇了。但欧洲的统治者从查理身上学到了一堂重要的军事课。瑞士人采用的新战术非常廉价，因为它只需要步兵和长枪。由于装备简单，长枪方阵很容易标准化，方阵里的所有人只需要遵守规矩就行。而且，一旦有哪个冒失的士兵擅自脱离了阵型，也会很快发现自己失去了同伴的保护。更重要的是，训练一名弓手要好几个月时间，培养骑士更是需要好几年，但长枪兵几乎不需要什么训练。突然之间，战争的成本大大降低，欧洲宫廷开始疯狂地征募步兵，军队的规模日渐扩大。在接下来的 200 年里，步兵都将成为战场上的绝对主力。

长枪方阵也有个致命的缺点：它只有在平地上才能发挥最佳效果。这个缺陷成了长枪方阵走向衰落的重要原因，而最终葬送了这一战术的，是一种新型武器。这种武器最早的记载出现在 1364 年意大利的佩鲁贾，是一根架在棍子上的金属管。使用时，先从管口处向管内填充一定量的火药（这也是一种新事物），用一根细棍把火药压实，然后装入小石子和铅弹；枪管侧面的小孔里也有少许火药（底火），划火柴点燃它，就能使新武器击发。这种武器需要两人才能操作，诞生之初，想必它的震慑作用远大于杀伤力：底火需要用火柴点燃，所以枪管很难瞄准。15 世纪后期，火绳钩爪的出现很大程度上解决了这个问题，它很可能是源自德意志的纽伦堡。那是枪托上的一个 S 形金属装置，一头系着火绳，另一头与枪管小洞里的底火相连。安有这种

马克西米利安大帝军火库里的早期枪支（约 1505 年）。这位皇帝首先提出，应该将火器的尺寸和火力标准化。图中的火枪长五六英尺，它的起源也许可以追溯到 15 世纪中期。

装置的火绳枪称为“钩铳”。钩铳的重量最高可达 20 磅，枪管直径超过 1.5 英寸，能将铅弹或铁弹射到 200 码开外。不过要想保持准头，射程就只能控制在 60 码左右。钩爪靠一种名叫“扳机”的装置推动，士兵扣下扳机时，一根弹簧立即弹开，让燃烧的火绳以极快的速度接触火药。

钩铳改变了战场的景象，重装骑兵无望地冲向长枪海洋的场面不复存在。1503 年，伟大的西班牙指挥官贡萨洛·德·科尔多瓦在切里尼奥拉与法国人展开了一场激战，面对长枪方阵，钩铳的优势显露无遗。贡萨洛事先谨慎地选定了作战地点，战场位于一座被藤蔓覆盖的山坡下方，法国人必须冲下这片山坡才能接触到西班牙军队。贡萨洛在山脚下挖了一条壕沟。战斗双方都把骑兵放在侧翼，以备不时之需。

贡萨洛的队伍人数较少，但有 1/3 的人装备了钩铳。法国人排出 3 个长枪方阵，沿着山坡向下行进，受地形所限，他们很难保持紧密的防御阵型。贡萨洛一声令下，铅弹和铁弹如冰雹般砸向法军方阵，与此同时，西班牙军队在壕沟前布下木桩阵，阻止法国人前进。经过几个小时的混战，法军开始溃散，贡萨洛趁机派出长枪兵追杀幸存者。打赢了这场仗以后，贡萨洛顺理成章地把长枪兵和火绳枪兵混编成了新的方阵：钩铳撕开敌人的阵线，使长枪兵长驱直入。新方阵看起来像是一座活人组成的城堡，长枪兵是主广场，钩铳兵则是把守四角的瞭望塔。

1521 年，来自西班牙的新火绳枪再次改变了战争的形态，人们叫它“滑膛枪”，或是“鸟铳”。鸟铳长 6 英尺，能射出 2 磅重的球

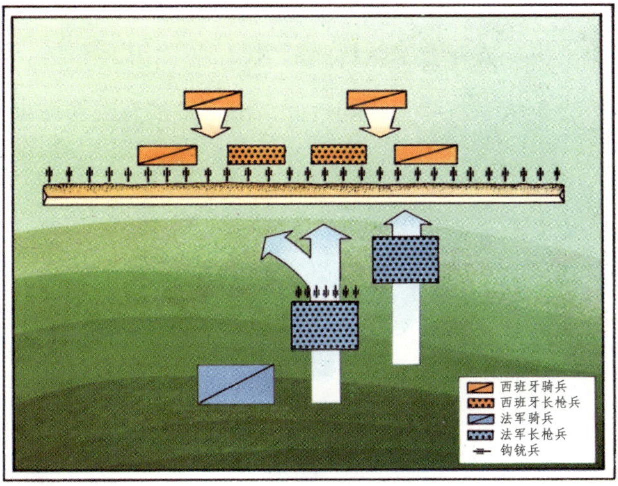

在 1503 年意大利西南部的切里尼奥拉之战中，防御方首次用挖掘壕沟的方法战胜了对手的长枪方阵。贡萨洛把钩铳兵布置在壕沟后的火炮阵列之间，掩护后面的长枪兵；重骑兵则分布在侧翼和后方，只有在法国人的阵型被钩铳撕开以后，他们才会出动。

形枪弹。这种枪十分沉重，使用时需要固定的支架支撑。16 世纪末，鸟铳子弹的重量已经缩减到了 1/12 磅，所以这种枪又被称为“12 口径步枪”。到这个时期，鸟铳开火的速度变快了，大约每 4 分钟就能开一枪，这主要应该归功于子弹带的引入。鸟铳兵的肩头都斜挎着一根带子，带子上插着许多金属或木质的小容器，每个容器里都装着足够击发一次的弹药。士兵把火药倒入枪膛，填入子弹，再将少许点火用的火药倒入枪管侧面的火皿里，扣动扳机。这个时期的扳机装置人称“斯纳普汉”，启动时像是小鸡啄米。这种新式火绳枪是燧发枪的直系祖先，后者击发时，扳机释放弹簧，让燧石猛烈撞击一片锯齿状金属，产生火花引燃火皿里的底火。

荷兰人非常推崇这种新武器。当时，拿骚的莫里斯亲王正在整肃荷兰军队，他认为应该严格训练士兵使用鸟铳，并规范这种武器的使用方法。史上第一支职业军队就此诞生，他们靠税收供养，遵守印制成文的法规，服从军官和士官的指挥，由于日常有规律地训练，武器

德·戈恩书中介绍鸟铳的部分插图。鸟铳手向指挥官脱帽致意，表示他已经做好了射击准备。请注意插着木制弹匣的子弹带，每只弹匣里各装着一发火药。

当时的一幅雕版画描绘了1631年的布赖滕费尔德战役。瑞典指挥官把鸟铳手和长枪兵布置在战场中央左侧，右侧的骑兵队列里也点缀着鸟铳手。

使用熟练，行动也十分高效。16世纪末，雅各布·德·戈恩出版的《练军指南》记载了新的训练方式，在这本书里，鸟铳的装填和击发被拆解为42个步骤。拿骚的莫里斯以及他的继任者们认为，士兵应该不断练习这些动作，才能保证在战场上从容不迫。

职业化军队的优势在1631年的布赖滕费尔德之战中体现得淋漓尽致。当时，神圣罗马帝国皇帝的军队在莱比锡郊外4英里处的布赖滕费尔德遭遇了瑞典国王古斯塔夫·阿道夫率领的训练有素的大军。古斯塔夫是当时最著名的指挥官之一，他采用莫里斯的理念训练军队，并做出了一些合理的改进。他缩短了鸟铳的枪管，使之变得更轻，还将长枪从20英尺缩减到11英尺，并给长枪兵配备了轻甲。军队的阵型焕然一新。长枪兵由方阵变为更薄的线形阵，鸟铳手分散其间，二者的人数比例接近1:2，一个连共有126人。古斯塔夫真正的制胜法宝是新的列阵方式。在布赖滕费尔德，他让士兵排成4行或5行，从而保证了几乎无间断的火力。第一行士兵跪在地上，第二行士兵站在他们身后，两行士兵同时开火，然后退到后面，用训练有素的手法重新装填弹药；与此同时，另外两行士兵上前取代他们的位置，重复同样的过程。此外，古斯塔夫还打破了传统，将鸟铳手所在的阵线居中，由骑兵掩护侧翼，这样无论敌人从哪个方向发起攻击，骑兵都能迅速移动让阵型旋转，使鸟铳手正对着敌方，将其击退。面对如此灵活的阵型，神圣罗马帝国军队的庞大方阵毫无胜机。他们的骑兵无功而返，步兵在鸟铳手持续不断的火力下伤亡惨重，与此同时，瑞典人的鸟铳兵却在长枪兵的拱卫下保持着强大的战斗力。此役过后，各国军队开始以步兵作为绝对主力，强大的火力和更高的射击精度赋予了他们极强的作战能力，足以粉碎最强大的骑兵冲锋。

18 世纪中期，随着刺刀引入、纸壳弹普及，战争的形态再次改变。刺刀的发明者已经湮没在历史中，但它在英文中的名字“bayonet”可能来自法国小镇巴约讷（Bayonne），那里的武器制造业相当繁荣。早期的刺刀是一柄刀锋较宽、刀柄较短、可以插进枪口的小刀，但它的缺点相当明显：鸟铳手必须拔下刺刀才能开火。然后，到了 1690 年，附环刺刀首次问世。刺刀刀柄上安装了一个环，可以套在枪管上，开火和刺杀两不耽误。于是长枪兵终于退出了历史舞台，原来有 5 至 10 行纵深的鸟铳手阵列也压缩到了两行或三行。现在，鸟铳手在装填弹药时也可以举起刺刀保护自己和同伴，与此同时，纸壳弹也加快了弹药装填的速度。士兵只需要打开弹壳，把事先分好的弹药倒进枪管里压实，就能扣动扳机开火。1745 年 5 月 9 日，英荷联军与法军在丰特努瓦展开激战，侧翼的英军部队冒着法国人猛烈的交叉炮火向山顶稳步推进，在敌军阵线前方 30 码停下了脚步。第一行士兵单膝跪地，第二行向右迈出一步，第三行再向左错开。每两个排编为一组，

1745 年的丰特努瓦战役。从这幅画里可以清晰地看到英国人“单薄的红色防线”，画的中央部分，步兵排成 3 行，靠着轮转的不间断火力，击退了法国骑兵的一次又一次冲锋。超过 10 万名士兵参加了这场战斗。

以排为单位一齐开火，轮流开火、装弹，当时一名熟练的鸟铳兵每分钟已经能射出 6 发子弹。而法国步兵的阵型还是原来的 5 行，铺天盖地的齐射立即撕开了他们的阵线，第一轮就有 600 人丧生。根据法国骑兵的描述，冲向英国人的队伍感觉就像“冲向一座喷火的堡垒”。

步兵称霸欧洲的 3 个世纪里，大炮也在不断发展。到 18 世纪，由于大炮在守城时的卓越表现，围城战的节奏已经显著变缓。攻城的军队可能在城墙外一连驻扎数月，而当它行进时，需要动用数以千计

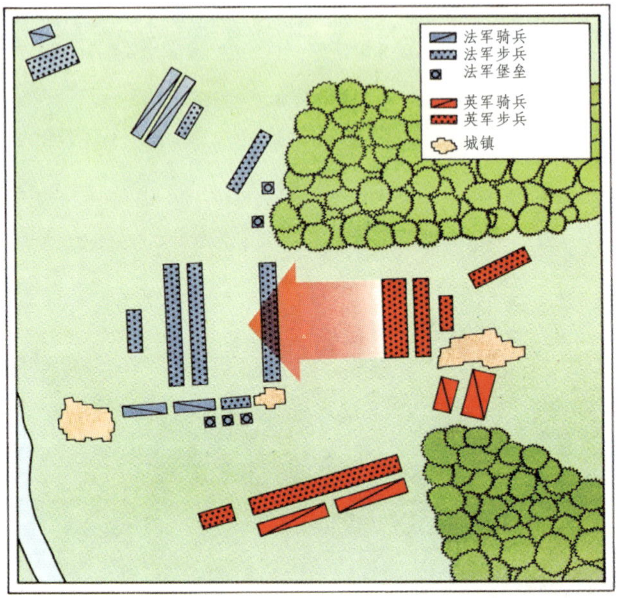

丰特努瓦战役，箭头代表英军向法军阵地进攻的方向。法国人在南北两侧的树林中布置了阻击的队伍，英军步兵冒着交叉火力向前推进。由于寡不敌众，英军最终被法军击退。

的驮马和马车运送枪支弹药和补给。不过，真正剧烈扩大战争规模的是一起政治事件。

法国大革命爆发以后，许多军官已经弃职而逃，或是和其他贵族一起被处死。面对周围虎视眈眈的保皇党人，督政府发现自己手下有经验的职业军人已经寥寥无几。他们采取的对策即将再次改变战争的形态。督政府征召了数十万名新兵，将他们编成 6 个军团驻扎在国境线上，防线从英吉利海峡一直绵延到瑞士边境。革命结束后的头几年里，这些军队很少参加正式的战斗，不过当他们出现在战场上的时候，敌人仿佛看到了消失已久的瑞士长枪方阵。法军采用了庞大的步兵方阵，冲在最前面的是一排排鸟铳兵小队。这些鸟铳兵的任务是自由射击，任选角度扰乱敌军阵型。他们可以自由寻找合适的掩护，视情况需要前进或后撤。当这些骚扰性的射击使敌军陷入最大程度的混乱时，庞大的步兵方阵立即向前冲锋，凭借人数优势摧枯拉朽地碾碎敌人的防线。根据环境和时机的不同，参战士兵的数量少则60万，多则上百万。1793年，法国政府颁布全面征兵令，就此开启了大规模战争时代。这条法令中写道："年轻人负责战斗，已婚者负责打造武器……妇女负责缝制帐篷……孩子帮忙处理旧亚麻……老人负责散播对国王的憎恨。公共建筑将改造成军营，市民广场充作军工厂。"缺乏熟练军官和士兵的革命政府在当时只能运用这样的权宜之计，用数量优势来弥补他们缺乏的经验和纪律。

大规模军团出现早期，后勤补给问题十分尖锐。首先，军队常驻的前线地区必须保证持续的食物供给，但这些地方不一定能有大量的食物储备；第二，原本足以保证食物供给的民用设施也普遍运转不良。普通市民自顾尚且不暇，需要四处搜集食物，饥饿的士兵又加剧

战时市民。1793年的全面征兵令不仅征召了第一批新兵，还让所有市民参与到后勤工作中。全民皆兵的政策贯穿了整个法国大革命时期。

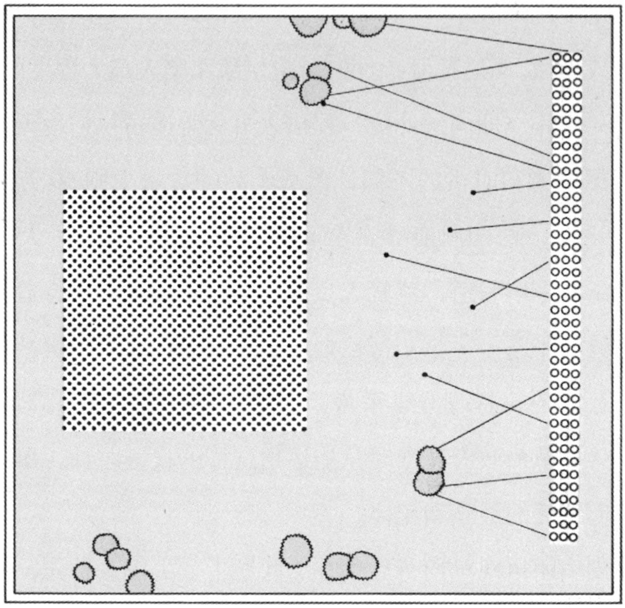

法国革命军的战术。左侧是法军庞大的步兵方阵，鸟铳手冲在最前面袭扰敌人。这种人海战术旨在弥补大革命之后军官的短缺，因为他们大多已经逃跑或者被处死了。

了混乱。食物短缺问题日益严重，到了拿破仑执掌军队时，终于引发了一系列变革。1796 年，初掌大权的拿破仑率领 35 万大军从尼斯进入意大利，准备夺取奥地利人占领的土地。起初，就其规模而论，大军行进的速度快得不可思议，直到拿破仑想起来，行军速度似乎与补给水平密切相关。这样规模的军队离开国境以后只有两条出路：要么边走边找吃的，要么饿死。拿破仑在意大利的第一次军事行动持续了一年，他横扫意大利北部，取得了一连串胜利，最终敌人被迫签下条约，割让给拿破仑 3 个教皇国，并支付与 30 万法郎等值的黄金作为赔款，除此以外，拿破仑还获得了加冕为皇帝的机会。拿破仑的彪赫战绩来自他的战略天才。为了解决补给问题，他把麾下的部队分成独立的小队，各自寻找粮草；小队之间仍然保持合适的距离，一旦战事临近，也可以快速聚集起来。靠着这种办法，他养活了驻扎在一地时根本无法找到足够补给的大军团。

但拿破仑第二次进军意大利的时候，同样的战略却差点害得他一败涂地。1800 年 6 月 14 日，马伦哥战役爆发。马伦哥位于现在的意大利西北部城市亚历山德里亚郊外大约 10 英里处，如今是一个有四五座建筑物的交叉路口。拿破仑想从奥地利人手里夺取亚历山德里亚，奥军出城迎击，双方在马伦哥迎面相撞。战斗爆发之前的那个夜晚，拿破仑待在士兵之中，观察西面奥地利人的营火。那里共有 3.1 万人，奥军几乎倾巢而出，而拿破仑留在身边的部队只有 2.8 万人。深夜时，拿破仑暂避锋芒，退到了几英里外的一处小村里。第二天清晨 6 点，朝日初升，天气晴朗，奥军将领巴龙 · 梅拉斯发现拿破仑的大部分部队消失了——他们四散去搜寻粮草，为接下来的行动做准备。于是奥军分成 3 股，对剩余的法军发起了突袭。要知道，这里的广阔平原是整个意大利唯一可供大队骑兵全速冲锋的战场。双方陷入了艰苦的战斗，拿破仑这才相信奥军不是佯攻，而是真的全面出击。上午 11 点，他从指挥部匆匆赶到战场。下午 1 点，法军撤退到了平原的另一边。拿破仑派人送信给最近的一支分遣队，在信里绝望地说：“我本想袭击梅拉斯。可是他先动手了。看在上帝的分上，快来救援，要是你还过得来的话。”率领那支队伍的是年轻的路易斯·德塞将军。下午 3 点，德塞到达战场，法军已经撤退到了圣吉里阿诺村，奥地利人的炮火仍在他们身后穷追不舍。德塞向奥军左翼发起了冲锋，战场上风向立转。战斗又持续了 1 个小时，最后以拿破仑的胜利告终，但他付出了巨大的代价，德塞将军本人也在战斗中身亡。尽管德塞的出现使他们在圣吉里阿诺反败为胜，但后来拿破仑提起那一天，总是以他遭遇失败的地点为那场战斗命名——他称之为“马伦哥战役”。

马伦哥战役是拿破仑以第一执政身份取得的第一次胜利，后来“马伦哥”也成了一道菜的名字。据传说，大战结束后的那个晚上，拿破仑的厨师为主人做了一道菜。他把一只鸡与大蒜和番茄一起用油煎过，再放入加了白兰地的清水里炖煮，然后将 6 只小龙虾架在鸡汤上蒸

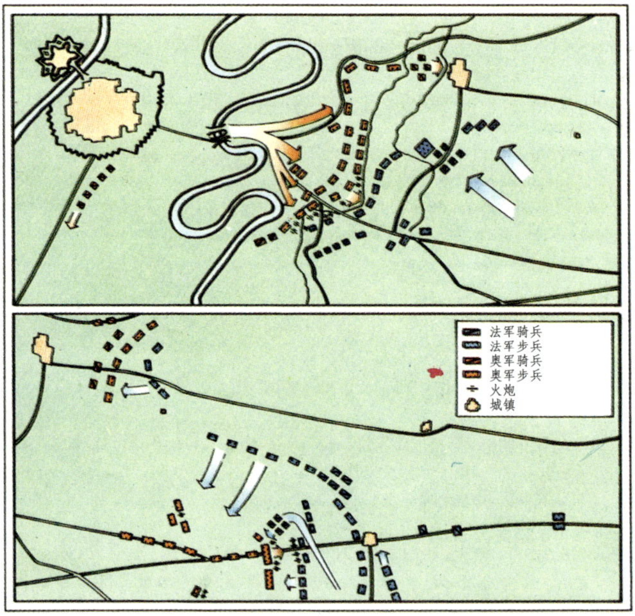

这幅马伦哥战役的示意图描绘了 1800 年 6 月 14 日清晨的战况。梅拉斯从左侧的亚历山德里亚出发，马伦哥位于拿破仑前线后方的丁字路口。

下方的示意图反映了下午的战况。以上方的城镇作为参照就可以看出，法军已经被迫后撤，此时德塞及时赶到，从南面发起冲锋，夺回道路并向左压迫，扭转了当天的战局。

1800 年马伦哥战役的全景，画面左下角描绘了德塞阵亡的情景，骑着白马的将军在小树林外坠落马下。右侧的旗帜上可以看到奥地利军队的鹰徽。请注意，这时法国军队恢复了职业军人的阵型队列，大革命期间的人海战术已经被抛弃。

熟，同时煎好鸡蛋，最后，把鸡蛋和小龙虾点缀在炖好的鸡肉上。这道菜名叫“马伦哥炖鸡”，它从侧面反映了拿破仑大军面临的补给问题，因为补给完全取决于当时士兵们能找到什么东西。法国军队无法从当地人手中购买食物——农民根本不愿意接受革命政府发行的纸币“阿沙”。由于与英国和同盟军的战争，以及法国遭遇的经济封锁，阿沙飞速贬值，当时几乎已经成为废纸。与此同时，法国本土的工业也因战争而遭到毁灭性的打击，因为海外原材料的供应已经彻底断绝。

拿破仑认为，军队补给不足是整个国家供给困境的缩影，他决定尽最大努力解决这个问题。回到法国以后，拿破仑恢复了金本位制，并采取了一系列措施，希望让法国经济达到自给自足的状态。法国的工业水平在欧洲本来就不算出色，大革命和战争更是令它陷入了效率低下、混乱无章的泥沼，拿破仑决定从这里突破。他成立了一个工业促进委员会，由政府大臣领头，重金奖赏任何能够帮助法国工业重整旗鼓的发明和计划，总奖金高达10万法郎。第一批获得奖金的人当中，有一位在马伦哥战役爆发时就已年过五十，他名叫尼古拉斯·阿佩尔。阿佩尔出生在马恩河畔的沙隆，父亲是一名旅店老板。少年时代，阿佩尔曾在自家旅店的酒窖里工作，后来又做过香槟装瓶工和厨子。30岁时，阿佩尔在巴黎开了一家糖果点心店；1794年，他搬到了几英里外的伊夫里，那里更方便采购新鲜的水果和蔬菜，供他开展研究和实验。这些实验将在未来某日帮助拿破仑解决补给问题，为他自己赢得一笔奖金，并且为现代社会最有用的发明之一奠定根基。

阿佩尔研究的是长期保存食物的方法。他最先尝试的容器是香槟酒瓶。阿佩尔在少年时代经常摆弄这些瓶子，用他自己的话说，香槟酒瓶“是最好用的容器，形状漂亮、坚固结实，而且很适合堆叠”。他把食物放进酒瓶，用软木塞将瓶口密封，再像密封装有酒的瓶子一样，用金属网把软木塞固定住。接下来，装满食物的瓶子被放进沸水中加热，根据瓶子里装的食物种类，加热的时间各不相同。这位曾经的厨子无意中得出了一个要到半个世纪以后才会被人类彻底证实的发现：高温可以给食物消毒。他最先尝试的食物包括炖肉、汤、牛奶、豌豆、菜豆、樱桃、杏和覆盆子。在当时一位著名美食家格里莫·德·拉·雷尼埃尔的鼓励下，阿佩尔搬到巴黎南方大约9英里处的马西，建立了世界上第一家灌装厂，雇用了50名工人。他在巴黎布歇大道8号的店里出售自己生产的瓶装食品，这家小店很快引起了政府的注意。1807年，法国海军采购了一批豌豆、菜豆和蔬菜汤瓶子作为一次加勒比海试航的补给，效果令他们非常满意。当时的海军急需在食物来源上争取独立，因为他们的许多海外补给港都遭到了封锁。1809年，《欧洲信使报》刊登了一则新闻：“阿佩尔先生发现了让季节停驻的艺术。春天、夏天和秋天留在他的玻璃瓶中，就像娇弱的植物在园丁的呵护下生长在玻璃温室里，远离了变幻莫测的天气。”到这时，阿佩尔的瓶装食物又扩充了新的种类，包括芦笋、四季豆、洋蓟、菊苣、菠菜、番茄、醋栗、桃子和西梅。1809 年 3 月 15 日，工业促进委员会读到了一份报告，称阿佩尔的一些瓶装食物在制造 8 个月后打开时依然完好如初；第二年，委员会向阿佩尔颁发了一笔1.2 万法郎的奖金，条件是他要出版一本书来公开介绍自己的发明。那一年 6 月，书问世了，标题十分吸引眼球：《保存动物和植物精华的艺术》。所以，部分由于意大利人不肯接受拿破仑不值钱的纸币，阿佩尔为世界贡献了保存食物的秘密。另一方面，今天的罐头食物大多使用金属罐而不再是玻璃瓶，说来也是因为这同一种货币。这实在是命运玩弄的一出奇妙把戏。

大革命期间的造币用纸主要来自巴黎郊外科尔贝－埃松的一家纸坊，纸坊的主人名叫圣莱热·迪多，是法国一个著名的造纸业家族的成员。这家纸坊始建于 1355 年，在拿破仑战争时期经历了极大的考验，因为很多熟练工人加入了军队，剩下的人也接受了工会的限制产量条款，纸坊产量大受影响。迪多公司的巴黎办公室里有一位名叫尼古拉·罗贝尔的年轻职员，他碰巧对工程学很感兴趣。18 世纪 90 年代初的某一天，罗贝尔被调往纸坊担任人事经理，负责解决困扰纸坊的劳资关系问题。就任后没多久，罗贝尔就向迪多建议采用自动化的生产工艺，这样可以减少运营纸坊所需的员工数量。罗贝尔制造了一台模型机以后，迪多同意推进这个方案，并为他提供制造所需的经济支持。1799 年，罗贝尔提交了一份专利申请，但由于资金窘迫，他不得不申请资助来推进下一步工作。政府给了罗贝尔 3000 法郎的资金，供他制作一套可供巴黎工艺博物馆展出的、功能完整可操作的模型。但是罗贝尔和迪多很快起了争执，最终迪多付给了罗贝尔一笔补偿金，拿走了罗贝尔对新发明的所有权益。罗贝尔后来把他告上法庭，拿回了自己的发明，迪多再次出价把罗贝尔的技术买走，却一直没有付款。罗贝尔离开了科尔贝，终其一生都在试图靠这套发明赢利，最终却穷困潦倒，郁郁而终。与此同时，迪多意识到，在当时的环境下，自动造纸技术在法国找不到获利的机会，于是他联系了自己的姐夫。

接下来发生的一系列事件更像是一出法国滑稽剧，而不是我们在课本上读到的严肃历史。迪多的姐夫名叫约翰·甘布尔，他效力于英国皇家海军在巴黎的战俘交换办公室，詹姆斯·科茨上校是他的顶头上司。出于工作需要，科茨上校可以在英法之间自由往返，甘布尔提起自己的内弟打算把罗贝尔的发明带去英国，科茨答应帮他这个忙。1800 年，上校带着甘布尔穿过海峡来到多佛，并为他引见了多佛市长。在市长举办的晚宴上，甘布尔认识了一个名叫米利金的人。宴会上他们聊起了甘布尔的计划，米利金自告奋勇，邀请甘布尔前往伦敦，并在那里将他介绍给一对经营文具生意的兄弟：亨利和西利·富德里尼耶。富德里尼耶兄弟浏览了甘布尔的计划，看了他带来的长卷纸样，决定跟他合伙。1801 年，甘布尔在英国获得了自动造纸机的专利，富德里尼耶兄弟则去联系生产商。与他们合作的工厂主名叫约翰·霍尔，他在肯特郡的达特福德拥有一家铸造厂，但工厂当时的订单已经排满，于是他把造纸机的合同转给了自己的连襟，模具制造商布莱恩·唐金。1803 年，唐金在伦敦的伯蒙德赛开工生产造纸机，同年，第一座工业规格的自动造纸厂就在赫特福德郡两水镇附近的弗罗格莫尔拔地而起。他们的目标是造出当时十分流行的长卷壁纸。不幸的是，新机器造出的壁纸销量不如预期，富德里尼耶兄弟也因为起诉那些侵犯专利权的制造商，陷入了旷日持久的官司。财务开销直线上升，1809 年，文具商兄弟宣布破产，只留下唐金一个人面对一座不知道生产什么的工厂和一堆烂摊子。

将所有人拖下了水的甘布尔努力寻找翻身的机会。可能是通过他在法国的关系，他认识了商人彼得·迪朗。迪朗刚从法国返回英国，还带着“一位外国人转让给他”的一项专利。这项专利正是阿佩尔食物保存技术的英国版本，不过，保险起见，迪朗还在专利文书里加了一段话：“……将所述食物或物品保存在玻璃、陶瓷、锡或其他金属及任何合适的材料制作的瓶子或其他容器里。”也许是这句话里的“金属”二字引起了甘布尔的注意，1811 年，甘布尔、唐金和霍尔以 1000 英镑的价格从迪朗手里买下了这份专利。其实阿佩尔自己也考虑过用金属做容器，但当时法国根本没有像样的马口铁生产厂；在英国，这个行业已经繁荣发展了 100 多年。唐金花了十几个月来实施这个想法，1813 年，他把自己的产品送入宫廷，很快收到了回音。“奉肯特公爵之命，特此通知：经过殿下推荐，约克公爵昨日于宴会上进献了您的专利牛肉罐头，女王陛下、摄政王和其他几位大人物都给予了极高的评价。”王室的认可是最棒的广告，唐金紧接着又收到了皇家科学学会会长韦尔斯利勋爵的信，同样对他的新产品表示欣赏。第二年，探险家罗斯将军带着唐金的罐头食品踏上了前往北极的旅途；1815 年，奥托·冯·科茨布在探索西北航道时同样选用了他的产品。唐金的产品打开了市场。1818 年，皇家海军采购了至少 23 779 听罐装肉制品和蔬菜，接下来的几年里，唐金与合伙人享受着垄断地位和丰厚的利润。1830 年，罐装食品首次在商店里公开出售，种类包括番茄罐头、豌豆罐头和沙丁鱼罐头。后来，民用罐头的种类渐渐扩充，销量却增长缓慢，因为价格实在太高。一罐汤就要至少 7.5 便士，玉米牛肉罐头 8.5 便士，三文鱼罐头 11.5 便士，要知道，当时一家人租一整幢房屋，一周的租金也不过 12.5 便士。而且早期的这些罐头很难打开，甚至需要动用锤子和凿子！手工灌装的工艺也限制了罐头的产量，每名工人每天只能制作 10 听罐头。不过，1841 年，在沸水中添加氯化盐以提高沸点的工艺被发明之后，给罐头消毒的时间随之缩短，产量得以大幅增长。

1845 年，危机降临。富兰克林前往北极探险的途中，有人因为吃了变质的罐头食品而丧命。富兰克林带的罐头是另一家厂生产的，但整个行业都遭了殃，公众开始质疑唐金和其他利益相关者。1855 年，

1870 年的罐头食品。因为产量有限，罐头的价格居高不下。每个罐头都需要手工焊封。当时的罐头容量大约是现代罐头的两倍。“Bully beef”（咸牛肉）这个词就来自煮沸保存的工艺，它的词源是法语里的“bouillir”，意思是“煮沸”。

大约 5000 个运往克里米亚的罐头在中途检查时被发现已经变质，罐头市场雪上加霜。对罐头食品的重重疑虑一直持续到 19 世纪末。当时人们认为罐头变质是因为它密闭不严，漏进了空气，携带病菌的微生物也随之溜了进去。直到 10 年后，路易·巴斯德的发现才帮助人们找到了真相：罐头加热的温度还不够，里面的食物并未彻底消毒。

早在此前近 80 年，意大利科学家拉扎罗·斯帕兰扎尼（当时他正担任神父）就尝试过加热消毒的方式。他把肉汤盛在细颈瓶里煮沸半小时到三刻钟，再把细颈瓶密封起来，结果发现，瓶子里的肉汤存放得再久也不会腐坏。斯帕兰扎尼认为，这是因为高温杀灭了瓶壁上和肉汤液体上方空气中所有的微生物和“孢子”。根据这一理论，运往克里米亚的罐头之所以会变质，是因为密封不严，携带疾病的孢子进入了罐头内部。就在克里米亚罐头危机爆发的同一年，美国南方一位名叫约翰·哥里的医生去世了。终其一生，哥里也在努力试图杀死这种“孢子”，不过他用的是另一种方式。尽管哥里的初衷是治疗疾病，但他的成果最终也将在食品储存领域大放光彩。

1833 年春，哥里来到阿巴拉契科拉。这是佛罗里达州的一座海滨小镇，坐落在墨西哥湾的阿巴拉契科拉河入海口。当时，这里的棉花贸易已经相当繁荣，来自东北方的船只在港口卸下生活必需品，然后装上棉花运往北方的工厂。短短 1 年内，哥里就参与到了小镇的公共事务中。1834 年，他出任当地邮局局长；1836 年，哥里又成了彭萨科拉银行在当地的分行行长。也就是在那一年，阿巴拉契科拉公司请哥里撰写一份报告，评估气候对当地人口的影响，以分析这座小镇未来扩张的前景。哥里认为，要改善当地环境，最立竿见影的办法是排干镇子周围地势低洼的沼泽里的水。那些地方闷热潮湿，充满了腐烂的植物，因此常年散发出瘴气。按照所有医生都耳熟能详的斯帕兰扎尼理论，这些气体携带着疾病。1837 年，棉花贸易格外繁荣，小镇的人口增长到了 1500。街道两旁堆满了棉花包，短短 4 个月内就有 148 艘船先后入港，运来了巴尔的摩的砖块、马萨诸塞的花岗岩和纽约的木头。哥里预见到，随着贸易增长，镇子的规模还会继续扩大，所以他提出，镇上需要一家医院。在此之前，美国政府已经出资在镇上建了一座小诊所，哥里也在那里兼职。他的病人主要是水手和在岸边干活的工人，病症大多是热病，每年夏天，这种疾病都会在阿巴拉契科拉盛行一时。哥里越来越执着地希望找到治疗热病的方法。早在 1836 年，他就已经接近了问题的核心，比全世界的其他所有人都领先了 60 多年。那一年他写道："虽然窗纱的作用主要是杜绝蚊虫的骚扰，但它同样可以过滤空气，隔离并分解瘴气。"哥里猜测，疾病的源头可能是沼泽里挥发出来的某种油。直到他去世多年以后，1881 年，才有人提出，蚊子或许正是携带疾病的罪魁祸首。

1838 年，哥里发现瘴气似乎与湿热的天气有关，于是他试图在夏天为病人降温。刚开始，他把装满冰块的碗挂在病房里，并用风扇促进冷空气循环流动，不过在阿巴拉契科拉，冰是很稀罕的。自从马萨诸塞商人弗雷德里克·图多尔在美国做起贩卖冰块的生意，人们开始在冬天大规模地从河流湖泊里凿取冰块，存放在高墙厚壁的仓库里，待到夏季卖到炎热的国家。每年都有无数运冰船从波士顿起航，这里的冰块最远曾经运到过加尔各答，但阿巴拉契科拉只是个小港口，许多船只根本不在这里靠岸。冰块短缺的年头，每磅冰的价格能够高达 1.25 美元。1850 年的某一天，哥里找到了问题的答案。当时人们已经了解到，压缩气体在快速膨胀时会吸收周围的热量，所以哥里造了

19 世纪，工人在哈德逊河上凿取冰块。每年有超过 10 万吨冰块从新英格兰运往南方各州。查尔斯顿、莫比尔和新奥尔良都建起了大型冰库。虽然取冰都在冬天完成，但在墙壁厚重的仓库里，冰块整个夏天都不会融化，商人一直有越来越值钱的生意可做。

一台装置，由蒸汽机推动活塞在圆筒中往复运动。他把圆筒放在水缸里，活塞推向圆筒底部，压缩圆筒内的空气，使它越来越热，同时，圆筒周围的冷水给压缩空气降温。然后，这些常温压缩空气来到另一个装有盐水的容器中膨胀，吸收盐水的热量。第二次压缩－冷却－膨胀循环过后，空气就可以保持凉爽，因为盐水已经释放出了许多热量。这些凉爽的空气通过管道离开圆筒，进入病房。哥里就这样发明了空调。同时，将装有水的容器放入盐水中，就可以把水冷却到结冰的程度。1850 年 7 月 14 日，阿巴拉契科拉的法国领事罗桑在豪宅酒店举行宴会纪念巴士底日，哥里的新发明首次亮相。宴会上当然少不了香槟，但是在此之前，已经很久没有运冰船入港了，客人们只能喝温热的。就在人们举杯为法兰西共和国祝酒的时候，4 个仆人端着闪亮的银盘走进大厅，每个银盘里都装着一块足有砖头大小的冰块，用一位客人的话说，这是“来自美国天才的礼物”。

第二年5月，哥里获得了制冰机的专利权。专利文书中特别指出，装水的容器应该放在圆筒内，这样结冰的速度更快。哥里坚信自己的发明必将大获成功，但《纽约时报》显然对此并不看好：“佛罗里达州的阿巴拉契科拉有个怪人，声称自己制造的冰和万能的上帝造出来的一样好！”尽管如此，哥里依然在广告里宣称，自己的发明是“第一台商用制冷和制冰机”。他一定收获了一些支持，因为不久后他

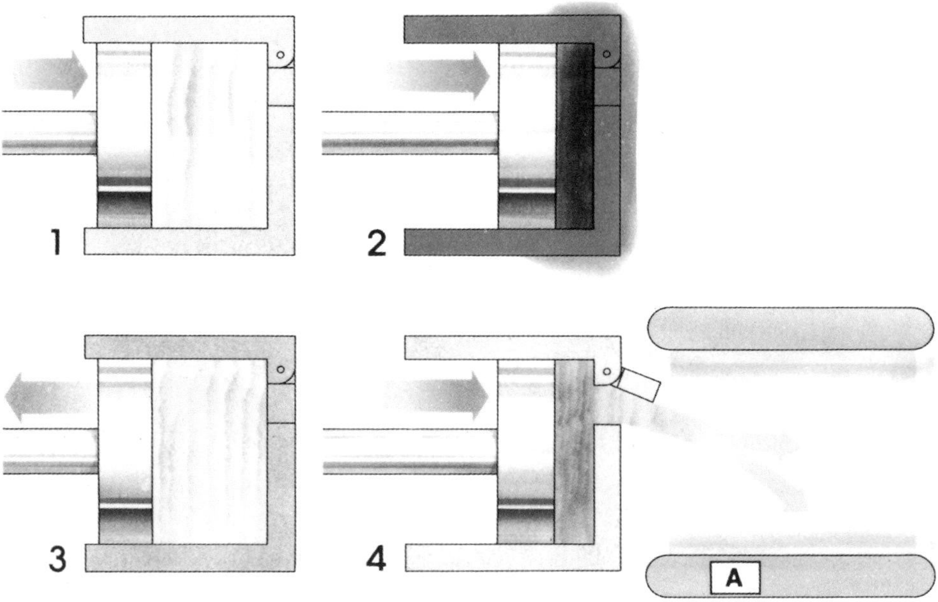

哥里的空调和制冰机。图1，活塞压缩空气；到图2时，活塞到达圆筒底部，压缩后的空气变热；图3，活塞后撤，导致空气冷却；在图4里，活塞再次向右，凉爽的空气进入圆筒，圆筒的夹层里灌满了盐水。数次循环以后，空气会最大限度地吸走盐水中的热量，此时起，进入圆筒的空气将一直保持低温，盐水可以用来冻结小容器（A）里的水。

又在新奥尔良高调宣传："无论你在地球上的哪个地方，都能用不到2美元的成本制造出1吨冰！"但是，他得到的支持还远远不够。1855年，哥里在贫困与绝望中去世。3年后，法国人费迪南·卡雷以发明者的身份推出了压缩式制冰机，这一次，他得到了全世界的欢呼。8年前，哥里的制冰机曾经帮助罗桑冷却宴会上的香槟，而卡雷正是罗桑的密友。

去世前不久，哥里曾在一篇文章中写道："这套系统在船上也可以使用……或许它还可以用来大大延长有机物的保存期。"12年后，预言成真。来自美国圣安东尼奥的亨利·P. 霍华德医生在蒸汽船"艾格尼斯"号上安装了一套气冷式系统，将一船冻牛肉从得克萨斯州的印第安诺拉沿墨西哥湾运到了新奥尔良——哥里曾在这里为自己的发明募集资金，却惨遭失败。1869年6月10日星期四，清晨，"艾格尼斯"号满载着冰冻的货物驶入了新奥尔良港。这些牛肉将被送往医院、餐馆和酒店，出现在欢庆的盛宴餐桌上。新奥尔良的《皮卡优恩报》写道："(这套装置)消弭了空间的距离，嘲弄着时间的流逝。从此以后，来自得克萨斯富饶牧场的新鲜多汁的牛肉将出现在波士顿商人的晚餐桌上，西印度群岛甜美而不宜久存的水果也将点缀我们的甜点。"

就在霍华德给"艾格尼斯"号安装冷冻设备的时候，英国的委员会向政府提出警告：英国正面临饥荒的风险，因为有史以来第一次，这个国家出产的食物不够养活自己的国民了。从1860年到1870年，英国的食物消耗量飙升了25%。随着人口增长，悲观的言论大行其道，人们忧虑民主时代即将终结、整个英国将陷入混乱，除非澳大利亚人能想办法把羊肉送回母国，而不是只运送油脂和羊毛。在这样的背景下，英国人托马斯·莫特和詹姆斯·哈里森前往澳大利亚，着手建立冷冻肉类的设施。1873 年，哈里森举办了一场盛宴来庆祝“诺福克”号起航开往英国，宴会上使用的肉全都来自他自己的冻肉工厂。“诺福克”号上的货物是 20 吨用冰和食盐混合物保存的牛羊肉，但在途中，冷却装置裂了缝，肉全部变质了。接下来莫特尝试了另一种方法，用氨气充当冷却剂。1875 年，他也举办了一场冻肉午宴，庆祝“诺瑟姆”号起航回国，然而第二批冻肉同样毁于冷却剂泄漏，莫特心灰意冷，干脆退出了这个行业。不过，这两个人都把建好的冷冻厂留在了澳大利亚，后来人只需要找到合适的系统，使其足以承受从澳大利亚到英国的颠簸旅途。经过一番波折，人们重新捡起了哥里的“干燥空气”冷却法。1879 年 12 月 6 日，“斯特斯勒温”号载着第一批采用这种工艺冷却的冻肉离开了澳大利亚；第二年 2 月 2 日，它带着完好无损的货物在伦敦入港。这批冻肉在史密斯菲尔德市场以每磅 5 到 6 便士的价格出售，很快就被抢购一空。维多利亚女王品尝了这批货里的小

“斯特斯勒温”号。这艘船第一次成功地将冻牛肉从澳大利亚送到了英国。请注意，这艘蒸汽船上依然悬挂着船帆，这样谨慎的混合设计一直沿用到了 20 世纪。

工人在伦敦西印度码头南港卸下从悉尼运来的冻肉。这艘船名叫“卡塔尼亚”号，它于 1881 年 8 月载着 120 吨冻肉起航。这批肉同样来自当年为“斯特斯勒温”号供货的出口商。

羊腿，并表示非常满意。英国得救了。

哈里森在澳大利亚试水制冷行业的时候，最早选定的是一家酿酒厂，他想给啤酒降温。尽管初期的尝试还算成功，但他没有在这条路上走下去，因为他发现，冰啤酒的利润空间远远比不上冻肉丰厚。后来，这种冷却技术将从德国的酿酒坊起步，激发意料之外的光彩。但英国人习惯了喝常温啤酒，他们的酿酒坊根本不需要这套技术。英国人为什么爱喝“温”啤酒？这得从当时的酿酒技术说起。英国主流的酿酒方法是利用一种在液体表面发酵的酵母，把麦芽汁放在 15 至 20 摄氏度的环境下发酵 5 到 7 天。用这种方法酿造的啤酒不太容易受到温度的影响，而且英国的夏天也很少出现剧烈的气温波动。但是在德国，

1889 年，《伦敦画报》登载的“冠军”牌家用制冰机广告，这台机器的价格大约是当时一名普通男性 8 个月的工资。

酿造啤酒用的是一种在啤酒桶底层发酵的酵母。这种酿造方法可能早在 1420 年就由巴伐利亚的修士发明了。自那时以来，他们只在冬天酿造啤酒，因为理想的发酵温度只比冰点略高，而且底酿法的发酵时间长达 12 周。发酵期间，啤酒桶一直存放在冰冷的地窖里，所以这种啤酒名叫“拉格”，它来自德语动词“lagern”，意思是“窖藏”。那时候当地甚至专门有一条法律禁止夏天酿造啤酒，因为高温环境下酿酒很可能导致啤酒变质。19 世纪中期，巴伐利亚所有中等以上规模的酿酒坊普遍引进了蒸汽机作为动力来源。在此背景下，利用活塞压缩空气制冷的技术传开以后，德国酿酒行会会长加布里尔·泽德迈尔（他也是慕尼黑斯巴滕布劳酿酒厂的厂长）询问一位名叫卡尔·冯·林德的朋友，是否可以制造一套冷却系统让酒窖保持低温，这样就随时都能酿酒了。作为一位工程师兼学者，冯·林德解决了泽德迈尔的问题，并为世界贡献了一项新发明。今天，几乎每一间厨房里都能看到它的身影。

冯·林德用氨气作为制冰机的冷却剂，因为它的性质和空气十分相似。它在高压下会液化，压力释放后会重新变成气体，同时吸收周围的热量。冯·林德使氨气压缩和膨胀时，采用的正是哥里的圆筒活塞系统。虽然以氨气为冷却剂的制冷系统不是他发明的，但他是第一个将这套技术实用化的人。1879 年，冯·林德辞掉大学里的工作，在威斯巴登建立了实验室，研究如何把工业制冷设备改造成适合家用市场的产品。到 1891 年，他已经将 1.2 万台家用冰箱送进了德国和美国的厨房。现代冰箱使用的基本就是冯·林德当年用来冷却斯巴滕布劳酒窖的那一种系统。

对冷冻技术的需求很快扩散到了其他工业领域。聚光灯需要消耗大量氧气，将气体液化更方便运输和使用；新出现的贝塞麦转炉炼钢法也要用到氧气，所以首次成功液化氧气与一位钢铁厂厂长有关，并非出于巧合。这位厂长名叫路易·保罗·卡耶泰，1877 年，他和瑞士工程师拉乌尔·皮克泰一起制造出了少量液氧。接着，整个欧洲的科学家殚精竭虑，希望造出一套能够大规模液化气体的工业设备，终于有人设计出了一种效率极高的方法，它的原理是焦耳-汤姆逊效应。气体通过极细的喷

复叠式冷却系统。整套系统共分为 4 个阶段，每一阶段都用到了气体压缩 / 膨胀技术。液化后的气体进入下一阶段，膨胀吸收另一种气体的热量，将第二种气体冷却到更低的温度，完成液化，如此循环冷却，直到最后一步。通过这样层层递进的循环，沸点极低的气体也可以被液化。

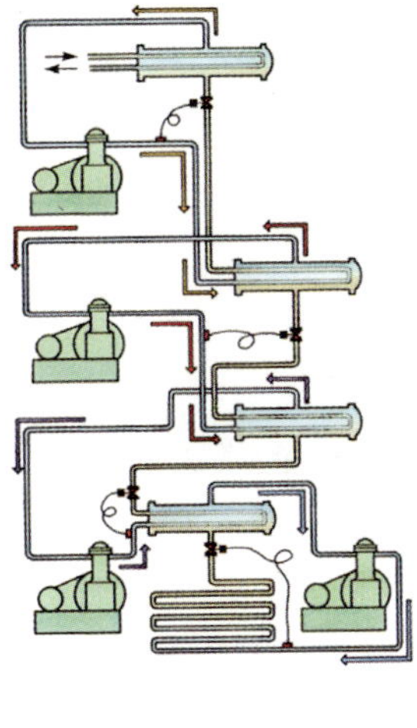

詹姆斯·杜瓦爵士在英国皇家研究院发表演讲。虽然在此之前，维奥勒已经发明了真空瓶，但是1890年，杜瓦向皇家研究院介绍自己的新发明时，没有任何证据表明他听说过维奥勒的工作。

管向外释放，在这个过程中，气压稳步下降，最终得到液氧。

科学家面临的主要问题是，如何避免冷却的气体吸收周围的热量。1882年，法国物理学家儒勒·维奥勒向法兰西学院写了一封信，信中说，自己发明了利用真空隔离液氧的方法。当时的人们已经知道真空不能传热，根据这一原理，维奥勒制作了一种带有真空夹层的容器，但他的发明并未引起人们的注意。8年后，苏格兰人詹姆斯·杜瓦爵士用同样的方法制造出了隔热性能更强的设备：杜瓦瓶。他在容器内外壁各镀了一层银（而维奥勒只在容器外面镀了银），有效地阻止了热量流通。杜瓦瓶不但能够维持热量，也可以保持低温。把液化并降至更低温的氧气装在杜瓦瓶里，就能从其他液化点比氧气更低的气体里吸收热量，使其降温。利用这一方法，杜瓦在1891年成功液化了氢气。1902年，德国人莱因霍尔德·布格尔推出了家用保温瓶。他曾在杜瓦为制造真空瓶前往德国时与他见过面。

真空瓶影响了人类社会的方方面面。第一步，它改变了当时富人的休闲生活，野餐流行起来；与此同时，工人的午餐质量大幅提高，前往热带和极地的探险队也拥有了称手的工具，用以保存食物和样品。接下来，人们开始利用真空瓶来储存胰岛素和其他容易变质的药物，挽救了无数生命。不过，真空瓶的最大贡献可能还要落在3个人身上，其中两个人的工作当时默默无闻，而第三个人的成就举世皆知。第一位是俄国人康斯坦丁·齐奥尔科夫斯基，早在20世纪初，他就开始探索液态气体的应用，但由于政府忽视了这领域，他的研究被埋没了好几十年；第二位是美国的罗伯特·戈达德，20世纪30年代，他在马萨诸塞州他姑妈的农场里做了很多实验，但只有气象局对他的研究表示过一点点兴趣。第三位是德国人赫尔曼·奥伯特，他的工作之所

保温瓶让野餐迅速普及，现在，野餐爱好者们可以在寒冷的户外喝到热汤了。这张照片拍摄于1910年9月，照片里的人们正在观看巴斯马展。

以闻名遐迩，是因为他的研究成果旨在毁灭伦敦。

奥伯特的液态燃料装在一种名叫“复仇者2型”的容器里，它有一个更加家喻户晓的名字——V-2火箭。截至第二次世界大战结束，V-2火箭造成了成千上万的军人和平民伤亡。这3位科学家都很清楚，某些气体很容易爆炸，特别是氢气和氧气；与此同时，气体液化后占据的空间大大缩小（液氢的体积只有同等质量氢气的1/790），因此成了理想的燃料。现在，有了杜瓦的真空瓶，液态气体可以近乎无限期地储存、运输，中途不会有任何损耗。说到底，火箭也可以看成一个加装了泵、导航系统、燃烧室和战斗部的真空瓶。

奥伯特最有才华的助手是一位名叫沃纳·冯·布劳恩的年轻人。液态燃料火箭技术将在他手中绽放出最璀璨的光芒。1969 年 7 月 16 日，布劳恩主持设计的土星 5 号火箭载着阿姆斯特朗、奥尔德林和科林斯从卡纳维拉尔角发射升空，3 位宇航员飞抵月球，代表人类迈出了历史性的一步。

V-2 液态燃料火箭的动力来自液氧和煤油。德国人在波罗的海岸边的佩内明德建立了火箭实验基地，研发 V-2 火箭。1944 年，第一枚 V-2 火箭降落在伦敦。第二次世界大战结束时，德国工程师正在研制能飞到纽约的 V-3 火箭。

9 照亮前路

搭载阿波罗飞船的土星5号火箭发射升空。这枚火箭分为3节，每一节都有独立的燃料舱和发动机，最终由顶端的第三节火箭将飞船送入奔月轨道。

1969 年 7 月 20 日，美国东部标准时间 13 时 19 分 39.9 秒，登月舱“鹰”号的前起落架和左起落架终于触碰到了静海的灰色尘埃。登月舱在月面上滑行了 3 英尺，停了下来。这次载人登月之旅耗时共 4 天 6 小时 45 分 39.9 秒。精准的计时反映出飞船导航系统所需的极高精度，因为在航程中，时间的唯一意义是帮助你判断自己目前所在的位置。“阿波罗”11 号的登月之旅时间漫长、轨道复杂，还面临诸多潜在危险，了解飞船的准确位置至关重要。要把阿姆斯特朗、奥尔德林和科林斯送上月球，科学家要做的绝不仅仅是竖起火箭、点燃发动机。地球以超过 1600 英里 / 小时的速度自转，所以发射台与月球的相对位置也在不断变化。土星 5 号火箭点火的那一刻，卡纳维拉尔角还处于地球背向月球的一面，而月球本身也在时刻围绕地球转动。飞船最终进入月球轨道的位置在月面上空约 60 英里处，而在火箭腾空而起的那个瞬间，月球根本还没有运行到那个地方。真正惊人的事实是，登月舱从地球出发、飞越 24 万多英里到达预定位置时，必须在中心点周围 1.5 英里的范围内降落，而且，预先输入电脑的轨道已经不可能再大幅调整。从 1969 年到 1972 年，6 次阿波罗任务最后的着陆点都满足这样的精度，幕后英雄正是飞船上的惯性导航系统。

惯性导航系统是飞船制导、导航与控制（GNC）系统的一部分，计算机利用导航信息来控制发动机在特定的时间点火，调整飞船方向。判断点火时机需要知道飞船在太空中的位置，这方面的信息来自飞船

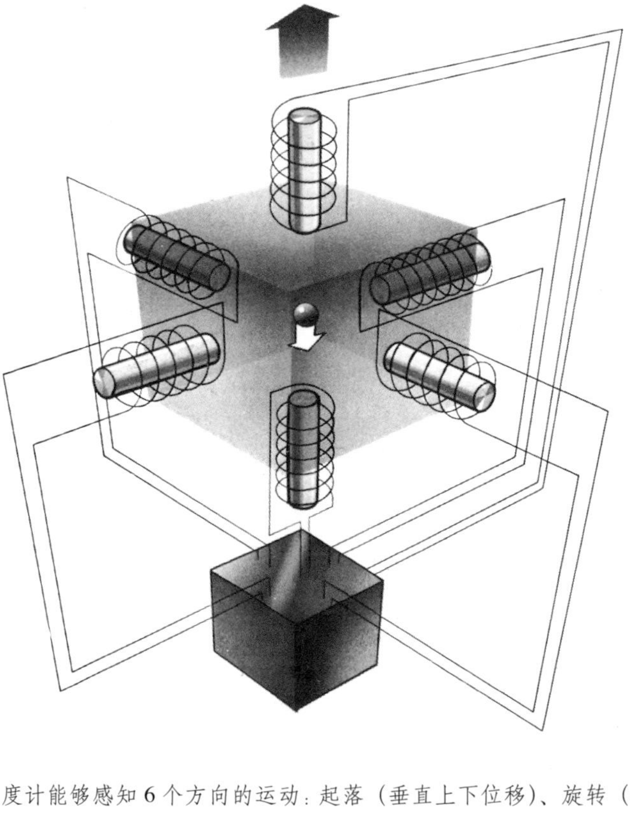

加速度计能够感知 6 个方向的运动：起落（垂直上下位移）、旋转（相对于中心轴任意方向的转动）和偏移（侧向左右位移）。现代喷气机的惯性导航系统需要预设目的地，如果没有设置的话，它会指引飞机飞向经纬度均为 0˚0’0” 的地点——格林尼治经线与赤道的交点，位于非洲西海岸外！

内置的加速度计和时钟。加速度计的核心部件是一个装满了高密度液体的容器，里面包裹着一小片密度只比液体大一点点的金属。在地球上，如果没有其他外力作用，金属片会非常缓慢地沉到容器底部；但太空中没有重力，所以需要其他办法，使金属片停在一个固定的位置。于是，科学家在容器周围加装了电磁铁，它能利用尽可能少的能量，产生恰到好处的磁场，使金属片始终处于容器的正中心。这样一来，无论容器朝哪个方向运动，金属片都会朝反方向移动一点点，位移的大小直接取决于容器受到的力，譬如说，由加速度产生的力。金属片的移动会导致磁场变化，预先编制好的程序驱动电磁铁，让金属片回归初始状态。此时磁场产生的额外的力方向与容器移动的方向相同，如果容器是固定在飞船上，那么通过金属片的位移和磁场的强度，就能计算出飞船的航线和加速度。系统每秒都会对金属片的位置进行多次检查和修正，测定加速度的方向、大小和持续的时间，从而计算出飞船在太空中的准确位置。出于这个原因，阿波罗飞船上配备的时钟精度达到了 1/100 秒。

制导、导航与控制系统完美地诠释了科技为什么是一把双刃剑。一方面，惯性导航系统只需简单调试就能控制现代喷气机，在恰当的时机调整发动机的动力设置，让客机顺利抵达目的地，机组人员只需要监控系统是否正常；另一方面，正是同样的技术导致了冷战僵持期间令人心惊的战略失衡。惯性导航系统的进步大幅提高了洲际弹道导弹的精度，这些导弹名叫“MIRV”，即“多目标重返大气层载具”，带有多个战斗部，每个战斗部都可以独立设置，瞄准某个特定目标。每个战斗部的轰炸精度都能控制在 100 码之内。

打破了国际战略平衡的正是这种超高的精度。以前，导弹要么储备在足以抵御几英里外核爆炸的水泥掩体里，要么藏在隐蔽的潜艇内，但是现在，连这样的地方也不再安全。于是，面对 MIRV 袭击，它们无力保护己方有生力量，更谈不上发起报复性打击。要避免大规模战争的爆发，二次打击能力（在遭到敌方先发攻击后仍保有足够的导弹，能给敌方造成难以承受的损失）是一种至关重要的威慑手段。如果在第一次打击后，遭受攻击的一方几乎没有机会发起反击，那么唯一的选择是先发制人。问题在于，谁会抢先按下那个开关？

导弹技术的突破，迫使人们革新攻击和防御的理念；500 年前，大炮的诞生也曾造成类似的局面。在火药出现之前，高墙厚壁的城堡足以称作固若金汤。城堡里通常有一座高耸的方形主楼，如果手下的雇佣兵发起叛乱，城主可以退到这里暂避一时；若是敌人攻破了城堡的外墙，守城方也可以在这里进行最后的抵抗。主楼周围是一圈深深的壕沟，上面架着活动的吊桥，通往主入口。城堡的外墙通常不止一层，它们高而薄，因此得名"幕墙"。修筑高墙是为了拖慢敌人进攻的步伐：攻城士兵翻越城墙花费的时间越长，守城方在他们爬上墙头之前把他们干掉的机会就越大。高墙也能更有效地抵御投石车的攻击，还可以预防敌人利用云梯迅速爬上墙顶。城墙上还设置了向外凸出的城垛和堞口，守城士兵可以直接把滚油和落石扔到敌人头上。

法国位于地中海畔的艾格莫尔特要塞是前火药时代最完美的城堡之一。这座要塞始建于圣路易时代，那时国王在这里修建了一座港口，想要发起十字军东征，夺回圣地；1300 年，在圣路易的儿子菲利普手里，艾格莫尔特修建完工。这座小镇和要塞完全融为一体，在税收优惠和法律特权（比如说，在艾格莫尔特，妇女通奸不会受到任何惩罚）的吸引下，搬来了第一批居民。镇子里的道路如棋盘般横平竖直，所

1453 年，土耳其人围攻君士坦丁堡。在高效火炮出现之前的年代，围城战的进攻方通常会切断敌人的补给线（就像背景里正在实施封锁的土耳其战船所做的那样），逼迫守城方投降。

守城士兵用希腊火抵御来犯的战船。"希腊火"是石油、硫黄和沥青的混合物，大约在公元675年，它在拜占庭人与阿拉伯人的战争中首次亮相。虽然当时的士兵偶尔也会用粗陋的泵来喷射"希腊火"，但它的射程远远比不上早期的大炮。

以在围城期间，军队可以高效地在城内移动。在火药出现之前，艾格莫尔特和其他类似的城堡堪称坚不可摧，无论是重骑兵、弓箭手、步兵还是弩炮，都无法撼动它分毫。

大炮的出现改变了这一切。面对炮火，曾经高不可攀的幕墙像纸一样脆弱。15世纪初的大炮精度还很差，使用的炮弹主要是石头和砖块，但城堡的主人已经嗅到了危险的气息，开始想尽办法加固城堡。幕墙被加厚，城墙的厚度甚至可达50英尺；他们还用木头和泥巴加固城墙，以抵御炮弹的冲击力。城垛和堞口被拆掉了，因为它们很容易被炮弹击垮，砸伤墙内的守城士兵；护城河也被拓宽，以免散落的砖石淤塞河道，让攻城者找到可乘之机。刚开始，这些调整还算有效，但随着冶金技术的发展和火药质量的提升，到15世纪中期，火炮的精度大幅提高，炮弹也换成了铁弹。新的大炮威力惊人，守城方面临着身体和精神的双重考验，有时候甚至一看到大炮出现，城主就会主动投降。

不过，整个15世纪，人们仍在不断尝试用各种方式来抵御炮弹。第一个被干

15 世纪末的城堡围攻战。请注意，右下角的士兵正在操作令人闻风丧胆的新武器：大炮。这个时期的大炮每天最多能开火 10 次。守城士兵在城墙外用木头和泥土搭建了临时的工事，希望能够减轻炮弹对城墙的冲击力。

掉的是高耸的幕墙。马基雅维利认为应该保留幕墙，因为这样的障碍可以拖住敌人。他说得没错，但是面对炮弹，幕墙根本不堪一击，所以幕墙的高度降低了，让炮手更难瞄准。圆形塔楼的地基也改成了斜的，以减轻炮弹的冲击，事实证明，这样的改动的确有效，因为斜坡会反弹炮弹，卸掉很大一部分冲击力。城墙和塔楼的建筑材料也从石头换成了缓冲性能更强的砖块。到 15 世纪末，各种古希腊著作的译本经印刷后广泛传播，极大地刺激了人们对科学和数学的兴趣。这些著作首先传入了意大利，顺理成章地，与建筑学和筑城学密切相关的新数学也从这里起源。在这些知识的帮助下，意大利人创造了一种新的要塞。

新式要塞一举解决了中世纪堡垒面对炮击时的一个致命问题。老式的圆形塔楼底部存在较大的盲区，只有恰好站在正上方，才能看到这片区域内的情况。而若是从左右两侧的塔楼观察，塔楼正前方也存在一块三角形的盲区。早期的战争中，攻城方会派人偷偷溜进盲区，在塔楼正下方挖掘地道，于是攻守双方玩起了地道战：攻城方拼命挖掘地道试图穿透城墙，守城方也派出工兵向下挖掘，寻找攻城方的地道方位，力求阻止他们。地道的危害日益严重，伟大的意大利工程师兼建筑师莱昂·巴蒂斯塔·阿尔伯蒂甚至曾建议在城堡地下安装一套管道，监听敌方工兵的动静。不过，要从根本上解决三角盲区的问题，答案似乎相当明显——把塔楼也改成三角形的就行了。阿雷佐的托斯

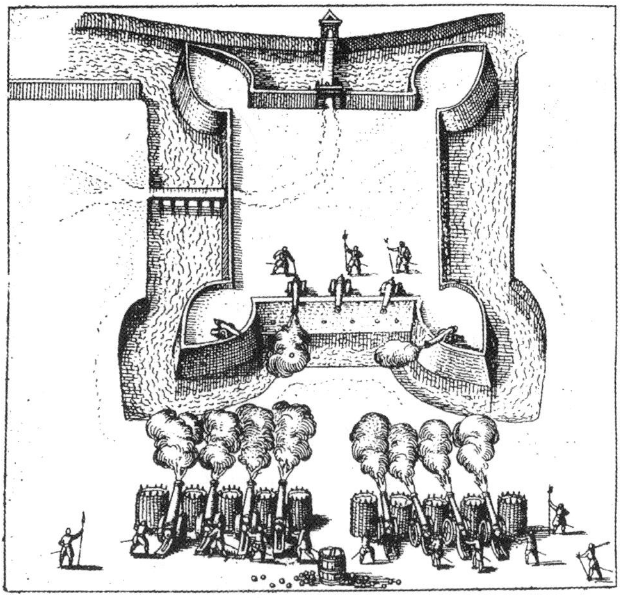

17 世纪初的守城士兵利用架设在城墙上的大炮发起反击。攻城方不得不用装满泥土的筐来掩护自己的大炮。请注意他们的弹药储备——炮兵背后的桶里装着火药和备用的炮弹。

卡纳城是最早由新式“棱堡”守护的意大利城镇，棱堡筑成于1503年，由朱利亚诺·达·桑迦洛主持修建。现存最完好的棱堡是佛罗伦萨的达巴索古堡，落成于1533年，设计师是安东尼奥·达·桑迦洛，时人盛赞它“坚不可摧，堪为欧洲之范”。公元1440年之后的某个时间，阿尔伯蒂曾经写道：“回顾历史上的征伐，或许会发现，胜利大多应归功于建筑师之高超技艺，而非将军之运筹帷幄。在很多时候，即使没有军队的协助，建筑师的智慧也足以战胜敌人；但若是少了建筑师的聪明才智，军队则全无机会展露身手。”

新设计消除了要塞的所有盲区，两侧城墙上的炮位足以掩护棱堡凸出的尖角。到16世纪中期，军事重镇和要塞的外墙已经改成了一圈棱堡，只要地形允许，棱堡通常会修建在能够彼此呼应的位置，每个棱堡都能得到左右两侧相邻棱堡的掩护。为此，两个棱堡之间的间隔通常不超过300码；与此同时，棱堡的侧边角度也受到了限制，因为每一条边都必须位于相邻棱堡的火力范围内。这样的设计也有个严重的缺陷：如果敌人已经冲到了主城墙脚下，那么棱堡里的炮手在攻击敌人时难免会误伤自己的城墙。不过没过多久，建筑师就对棱堡做了一些改进，解决了这个问题。他们在棱堡与主城墙相交的地方增加了一个尖角，于是棱堡从三角形变成了箭头形。尖角位置的守城士兵可以沿着城墙的方向开火打击敌人，而不必直接对城墙开炮。为了尽量限制敌人的火力向前推进，要塞外面还挖了一圈护城河，建筑师在护城河里修建起等距离的小岛，与棱堡形成交叉犄角之势，这些小岛名为“半月堡”。三角形的半月堡位于防线的最前列，任何试图突破护城河的敌人都将遭到交叉火力的打击。就算敌人占领了一个半月堡，左右两侧的棱堡也可以轻易对它发起攻击。除了外围的防御设施

17 世纪发展成熟的星形要塞，由棱堡、半月堡和护城河组成。要塞拥有全方位的防御火力，没有任何死角。请注意，要塞内部的街道呈放射形结构，中央的开阔地带是指挥官的司令部。

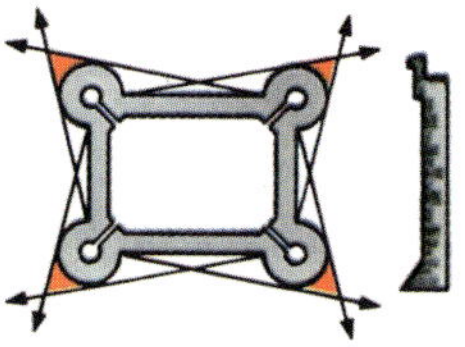

圆形角塔正面存在三角形盲区，火力线和纤薄的幕墙都无法保护这片区域。

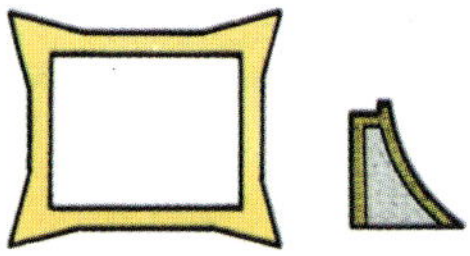

起初人们修建斜坡来消除盲区。砖砌的斜坡可以反弹炮弹，减轻塔楼受到的冲击。

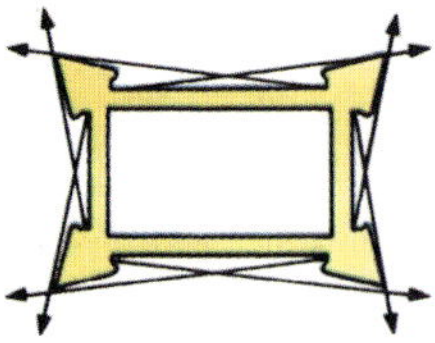

棱堡的原理，图中描绘的是最简单的形式。

以外，要塞内部的街道也改建成了放射状，围城期间，士兵可以快速从中央广场抵达任何一处棱堡，大炮和军火也能在各个防御点之间轻松调动。新式堡垒最终的形状看起来像一颗星星，因此得名“星形要塞”。星形要塞很快传遍了全欧洲，随后走向世界，直到 18 世纪末，从加勒比海到印度，大部分堡垒采用的都是类似的结构。工程师和建筑师带着星形要塞的图样拜访各个城市的执政者，根据当地的财力决定该修筑多少座棱堡。随着城市扩张，很多星形要塞要么遭到破坏，要么荡然无存；不过，在荷兰的纳尔登，还有一座保存得相当完好的星形要塞，它依然保持着数百年前的模样。

如前所述，要塞的结构天翻地覆，最

直接的原因是大炮的出现。设计和修筑要塞使用的勘测设备同样源自军事领域，它们的祖先则是早期的天文学仪器，人们发明这些工具时，主要的目的其实是提升枪炮的射击精度。在大炮诞生之初的200年里，每门炮的性能都各有差异，所以工程师需要对它进行“校准”：首先让炮筒水平开火，记录炮弹的落点；然后一点点地抬高炮口，依次增加固定的角度，开火并记录落点；最终将所有数据汇总成一份档案，作为炮兵的参考资料。炮兵需要记住自己的大炮在每个特定角度的射程，然后根据战场上目标所在的位置反推开炮角度。1537年，意大利工程师尼古拉·丰塔纳（他有个绰号叫“口吃者塔尔塔利亚”）的新发明帮助士兵摆脱了这项烦琐的工作。

丰塔纳发明的测角器名叫“炮兵四分仪”，它可以让炮兵直观地看到炮管的仰角是多少。后来，这种仪器还加装了测量火药分量的附

当时一幅油画中描绘的英国敦刻尔克附近的要塞城市格拉沃利讷。1652年，这座城市被西班牙人占领，6年后，它又落入了法国人手中。

件，以确保每次开炮时火药的推力相同。接下来的问题是测量目标的高度和距离，这是计算火炮仰角时需要用到的两个数据。当时的人们大多用一种名叫“直角器”的天文设备来测量高度。它最早出现在阿拉伯的科学著作里，14 世纪，伟大的犹太翻译家莱维·本·热尔松将它传入了西欧。1544 年，荷兰天文学家、鲁汶大学数学教授赫马·弗里修斯的著作已经使直角器相当普及。

1533 年，弗里修斯在安特卫普出版了另一本更简明易懂的著作，首次提出了三角测量法的概念，这为炮兵解决了另一个问题——如何确定火炮与目标之间的距离。这是星盘最后的几种用途之一，到 17

炮兵计算火炮仰角。右侧的士兵正在测量目标高度，他的战友则用四分仪调整火炮。铅垂线与四分仪用手握住的那条边之间的夹角就是炮筒离地的仰角，仰角可以利用木楔和木栓进行调整。

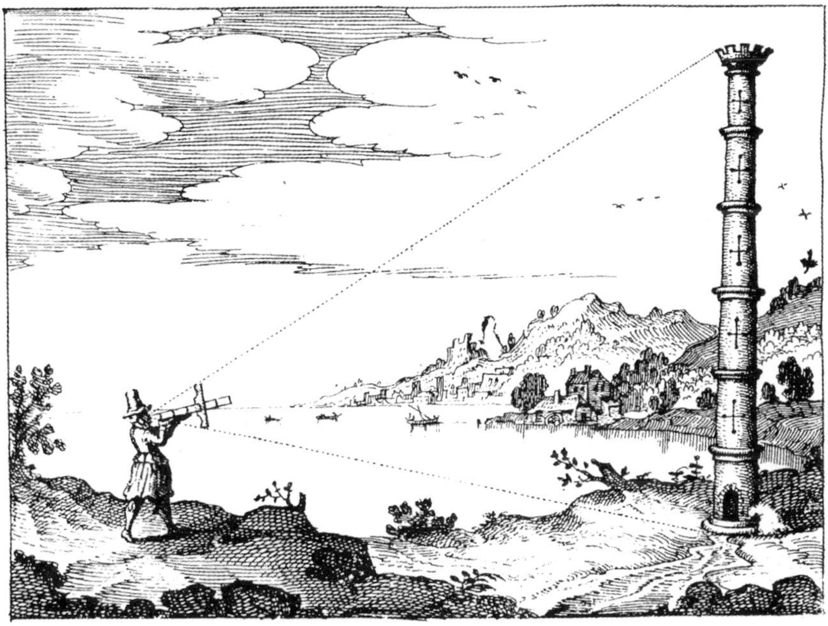

利用直角器计算建筑物高度的一种方法。观察者移动直角器的垂直臂，使它的上下两端分别与建筑物的顶部和底部对齐，然后根据直角器水平臂上的刻度读出对应的角度。

世纪，新的设备就将取代这种古老的天文仪器。弗里修斯把星盘横了过来，并用便宜的木质部件取代了昂贵的黄铜。瞭望装置则被简化成一根带有瞄准器或刻度的指针。测量时，先水平放置改造后的星盘和瞭望装置，再把“人们称之为罗盘的航海设备”放在盘面上，让罗盘盒子的侧边与星盘的零刻度线（即南北方向线）平行。然后，把星盘和其上的罗盘一齐旋转，直至罗盘指针指向刻度盘上的磁北极。这时取下罗盘，并把星盘固定住，它的南北方向线指向的就是正南和正北。接下来，观察者（或者炮兵）只需要和使用普通星盘时一样，旋转瞭望装置，就能从盘面上读出目标的方位，只不过不再是高度角，而是水平夹角。然后，炮兵把设备移动到另一个能看见目标的位置，将整个测量过程重复一遍。只要两个观察点之间的距离是已知的，就可以测出目标的位置。两个观察点和目标组成了一个三角形，底边是两个观察点的连线，长度已知；从每个观察点再各自画出一条方向已知的侧边，侧边延伸相交的三角形顶点就是目标所在的位置。观察者只需按比例画出这个三角形，量出从三角形底边上对应火炮位置的点到顶点的距离，就可以计算出炮弹需要射击多远。利用弗里修斯的方法，战场上的炮兵可以轻松、迅速地算出火炮仰角。这种方法很快传开了，到 1550 年已经相当普及。弗里修斯把自己的毕生本领都传给了他的一个得意门生，此人正是著名的赫哈德斯·墨卡托。

富隆的平板仪，又叫测绘板。炮兵只需一种仪器就能完成所有计算，这是前所未有的。平板仪借助罗盘设置完毕后，炮兵根据刻度读出数据，然后在用蜡固定在平板仪上的草稿纸上演算。

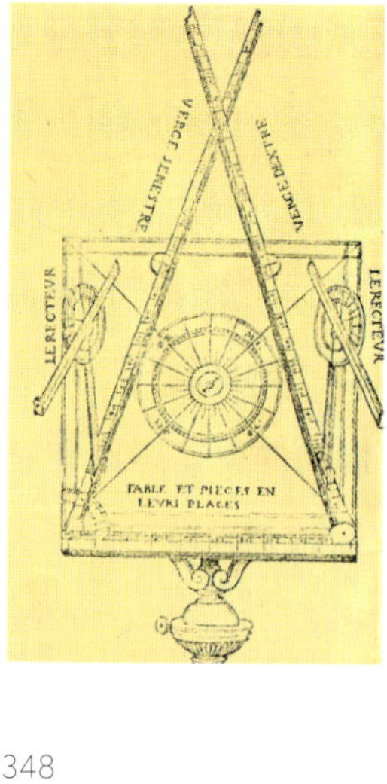

弗里修斯的测距系统唯一的缺陷是，它需要三套不同的设备：星盘、平板（木质的星盘盘面）加罗盘，以及一套用来准确绘制三角形的工具，称为平板仪。平板仪最原始的形态是战鼓的蒙皮，炮兵凭经验在上面绘制三角形。此后它不断地演化，到 1551 年，法国侍臣阿贝尔·富隆以此为基础制造出了一种复杂精密、集大成于一体的测量设备。它的主体是一块平板，通过球窝铰链与底座相连，因而可以自由旋转。平板中央安装了一枚罗盘，周围标有一圈刻度；平板的一条边被分为1000个刻度，以两个端点为轴，各自安有一把直尺；平板两侧各有一根垂直于板面的竖轴，上面安装着带刻度的半圆形黄铜盘和观测镜。这台平板仪可以测量目标的所有地理数据。侧面的半圆盘用来测量高度(以计算火炮仰角)，其他部件则用于测量目标的方位（以推算火炮炮筒需要转动的水平角度)。虽然富隆的平板仪集成了炮兵所需的一切功能，但这种仪器太复杂、太笨重，在战场上难以携带，而且用起来也很费时间。尤其是在围城的时候，进攻方还在拼命演算，守城的士兵却已经很熟悉城堡周围的地势，完全用不着这玩意儿，这对攻城一方大为不利。更别提当时的炮兵大部分是文盲，想掌握这么复杂的仪器谈何容易。

1551年，塞巴斯蒂安·缪斯特用更简单的数字取代了刻度，并编制了一张数据速查表，简化了全部运算过程，从而大大降低了平板仪的使用难度。1571年，伊丽莎白时代的著名数学家伦纳德·迪格斯的著作《测量全书》由其子整理后在英国出版，在这本书里，迪格斯介绍了自己发明的经纬仪，并汇总了当时已知的测量高度和距离的所有知识。经纬仪以更简单的方式实现了富隆平板仪的所有功能，更重要的是，用起来更快捷。带刻度的半圆盘从两个缩减到一个，直接安装在标有方位角的水平圆盘上方。观测镜只需使用一次，操作者就能同时确定目标的方向和高度：转动垂直支撑杆上的半圆盘，使观测镜瞄准目标，就能直接从半圆盘的刻度上读出目标的仰角；同时，通过与垂直支撑杆相连、位于水平圆盘上的指针，还能读出目标的水平方向。

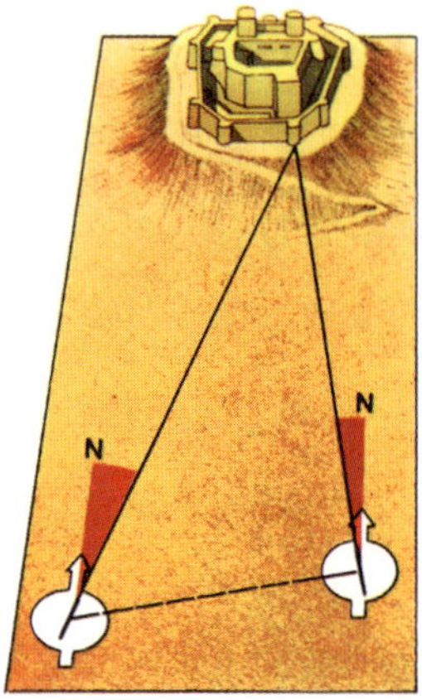

迪格斯的经纬仪，这是第一种能够快速测量目标方位的仪器，而且十分易于使用。如上图所示，经纬仪同样需要借助罗盘来定位。无论观察者移动到哪个位置，都可以利用恒定的基准方向（例如正北）准确测量目标的方位角。

经纬仪的水平圆盘上装有罗盘，垂直半圆盘上挂着铅锤，所以无论观测者走到哪里，都能迅速校准横轴和纵轴。军方对此非常满意。

1590 年，威廉·西格爵士在《荣耀与纹章之书》中写道：“谁能无须缜密的计算，天生就会行军布阵、安营扎寨、指挥作战？”他的问题提得很有道理，因为当时的地图精度很差，从一个地方转移到另一个地方很大程度上得靠碰运气。16 世纪中期，即便人们已经在使用成熟精密的设备设计和建造棱堡，但出兵围困棱堡的军队用的地图依然和 300 年前的没什么区别。简陋的地图上只有一些代表河流的波浪线和桥梁所在的村镇名称。不过，到了迪格斯的年代，随着通信技术的进步、英国经济的增长，以及另一个重要原因：亨利八世的离婚进展，地图技术开始突飞猛进。

教皇不同意亨利八世和第一任妻子阿拉贡的凯瑟琳离婚，所以亨利在1536年下令解散修道院，没收教会的土地。除了离婚不成的迁怒以外，亨利深知修道院的财产足以支持他在英格兰南部海岸修建要塞，并维持与苏格兰和法国的战事。修道院拥有的土地面积相当可观，确切的数字无人知晓。1530年的一次调查表明，当时的英国至少有502家男修道院、136家女修道院和187家会院，修士和修女的总人数超过9000人。宣布解散修道院时，亨利已经对教会的财产做足了功课。从1535年秋到1536年春，托马斯·克伦威尔多次派遣使者假借参观的名义刺探修道院内部的情况。后来他们宣称，使者在两个月内走访了英格兰北部的120家修道院，这样的调查能有多详尽缜密，自然可想而知；考虑到当时糟糕的交通，这样的速度更是不可思议。不过，使者带回了国王想看到的东西。他们报告了修道院里种种“恶毒堕落、肉欲横流、罪孽深重”的生活。国王的目的昭然若揭，因为使者接到命令，只需要关注修道院里有无性犯罪事件、哪些人怀有异心、有什么宝贵的圣物、创始人的子孙是谁，还有最重要的，修道院的收入和债务。

解散修道院的行动常常被描述成一场恐怖的灾难。不过如果还能替这位国王说两句好话，那就是：他虽然没收了修道院的所有土地，但同时也接收了相应的债务；修士和修女可以选择去其他没有被解散的修道院，也可以选择领取政府的津贴。到1538年，修道院纷纷屈服，数量以每月20家的速度锐减。但萨默塞特的格拉斯顿伯里修道院拒绝解散，当时的院长名叫理查德·怀廷。政府最后抛出证据，说这位院长大肆侵吞修道院资产，又给他加上其他罪名，怀廷最终在格拉斯顿伯里高冈遭酷刑处死并被分尸。怀廷的管家名叫杰克·霍纳①，按照当地流传下来的那首讽刺儿歌，院长之死跟他有莫大关系。据说怀廷曾经把 12 份地契藏在馅饼里献给国王，试图以此平息他的怒火，却没有成功，而原因正是霍纳偷偷藏起了其中 1 份。儿歌里霍纳从馅饼里挖出的“梅子”对应的正是霍纳一家在院长死后拥有的一座原属于修道院的庄园。在霍纳之类告密者的帮助下，国王发现修道院拥有的财产竟然比自己还多，所以他下手毫不留情。铅质房顶被拆下，教堂的大钟送去熔掉铸成大炮，金银珠宝和土地没收出售。在军方的建筑师和炮手为测量技术奠定基础后，正是出售土地带来的丰厚利润刺激了测绘技术飞速发展。

解散行动开始 1 年后，一位名叫理查德·贝尼什的僧侣出版了一本书，介绍了用一种简单工具测量土地的方法。他使用的设备真的非常简单，实际上就是一根绑有绳子的杆子，绳子上打着等距离的结，为了防潮,用蜡和松脂浸泡过。贝尼什确定了“英亩”的一种定义方法。他在书中写道:“1 英亩的土地,无论林地或田地,均是长 40 杆,宽 4 杆,尽管 1 英亩林地的价值要高于 1 英亩田地。”他的测量规矩也十分简单粗暴：把土地划分成规整的方块来测量，边角不规则的部分就忽略不计。这种办法虽粗略却方便，正适合用来测量匆忙出售的修道院产业。整个 16 世纪，修道院土地的交易量相当可观，并且买家都想弄清楚自己究竟买下了多少土地，测绘员突然变得抢手起来，人人都想雇用他们，一时间，测绘行业热闹非凡，鱼龙混杂。随后，迪格斯的

① “杰克·霍纳”是英国一首著名儿歌的主人公。儿歌大意是，小杰克·霍纳吃圣诞馅饼时，从中挖出一颗梅子。这个名字后来成为机会主义者的代名词。

萨克斯顿绘制的诺福克郡地图（1574 年），正如地图左上方的文字说明所述，这幅图“照实描绘”了 26 座市镇、625 座村庄，以及所有的河流。地图左下方印有萨克斯顿的纹章，右下角绘有以英里为单位的比例尺。萨克斯顿还初步尝试了在地图中标识高度。

经纬仪派上了用场，测量的精度也开始逐渐提高。1563 年，劳伦斯·诺埃尔写信给国务卿威廉 · 塞西尔，提议绘制新版本的英国地图，因为原有的地图实在太糟。随着低地国家传来的铜版印刷术逐渐普及，精致的新地图取代了测绘员的手绘报告。1579 年，克里斯托弗 · 萨克斯顿出版了一份精美的英国地图册，其中包含了第一幅精准的英格兰地图；1584 年，他又绘制出了一幅尺寸稍小的英格兰和威尔士地图。萨克斯顿是整个西欧第一个绘制出全国性地图的人，国王为此授予他荣誉纹章和土地，他也是唯一获此殊荣的地图绘制者。萨克斯顿地图册激励了时年 31 岁的约翰 · 诺登。1592 年，诺登出版的郡县地图上首次标出了主要的道路。地图绘制者的工作得到了塞西尔的极大支持，这位大臣极为留意王国防线的薄弱之处，并且只要涉及土地、港口建设、排水、海岸防御工事等事项的决策，他一定要查看地图。

在欧洲大陆上，佛兰德地区战火不断，与它毗邻的法国因此提高了警惕。在当时的法国国王亨利四世和主管修筑防御工事的叙利公爵主持下，法国掀起了一波筑城热潮。公爵派出工程师管理各省工程，同时指派了一批“设计师”，负责绘制当地地图。到 1610 年叙利公爵失势的时候，与佛兰德相邻的省份及沿海地区等高危区域已经绘有精确的地图。虽然约翰·诺登早在 1592 年就在地图上绘制了道路，萨克斯顿的地图也在多年后推出了绘有道路的新版本，但是第一部系统地绘制出道路的大比例尺地图，当属 1632 年尼古拉斯·桑松在诺曼底的阿布维尔推出的法国邮路地图。桑松能出版这份地图册，他建立的制图学校功不可没。1658 年，桑松又印制了“涵盖全世界所有地区”的地图册。10 年后的伦敦大火进一步刺激了测绘技术的发展。火灾过后，大半个伦敦都需要重新测量。除了毁于大火的房屋以外，为了阻断火势，一些完好的房子也不得不拆毁。除此以外，日渐繁荣的海外贸易（尤其是与美国殖民地和远东地区的贸易）需要雄厚的资金支持，土地抵押成了筹集资金的常用方式。要评估土地的价值，测绘工作不可或缺。

17 世纪最伟大的制图大师无疑当推约翰·奥格尔比。伦敦大火之后，他被任命为“宣誓观察者”。不幸的是，1676 年，奥格尔比溘然长逝，他尚未完成的“大不列颠”全图计划也随之搁浅，好在他去世前已经绘制出了完整的道路地图。这份地图涵盖了每一条主要道路，而且第一次以法定英里为单位标出了各个地点之间的距离，1 法定英里等于 1760 码。结果人们发现，从伦敦到特威德河畔贝里克的距离从 260 英里变成了 339 英里。为了准确测量距离，奥格尔比采用了一种带计数器的脚踏轮，计数器可以记录轮子转动的圈数。奥格尔比去世的前一年，法国天文学家让·皮卡德开始探究地球的形状。（皮卡德还发现了水银气压计中的辉光，这一发现激起了一系列新的探索，最终让人类获得了发电机和远程通信技术。）他想弄清楚地球到底是圆形、长圆形还是扁圆形，并且为此计划去拉普兰等遥远的地方调查。这些地区因为更接近极点，经线之间的距离比法国更近。对比两地之

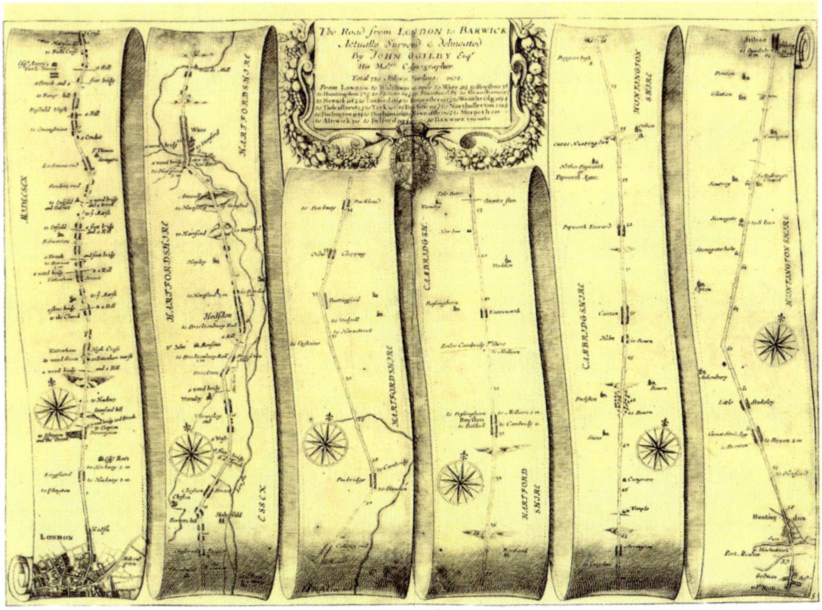

奥格尔比绘制的从伦敦到苏格兰边境贝里克的道路地图第一页，图上标出了沿路主要城镇距离伦敦的标准里程。尤其独特的是，每个部分的道路旁边都增加了指示方向的罗盘，并且使用不同的建筑图样来代表不同规模的市镇和村庄。为了方便旅行者，地图还描述了各地的特色。

间的经线差异，就能判断出这些经线所勾勒出的地球的形状。这位法国天文学家的探索，将在后世的英国地图绘制者之中引发遥远的回响。

与此同时，英国各郡的详细测绘仍在继续，最远到达了苏格兰的低地区域。然而到了 1715 年斯图亚特家族竞逐英国王位的时候，这个测绘边界就显得格外尴尬了。28 岁的詹姆斯·爱德华·斯图亚特自立为苏格兰国王詹姆斯八世和英格兰国王詹姆斯三世，在法国人和高地苏格兰人的支持下，于 9 月 6 日在布雷马正式称王起事。在伦敦即位的新王德国人乔治一举粉碎了这场争夺继承权的叛乱。尽管这场政变本身组织混乱、决策软弱，但英国的将军们从中学到了重要的一课：在没有地图的战场上打仗实在举步维艰——在此之前，谁也没想到过要测绘苏格兰。尽管如此，此后的一段时间依然没人真正采取行动，直到 1724 年，有报告称高地人对叛乱被镇压后的政策其实心怀不满，巴斯的国会议员乔治·韦德少将受命前去调查。

根据韦德的报告，情况非常糟糕：当地 2.2 万名氏族成员中，有 1.2 万人可能再次叛变。他提议在当地建立要塞，长期驻军以监控氏族动向，并且在要塞间修建道路，方便各个卫所彼此联系以及在战时快速支援。第二年，连接威廉堡与奥古斯都堡之间的道路首先开建。韦德手下的修路工大多是从各地的部队征调而来，队伍内部有当时军中极为罕见的民主气氛，再加上双倍的薪水和频繁的犒赏大餐，工程进展得相当顺利。尽管他们使用的工具和迪格斯时代没有太大区别，但这条道路的质量堪称顶尖。科亚瑞克山口附近的路段有至少 18 处带有急转弯的盘山路，路面下方的涵洞大大提升了路面排水的速度，以免恶劣的天气影响交通。直到今天，这条道路仍然可供行走。道路工程做得非常扎实细致，路基用石头和砾石堆砌，路面由碎石和柏油混合铺成；道路两侧修筑了凸起的路沿，路沿外是整齐的排水沟。盘山路段的排水沟用石头砌成，上面还凿刻了斜纹。韦德修建的道路相当坚固漂亮，遗憾的是，常年来往的马匹和马车逐渐让它变得面目全非，要不是这样的话，它甚至非常适合现代的汽车。当时有一句广为流传的话："要是你见过原来的路，一定会高举双手赞美韦德将军。"1731年，韦德修建的道路里程已经超过250英里。随后，他升任上将，1740年被调往南方。

5年后，韦德回到了苏格兰，在自己修建的道路上追击"英俊王子"查理。讽刺的是，正是沿着韦德修的路，查理此前一路向南，一直打到了离伦敦只有不到130英里的德比郡。查理逼近时，首都陷入了混乱。英格兰银行只付得出6便士的硬币，乔治二世随时准备着逃回汉诺威的家乡。但查理最终并未兵指伦敦，他撤回苏格兰，不久后，韦德和"黑卫士"兵团就夺回了战争的主动权。英国百姓欢欣鼓舞，德鲁里巷剧场里的观众每晚齐唱国歌时，都会特地添加一段赞颂韦德的歌词：

天赐韦德元帅
愿此强援
予我胜利
愿他粉碎叛乱
如奔涌的激流
碾碎苏格兰叛军
天佑国王

1746 年，查理在库洛登战败，但他差一点达成的那个愿望深深影响了年轻的邮局绘图员威廉·罗伊的人生轨迹。英国人终于决心测绘苏格兰高地区域并制作地图，罗伊参与了这个项目，不过它注定要永久搁浅。

1747 年，罗伊从奥古斯都堡出发，准备测量苏格兰高地的每一寸土地，但 1755 年的英法战争打断了他的工作。罗伊被召回，绘制肯特郡和苏塞克斯郡的军事地图，这两片地区很容易遭到法国人的攻击。这场战争一直持续到 1763 年，战争结束后，已经入伍的罗伊逐渐积功升职。1783 年，他升任上校，管理皇家工兵部队，并且接到了一项重要任务，皮卡德在法国的工作和他有了交集。这个时期，法国人正准备测量格林尼治天文台和巴黎天文台之间的准确距离，以确

当时一幅描绘了巴黎天文台的雕版画。巴黎天文台修建于 1667 年到 1672 年，主望远镜位于右侧的穹顶内。18 世纪以前，法国人根本不重视格林尼治经线，在他们眼里，穿过巴黎的子午线才是真正的本初子午线。

定这两个天文台的确切经度。杰西·拉姆斯登的大经纬仪为地图绘制者立下了汗马功劳，多亏拉姆斯登的新分度法，这种带有望远镜的仪器测角精度能达到 1 角分以内，人们得以绘出精细的地图。1783 年，天文台测距计划当时的负责人让·卡西尼提议用三角测量法测绘出一幅准确的英国东南部地图，这项任务交给了罗伊。1787 年，伦敦郊外的豪恩斯洛荒野上建起了英方测量基地，人们尽最大努力精确测量

拉姆斯登经纬仪的主体是一个三足水平黄铜圈，圈上装有 4 个显微镜，读角精度在 1 角秒以内。主望远镜侧面的两个水平仪可以保证它精确地与地面平行。这套设备能将 70 英里外目标的测量误差控制在 5 英寸以内。

出了这个基地在地球上的确切位置，然后以此为基准展开工作，但是不久，法国大革命爆发，一切戛然而止。不过，在那以后，正是因为担心新的法兰西共和国再次挑起战争，1791 年，英国成立了地形测量局，开始利用最新的测绘技术制作全国地图。

1824 年，测量局搬到了爱尔兰，这次搬迁完全是出于财务原因。多年来，英国政府一直嫌爱尔兰交税交得太少了。政府将税收用于维护监狱、法庭、道路、桥梁，还要支付公务员的薪水，公民纳税的额度则根据应税财产的价值确定。不过，爱尔兰各地评估财产价值的方式、采用的长度单位乃至使用的地图都各不相同，各个镇子之间也没有官方划定的界线。爱尔兰总督韦尔斯利勋爵给威灵顿公爵写信，认为爱尔兰的问题在于没有足够的专业人员来完成测绘工作，于是，1813 年，公爵在伦敦的伍尔利奇兵工厂设立了一所学校，专门为爱尔兰测绘工作培训了 20 名学员。年轻的爱丁堡高中毕业生托马斯·德拉蒙德是其中之一，当时他 16 岁，已经学习了数学、自然哲学和化学课程。两年后，德拉蒙德进入皇家工兵部队。1819 年，他结识了一位名叫托马斯·科尔比的上校，并因此对地形测量局的工作产生了兴趣。然而，1825 年，在贝尔法斯特郊外的第维斯山顶上，科尔比遇到了一个麻烦。

爱尔兰测绘计划的第一阶段是初步考察。测绘员准备采用三角测量法，所以他们首先需要借助较高的地势完成点对点的长距测量。第维斯山与多尼戈尔郡的斯纳赫特山之间的连线是基准三角形的长边，以苏格兰境内坐标已知的某一点作为顶点，就可以构成一个三角形；只要知道三角形的确切形状，就能算出两座山峰的准确位置；再以它们为底边构造其他三角形，就能计算爱尔兰其他地方与这两座山峰的距离。问题在于，当时是秋天，天气十分糟糕。测绘员想尽办法，但无论是火还是其他各种光源，都难以穿透笼罩斯纳赫特山的阴雨和浓雾，山顶上的一个小小光点根本不可能从远处看见。就在这时候，德拉蒙德匆匆赶来斯纳赫特山，拿出了一件他鼓捣了一整年的东西：一种新的光源。在一封写给母亲的信里，德拉蒙德描绘了 10 月 27 日他抵达后的事情：“……第一周我们一直在暴风雨中挣扎。我们的帐篷被大风刮倒了，好险才把设备抢救回来，每个人都累得够呛。最后，我们想方设法，终于搭起了两个窝棚，我的 7 位同伴住一间，我住另一间。”一切准备就绪，德拉蒙德立即开始点亮他的灯。第一道程序

1906 年的大规模测绘。为了修建贯穿阿尔卑斯山的辛普朗隧道，一队勇敢的测绘员带着经纬仪登上了瑞士和意大利边境的莱昂内山，这里是附近的最高点。测绘员选定了它作为三角测量法的基点。

是用一根喷管将氧气通入酒精，再把酒精点燃，富氧环境下的酒精立即猛烈地燃烧起来。接下来，操作者用酒精灯火焰加热一枚直径 3/4 英寸的小石灰球，受热的石灰发出耀眼的白光，德拉蒙德宣称，它比当时常用的灯里的最明亮的那种还要亮 83 倍。最后，火焰后方的抛物面镜将光线反射出去，形成一束狭窄而明亮的白光。这套装置被称为聚光灯，它一鸣惊人。11 月 9 日，一位信使艰难地爬上山顶，他告诉德拉蒙德，现在可以把灯灭掉了。在德拉蒙德灯亮起的那一刻，远在第维斯山顶的观测者就看见了那束灯光，并记录了必要的数据。现在他们知道，第维斯山和斯纳赫特山之间的距离是 66.25 英里。

德拉蒙德很快得到了回报。一些资深科学家对他的发明很感兴趣，他在长达 300 英尺的伦敦塔军械库做了一次现场演示。首先出场的是带抛物面反射镜的阿尔冈煤气灯，这是当时英国的灯塔普遍使用的光源。然后德拉蒙德在煤气灯前面放了一片新发明的菲涅耳透镜，灯光的亮度立即提高了不少。接下来，聚光灯终于登场。用天文学家约翰·赫歇尔的话来说："……石灰球点亮后，聚光灯的挡板突然移开，雪亮的强光立即淹没了整个大厅，此前的两种灯顿时黯然失色……人群中爆发出一阵赞赏的欢呼。"英国人的激动之情大约有一部分来自爱国心，因为在当时，最好的两种灯都是法国人发明的。刚刚结束的拿破仑战争依然让人记忆犹新，而如今，在这个极度依赖海外贸易和航路控制权的国家，海岸上的灯塔有望由本国的产品而非法国的阿尔冈煤气灯点亮，这自然让她的国民雀跃不已。尽管如此，管理灯塔的港务局依然要求德拉蒙德专门为他们做一次演示。

1830 年 3 月 5 日，德拉蒙德的第二次演示同样大获成功，演示装置被移至泰晤士河口的珀弗利特镇上一座临时的灯塔里，准备试

改进后的聚光灯，用氢氧焰取代原来的酒精焰，将石灰加热到白炽状态。抛物面镜位于火焰的正后方。德拉蒙德宣称，他的发明比当时最亮的灯还要亮 80 倍。

用。5 月 10 日，观察员来到布莱克沃尔的三一码头，这里距离珀弗利特足有 10 英里，不过两地之间的视野没有任何遮挡。为了这次试验，德拉蒙德把聚光灯的燃料换成了氢氧混合气体，因为氢气燃烧的火焰比酒精更明亮。5 月 25 日晚，聚光灯点亮，10 英里外的观察员身后出现了影子！这件事“立即引发了巨大轰动，人们惊异且赞叹……这种灯光不仅鲜明、耀眼，而且呈现出完美的白色。毫不夸张地讲，它的光芒甚至能媲美太阳……”万众期待下，几座正在使用的灯塔，例如南福兰角灯塔，试装了新的聚光灯。不幸的是，聚光灯的供气管道泄漏，火焰燃料不足，储气袋还发生了爆炸。灯塔看守人在日志里记下了试验经过：“27 日星期四，夜晚。聚光灯熄灭了，原因：燃气不足。9 月 2 日，砌砖工人又来修理了两个曲颈甑，因为燃气大量泄漏。”如此种种。最后，因为成本问题，英国的灯塔并未大规模采用德拉蒙德的发明，他必须另找出路。

德拉蒙德在煤气灯的缺陷中找到了机会。数年前，煤气灯一问世，就很快成为剧场里常用的照明工具。1815 年，科文特花园率先安装了煤气灯，但在接下来的 10 年里，剧场发生火灾的次数增加了一倍。煤气灯的供气系统无比复杂笨重，火灾几乎在所难免。以巴黎歌剧院为例，它的供气管路总长度超过 28 英里，主控制面板绰号“管风琴”，上面有 88 个阀门控制着通往 960 个喷气头的气流。依照歌剧制作人规划的详尽方案，操作者开关阀门，调整舞台上的灯光。接头这么多，难免会发生泄漏，1856 年，《建筑师》杂志有文章写道：“被烧毁是剧

德拉蒙德的聚光灯主要用于灯塔和剧院，不过有一段时期，人们也曾试过用它给道路照明。1860 年 5 月，《伦敦新闻画报》刊登了一幅插图，威斯敏斯特大桥被试安装的聚光灯照得雪亮，旁边的煤气灯黯然失色。

场的宿命，早晚的问题而已。”不难想象，对剧场的所有者来说，聚光灯的确很有吸引力。1837 年，克拉克森·斯坦菲尔德开始运用聚光灯给自己剧中的布景辅助照明。1851 年，聚光灯在德鲁里巷上演的《阿兹勒》中营造了非凡的舞台效果，赢得了人们交口称赞。亨利·欧文是唯一一位因为使用聚光灯而遭到批评的著名艺术家。评论者对他 1889 年推出的《麦克白》嗤之以鼻：“一束莫名其妙的光照亮了舞台。”尽管如此，人们还是经常使用聚光灯来模拟日月的光辉，或是直接打在演员身上表示强调。它的效果被我们的语言发掘出了比喻含义，“聚光灯下”成了“出名”的代称。

与此同时，其他人也在试图解决聚光灯的燃料问题，希望降低它

1881 年的一场排练，煤气灯照亮了剧场的舞台。图中的便携式煤气灯在正式演出时将以分散的煤气脚灯代替。在 1893 年煤气灯罩发明之前，煤气灯的亮度一直比较低，而像图中这样在演出时临时加装的灯又增大了剧场的火灾风险。

的使用成本，有朝一日真正成为灯塔的光源。英国政府始终迫切地希望灯塔能更亮些，因为随着出海船只日渐增多，事故也越发频繁。到19世纪中期，英国每年平均要发生800多起海上事故。1849年，布鲁塞尔军事学院的一名比利时物理教授弗洛里斯·诺莱想出了办法，用电解法制造氢气和氧气。当时人们已经知道，如果把电路的正负极浸在水里然后通电，就会使水分子分解成氢气和氧气，以气泡的形式浮上水面，很方便收集。难点在于当时的人们还制造不出足够强的电流。诺莱知道，把金属片放在马蹄形磁铁的两极之间旋转就能产生电流（早在1831年，法拉第就做过这个实验），根据这个原理，他设计了一台发电机。诺莱于1853年去世以后，一家名叫“联合公司”的

1870年，巴黎围城期间，蒙马特区的人们利用一台诺莱式发电机点亮了一盏弧光探照灯，士兵举起望远镜，观察窗外被灯光照亮的目标，引导灯光投射的方向。桌子中央放着一盏油灯，油灯两侧还各有一盏弧光灯。背景里能看到为发电机供能的蒸汽机。

1862 年，霍姆斯的磁电式发电机在伦敦博览会展出。中央主轴上方旋转的圆盘内部会产生电流，圆盘的支架上连有导线，将电流传输至其他地方。

企业继续研究这一专利。项目组里有一位名叫弗雷德里克·霍姆斯的英国工程师，1856 年，他回到了英国。霍姆斯坚信，除了分解水制造氢气和氧气以外，发电机理应有全新的应用前景。

霍姆斯为发电机设想的新用途是直接给弧光灯供电，因为当时的弧光灯需要消耗大量能源，应用范围颇受限制。弧光灯的原理相当简单：它的内部有两根碳棒，其中一端彼此距离极近。通电以后，电流跃过碳棒间隙，产生电火花，碳棒因此达到白炽状态。1857 年，霍姆斯带着他的新发电机造访了港务局。这台机器高达 9 英尺，20 块磁铁组成 3 个竖立的磁圈，磁圈之间的水平主轴上安装有两个圆环，在蒸汽机的驱动下，主轴每分钟能旋转 90 圈。

这台发电机产生的电流只够驱动现代家庭里的一台电暖炉，但它重达 5.5 吨！在南福兰角和邓杰内斯角的灯塔做了几次试验以后，1871 年，这套系统安装到了诺森伯兰海岸新建的苏特角灯塔里。此时的霍姆斯并不知道，他的发明已经过时了。就在前一年，法国工程师齐纳布·格拉姆在巴黎推出了一台全新的发电机，他也曾在比利时参与过诺莱的研发项目。这台机器的灵感来自丹麦人泽伦·约尔特的理论，而格拉姆是第一个据此研发出商用机器的人。约尔特提出，如果把线圈绕在一根软铁棒外，再给线圈通电，铁棒就会获得磁性；驱动缠绕着带电线圈的铁棒旋转，磁场会在线圈内产生感应电流，电流又会进一步增强铁棒的磁性；更强的磁场继续产生更大的电流，如此

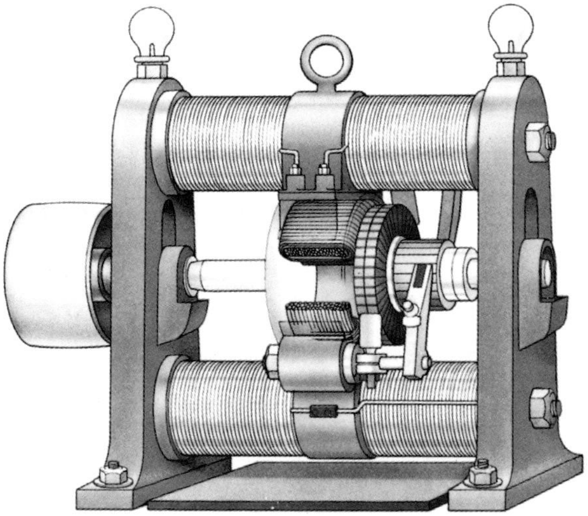

1877 年制造的格拉姆发电机，用于给弧光灯供电。示意图中发电机中央的电枢（线圈）已经切开，以便观察其内部结构。环形电枢在 4 块电磁铁（位于电枢的上方和下方）组成的磁场中旋转，线圈交替切割磁铁的南北两极附近的磁感线，产生电流。

循环往复，当铁棒的旋转速度达到某个值，它的磁力会达到极限，产生最强的感应电流。只要让铁棒保持旋转，这个过程就会持续下去。格拉姆的发电机是第一台能够产生持续电流的发电机，弧光灯终于有了可靠的能源，可以大显身手了。

截至目前我们已经看到，种种相去甚远的因素，例如气候、政治上的权宜之计、研究、意外，都有可能带来创新与变革。接下来的例子将让我们再一次看到，有时，创新的诞生是源于它所需的所有元素刚好在某一时间汇聚于同一个人的身上，此人将会像拼拼图一般，让新发明的面貌呈现出来。弧光灯就是拼图中的第一块。第二块拼图起源于中欧南部的群山之间。开山炸石需要大量火药，制作火药需要用到木炭，所以当地的森林日渐萎缩，木头的价格一路飞涨，火药供应也因此越来越紧张。此外，火药也有其缺陷，它虽然很容易把石头炸飞，却很难炸碎。1846 年 5 月，巴塞尔大学的化学教授克里斯蒂安·尚班宣布，他找到了火药的替代品。尚班先把棉花浸泡在硝酸和硫酸 1:3 的混合溶液里，再取出棉花，挤出残余的酸，静置 1

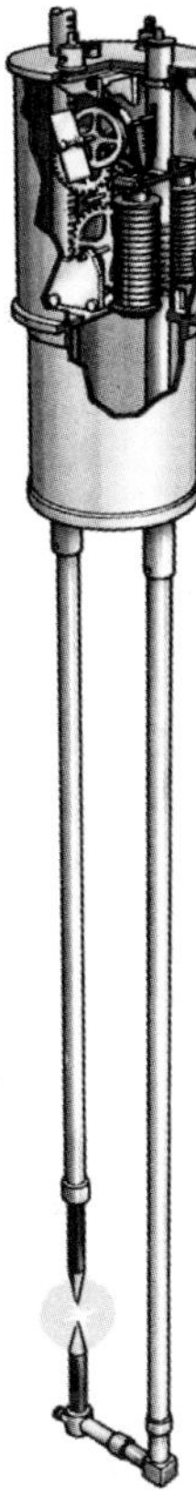

克朗普顿弧光灯。弧光灯内部的两根碳棒有约 1/8 英寸的间隙，通电后碳棒燃烧至白炽状态，产生明亮的弧光，同时碳棒自身渐渐消耗。碳棒外套着两根筒状的电磁铁，以使两根碳棒始终保持合适的距离。

1879 年，《伦敦新闻画报》推出特刊，纪念“蒸汽与电的辉煌胜利”。左侧的场景代表世界经科学改变前的面貌，不过左下角的煤气灯削弱了对比的力量：它自己也是 19 世纪初才出现的新事物。

小时，最后，用水冲洗棉花、挤出水分晾干。这种“火棉”点燃后会爆炸。尚班这样描述它的优点：“1 磅火棉爆炸的效果相当于 2－4 磅黑火药……这样处理过的棉花爆炸后不会留下任何残渣，也不会产生烟雾。制造过程十分安全，没有一丁点危险。”最后这句话引起了约翰·霍尔（就是那位先前和布莱恩·唐金一起生产了第一批罐头食品的人）的兴趣，他与尚班签署了生产火棉的授权协议。1847 年，霍尔在肯特郡的法弗舍姆附近租下了一家工厂，这家工厂自 15 世纪以来便一直生产炸药。1847 年 7 月 14 日上午 11 点，工厂发生了意外（很可能是因为加工火棉的温度过高），结果造成了一场惊天动地的大爆炸。《泰晤士报》刊登了周围目击者的证言：“以爆炸点为中心，方圆 1/4 英里内，所有屋顶都被掀掉了，墙壁也晃得厉害。就连远在 1 英里外的法弗舍姆镇上，都有窗玻璃被震碎。”工厂灰飞烟灭，事故

法弗舍姆大爆炸后的遗迹。爆炸声传到了 17 英里外。讽刺的是，之前的 100 多年里，工厂附近的人们一直担心的是火药爆炸的危险。

造成 21 人丧生，其中有 10 个人被炸得粉身碎骨。接下来的 20 年里，英国再也没有人敢生产火棉。

随后登场的是生产象牙台球的美国企业费伦和科兰德公司，它们陷入了原料短缺的困境，并开出了高达 1 万美元的悬赏，寻找可以大规模供应的、可替代象牙的原材料。这笔奖金吸引了纽约州奥尔巴尼一位名叫约翰·海厄特的年轻印刷工人的注意。1870 年，海厄特获得了一种新材料的专利。他把火棉、酒精和樟脑混合在一起加热，得到了一种柔软的固体。这种物质可以模塑成型，冷却后会再次变硬。海厄特是否得到了那份奖金现在已无从考证，但不久后有传闻称，西海岸的酒馆里经常发生莫名其妙的骚乱，最后发现原因竟是台球相撞时发出了清脆的枪响。要知道，酒馆里有很多人都带着枪，对这种响动格外敏感。海厄特的台球组成了拼图的第二块。

第三块拼图出自维也纳一位炮兵教官之手，他名叫弗朗茨·冯·乌哈蒂乌斯。1845 年，乌哈蒂乌斯开始钻研如何用直观的方法向炮兵传授弹道理论。1853 年，他的方法已趋成熟，维也纳科学院邀请他演示自己的发明。乌哈蒂乌斯以光的频闪效应为灵感，并依自己的需求做出了改进。他在一张透明的玻璃圆盘上画了 12 幅图，每幅图分别代表炮弹在空中飞行的某个瞬间。每幅图前各放置有一面小小的透镜，12 面透镜各自调整到合适的角度，使它们全部聚焦到某一堵墙或者某一块屏幕的同一点上。他将玻璃圆盘保持静止，同时旋转圆盘背后的光源（他用的是德拉蒙德的聚光灯），光源上覆有遮罩，以保证每次只能照亮一幅图片。转动灯座的手柄，12 幅图片就会依次投射到屏幕上，好像炮弹真的动了起来。手柄转动得越快，炮弹“飞行”的速度也越快。当时在维也纳有一位名叫路德维格·多布勒的著名魔术师，乌哈蒂乌斯的发明深深震撼了他，他当即以 100 莱茵盾的价格买下了这套设备。短短几年内，“会溶解的图片”就在整个欧洲流行起来。

1872 年，美国加州州长、狂热的赛马爱好者利兰·斯坦福跟朋友弗雷德里克·麦克雷利什起了分歧。斯坦福坚持认为马在疾驰时始终有一只脚着地，但麦克雷利什表示绝不可能。斯坦福正好认识一位英国来的摄影师埃德沃德·迈布里奇（他是个改名爱好者，原名爱德华·马格里奇），当时迈布里奇正为了中央太平洋铁路的工程，频频前往墨西哥和中美洲拍照片，斯坦福对这个题材颇有兴趣。斯坦福请迈布里奇帮忙终结这场争论，1878 年 6 月 15 日，州长在帕罗奥图的训练马场迎来了大批记者，他们应邀前来见证。迈布里奇在赛道一侧安装了 12 台相机，每台相机之间相隔 40 英尺，这是他们估算斯坦福的赛马

迈布里奇拍摄的奔马系列照片。第一排的后三张照片表明，马在疾驰时是四足腾空的。

每秒能跑的距离。触发相机快门的机关由铁路工程师约翰·艾萨克斯设计，他在赛道上拉了 12 根线，赛马碰到线就会触发快门。赛道另一侧安装了 15 英尺高的栏杆，栏杆上每隔 21 英寸就标记一个刻度，并从起点开始依次编号，方便后期按顺序排列照片。这套照片后来传遍了全世界，迈布里奇用它印制了一系列明信片并申请了专利。照片证明，州长错了。第二年，迈布里奇推出了他的“跑马灯”：他把定格的动物照片印制在透明的玻璃圆盘上，后面衬上不透明的遮板。透过遮板上的细缝，遮板后的光源照亮旋转的玻璃圆盘，投影出来的动物就像是动起来了一样。跑马灯是拼图的第三块。

第四块拼图来自摩尔斯电码接收机的后代。电报线传递的脉冲信号驱动接收机里的电磁铁，让它吸引或释放一根金属柄，发出与脉冲信号一致的嘀嗒声。这种嘀嗒声对应着一套特殊的编码语言，它的名字来自其发明者，画家萨缪尔·摩尔斯。1877 年，一位前电报员在新泽西的门洛帕克发明了一套能够储存并转发摩尔斯电码的设备。记录信号的设备底座上放着一张圆形蜡纸，接收机收到的信号驱动探针上下移动，在蜡纸上扎出对应的凹痕。随着底座载着蜡纸旋转，圆形蜡纸上留下了一圈刻痕，信号就以这种方式被储存下来，原理与现代的

跑马灯的玻璃圆盘，最早的“动画”。

连发电报机。爱迪生当电报员的时候，繁忙的工作常常让他不堪重负，这项发明由此诞生。

唱片刻录机十分相似。读取信号的时候，只需把蜡纸一翻，探针留下的凹痕就会变成细小的凸起。把另一根读取用的探针放在蜡纸上，并使其上下移动时接通或切断输送信号的开关，就可以把电报原封不动地转发出去。这种装置称为“连发电报机”。据传说，它的发明者托马斯·爱迪生有一天听着它高速运转的声音，觉得这声音像音乐一样有起伏的旋律，于是他意识到，探针的振动对应着声音的某种模式。接着他想到可以利用薄膜振动来重现声音，虽然这个主意当时已经并不新奇。爱迪生把一根针立在薄膜上，薄膜振动时，针也会随之跳动，在一张锡箔上画出对应的图案。锡箔裹成圆筒装在一根螺杆上，随着螺杆的转动，锡箔缓缓展开，探针记录图形的空间也随之大大延展。有一次，爱迪生对着薄膜大喊“玛丽有只小绵羊，它的羊毛白似雪”，探针忠实地记录下了对应的图案；随后，他把探针放在画好的锡箔上，以相同的速度再次转动螺杆，探针从刻下的沟槽中滑过，薄膜重现原来的振动，发出的声音和爱迪生自己的一模一样。爱迪生将这个新发明命名为“留声机”。1877 年 12 月 15 日，爱迪生获得了留声机的专利，这项发明为他带来了巨额财富，也让他几乎一夜之间举世闻名。

我们的第一块拼图——弧光灯，也将在爱迪生手中继续改良。和

早期的爱迪生留声机广告。爱国是这张海报的噱头之一，请注意图中“山姆大叔也脱帽致意”的广告词。他选择“胜利牌”这个商标显然不是出于巧合。

所有研究弧光灯的前辈一样，爱迪生也意识到了这种灯的缺陷：高温碳棒虽然能释放极高的能量，自身却会因燃烧而消耗掉，尽管速度很慢。40 年来，人们一直在试图解决碳棒的损耗问题，他们试图把灯泡抽成真空，但当时的真空技术还不够先进，漏进去的那一丝空气已足以导致碳棒氧化。1878 年，爱迪生开始全力以赴地寻找解决方案。起初他试图改用金属丝，例如铂丝。但有的金属同样容易氧化，不易氧化的又太贵，都不适合制作灯丝，于是他重新考虑起碳来。爱迪生把纸带和碳一起放进窑里加热，制造出碳化的“纸丝”，但这种材料还是会烧掉。就在这时候，从德国传来了一种新泵。赫曼·施普伦格发明了它，是因为当时欧洲的一项热门课题：研究电流在真空管中的特性。利用施普伦格的泵，爱迪生把灯泡抽成了几近完美的真空。耐心尝试了6000种灯丝材料后，他最终还是选了碳。1879年10月，使用碳化卡纸制作的灯丝持续工作了170个小时，爱迪生和他的团队一直守在旁边，观察着整个过程。

爱迪生的灯泡和台球、跑马灯和留声机一起，组成了这幅完整的拼图，其中最关键的一块或许是台球。海厄特将制造球壳的合成材料命名为赛璐珞，1888年，人们已经开始使用这种材料制作胶片，为戏剧拍摄剧照。就在此前一年，一名默默无闻的牧师汉尼巴尔·古德温递交了赛璐珞胶片的专利申请，但另一个名叫乔治·伊斯曼[①]的人跟他打起了旷日持久的官司。

1881年，爱迪生的碳灯丝电灯。爱迪生真正了不起的地方在于，他发明了一套供电系统，第一次使得由同一台发电机供电的多个灯泡能够分别开关。

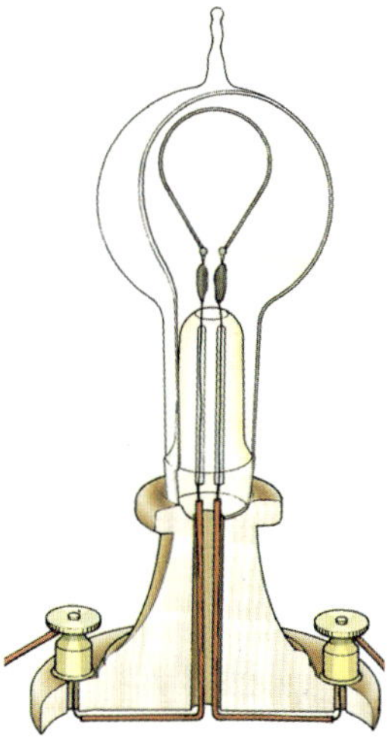

①美国企业家、发明家，柯达公司创始人。从1882年起，即与爱迪生有通信往来。

最终古德温在贫困中死去，1889 年，伊斯曼的公司开始生产赛璐珞胶片。至于跑马灯，迈布里奇和爱迪生在 1886 年就已经相识，当时迈布里奇举办了一场讲座介绍自己的发明，讲座结束后，他去参观了爱迪生的实验室。所以我们或许可以说，总有一天，爱迪生必然会将胶片、灯泡和会动的图片结合起来。果然，1893 年，他推出了胶片放映机，伊斯曼特别为他制作了一种两侧有孔的胶片条，机器内部的棘轮系统通过这些小孔拉着胶片转动，放映机就会播放出活动的图像。胶片放映机甫一问世就大获成功，但当时爱迪生并未想到要把图片投影放大。1895 年，法国人卢米埃尔兄弟获得了投影式放映机的专利权。

电影的出现引发了轰动，人们迫不及待地开始尝试制作有声电影。1927 年，艾尔·乔逊主演的《爵士歌王》成为第一部大卖的有声电影，它的音源来自一台同步播放的留声机，不过在此之前，科学家就已经在研究另一种电影录音技术，这一次，记录声音的介质是光。他们的

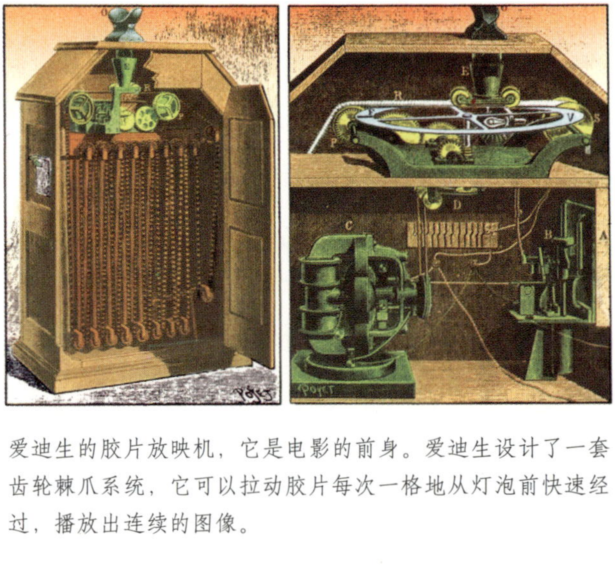

爱迪生的胶片放映机，它是电影的前身。爱迪生设计了一套齿轮棘爪系统，它可以拉动胶片每次一格地从灯泡前快速经过，播放出连续的图像。

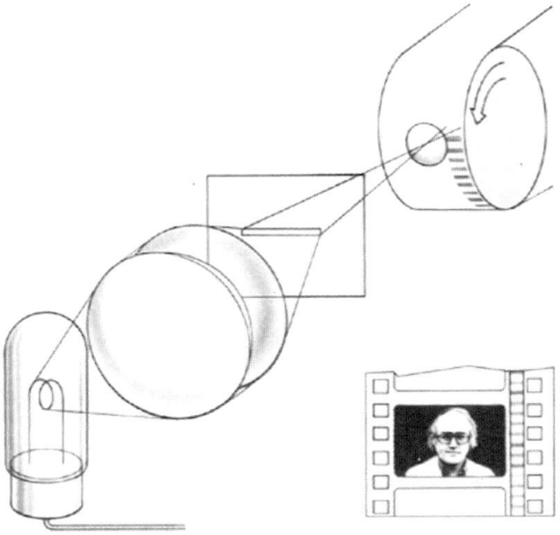

胶片上的声音。来自麦克风的声音信号使灯泡闪烁，灯光透过一条窄缝投射到胶片的一条矩形区域，导致负片产生程度不等的曝光，冲洗后得到多少有些模糊的正片。这种模糊来自麦克风拾取的背景噪声。

灵感可能正是来自爱迪生用“振动”重现声音的念头。早在 1873 年就有人发现，硒拥有一种奇妙的特性：它在受到光的照射后会释放电子，光线的强弱直接影响它释放的电子数量。1923 年，丹麦科学家利用硒的这种特性，第一次直接将声音记录在了电影胶片里。

硒和其他具有光敏特性的金属催生了当今世界最常见、最有影响力的一些新发明。其中最重大的突破来自一位从俄罗斯流亡到美国的工程师，他名叫弗拉基米尔·佐利金。1928 年，佐利金发明了光电摄像管，它的主体是一个抽成真空的玻璃容器，容器内有一片很薄的云母，云母片背面涂了一层银，正面则是许多细小的银颗粒，它们都经过铯蒸气和氧气处理，因此每一粒的表面都裹了一层氧化银和氧化铯。

这些对光十分敏感的颗粒整整齐齐地排列在云母片上，如果云母片接收到图像中的光线，这些颗粒就会像硒一样，释放出电子。失去了电子的粒子携带正电，电荷强度与光的强度及照射时间直接相关。真空容器里还装有一支电子枪，枪口对准云母片的正面。电子枪射出的电子流在磁场的引导下逐行扫过云母片，依次激发每一个银颗粒。被电子流扫过的瞬间，粒子捕获电子，回到电中性，因此它携带的电荷会突然改变，改变的幅度正是取决于它携带的电荷强度，也就是先前照射它的那部分图案的亮度。云母片背后的银层接收到了电压变化，并将它传导到另一个独立的装置里。至此，原始图像被分解成一个个或明或暗的点，转换为一个个或强或弱的电信号。接下来，这些信号被

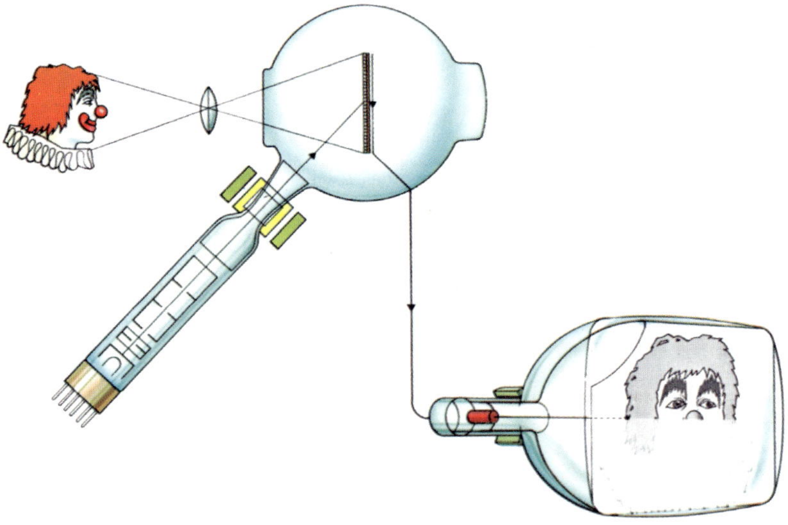

光电摄像管，现代电视摄像机的前身。它的主体是一个密封的真空玻璃容器，容器内部的光敏金属片同时对准被拍摄的物体和一台阴极射线“扫描器”。如图所示，扫描器第二次从金属片表面自上而下扫过，在右侧的屏幕上形成新的上半部分图像。下半部分正在消失的模糊图像是上一次扫描留下的。

传送到另一支逐行扫描的电子枪处，用于控制它射出电子束的强度和时间，这些电子束将投射到一面荧光屏上，转化为一系列或明或暗的光点，将云母片上的银颗粒们“看”到的图像忠实地重现出来。从本质上说，光电摄像管是电视摄像机的先驱，正是有了它，后来的阴极射线管才能将图像呈现在电视屏幕上。

到爱迪生去世时，他名下共有超过1000项专利，这些成果离不开他实验室里不辞劳苦的工作人员。每个工作人员都是某一领域的专家，负责将爱迪生丰富的想象力和对市场的精准把握转化成实际产品。爱迪生从来不会在市场前景不明朗的情况下启动研发工作，他制定了6条发明原则：确定创新需求；设定清晰的目标并坚持下去；分析新发明诞生的必经步骤，依序开展工作；研发的每一阶段前都搜集充分的资料；确保团队中的每个成员都有清晰的职责范围；记录所有数据以备复查。开展重大项目前，他还会做详尽的市场调查。如果觉得没有市场，他就不会启动项目。爱迪生不惜重金投放广告，一方面推销产品，另一方面也把自己打造成一个天

爱迪生不但勤于发明，也精于市场推广。他制定了缜密的策略来推销自己的产品，并且精心地把自己塑造成一个殚精竭虑、一心扑在工作上的孤独天才。

才又勤奋的发明家。爱迪生的实验室可谓世界上最早的工业科研实验室，现代的许多大公司，例如贝尔实验室、通用电气和西屋电气，都学习了爱迪生的体系。如今人们对变革的狂热追捧离不开爱迪生的努力，他曾经说过："无论我拿起什么东西，心里想的总是该怎么改进它。"渐渐地，越来越多的销售者意识到，商品自带"升级换代"特性是一个多么诱人的优点，于是"改进"变成了"取代"。

或许可以说，爱迪生发明了发明业，并由此引入了"为变而变"的理念。他的创新体系和市场推广手段促进了现代工业的持续发展。今天的我们继承了这套紧密联结、复杂多变、始终处于动态平衡中的系统，它的发展方向每时每刻都因各种外界因素的推动而改变：这里的一个突发事件、那里的某个新发明、政治波动、意外、气候变化、战争、流言……纵观历史，这些因素一直影响着变革的历程。

我们已经看到，现代社会里那些改变了我们的世界、影响了我们的生活、塑造了我们的行为和思想的重大发明，往往是一系列充满随机性的事件相互作用的结果。我们生活在历史的遗赠之中，但历史上的那些人却未必了解他们的馈赠将有何等的价值。人们在发明和改进的过程中，从来无法预料自己的工作将对后世产生什么样的影响。那么我们是否可以说，世界如今的面貌，无非是由一系列错综复杂的意外联结而塑造出来的？

10 发明未来

展望未来时，为何要回顾过去？因为我们能看到的只有历史。真正的问题在于，过去的线索是否真能通往未来。历史可能由无数独立不可重复的事件组成，只与当时独特的背景环境有关；也可能是人类的行为导致某些因素在历史长河中反复出现，触发一系列相互联结的进程，交织成今天的世界。如果真相是后者，那么当环境相似时，历史上曾发生的因果关联也许会重演，以史为鉴便可启发未来。要是事实并非如此，而是如亨利·福特所说，“历史就是废话”，那么，研究历史，以及其他任何与自然的铁律无关的学科，就毫无益处。

历史的因果是否存在，本书已经给出了明显的倾向。在不同的时间和地点，几个重复出现的关键因素反复影响着变革与创新的进程。虽然同样的一幕不会精准地重现，但如果观察者发现类似的因素也可能出现在自己的未来，到时就能更敏锐地识别出它的影响。这里运用的方法论是，如果现在发生的事情曾在过去有对应，那么研究该事件的后续走向，就能帮助我们预判未来。因此，我们为了现代的弹道导弹重新审视火炮的发展，为了电话回望中世纪的教堂邮政服务，为了原子弹回顾马镫的出现。教科书上的历史总是以时代、主题或英雄作为串联线索，但是通过本书的回溯方式，你或许会发现，历史并不遵循这样的秩序。

在英雄导向的历史里，重大变革总是出自某个天才之手，他们被贴上方便的标签：发明家。爱迪生发明了电灯，贝尔发明了电话，古腾堡发明了印刷术，瓦特发明了蒸汽机，这串名单可以无休无止地罗列下去。但是，任何发明都不可能仅凭一个人从无到有地创造。无限推崇发明家的做法夸大了个人在历史进程中的影响力，更重要的是，忽视了无数默默无闻的奠基人。如果没有这些人的努力，发明家的成就只会是无源之水。

主题分类法倾向于将历史分为许多板块：交通、通信、航海、蒸汽、战争、冶金，等等。但这样的划分已经暗含了当年的创新者不可能拥有的预知能力。照这样看来，1725 年布雄在里昂的织机上加装穿孔纸带实现自动纺织，与计算和数据传输毫无关系；然而后来，它成了计算机发展历程中不可或缺的一部分。为飞机发动机和化油器奠定了基础的文丘里效应，最初只是被人们用来测量泵的流量。古腾堡的活字印刷术不仅促进了文化的传播，对冶金业和纺织业的发展也同样举足轻重。

而断代法把历史划分成一系列彼此相连的独立单元，每个单元的开端总有一个标志性的日期和事件，例如新王朝诞生、帝国首都陷落或者新交通工具出现；这些小单元被贴上不同的标签：黑暗时代、中世纪、文艺复兴、启蒙时代。但正如本书所展现的，以这样的方式归纳历史未免太过简单。给历史贴上某种标签，就容易让人忽略标签以外同时发生的其他许多事件。在所谓的“黑暗时代”里，古罗马的行政管理体系仍在很多地方发挥其高超的效率；君士坦丁堡陷落虽然是欧洲历史的重要节点，却与当时绝大部分欧洲人的生活没有任何关联，大多数人甚至从来就没有听说过这个消息；都铎王朝被斯图亚特王朝取代的那一天，英国人的生活也没有因此天翻地覆。

这样的归纳方法难免会让人形成直线式的历史观，进而影响他们设想未来的方式。如果被问到“电话在你有生之年会发展成什么样子？”大部分人只会想到这件设备本身的变化，比如说，尺寸变小、费用降低、性能增强，于是很容易地推测出，以后的人们会更多地使用电话交流。但实际上，电话在人们生活中的地位急剧改变，也可能源自一些与技术完全无关的事件与通信技术的交织。

比如说，未来某天，能源短缺迫使政府出台严苛法规，以严格定量的方式配给能源，那会怎样？这时的政府可能会决定随机窃听全国范围内的电话，以杜绝黑市交易，顺便暗中打击异议分子。假如真有这种情形，电话就不再是方便的工具，反倒成了交流的障碍。历史往往就是这样造就，变革的导火索常常与变革发生的领域本身全然无关。如果以直线的方式思考，烟囱的出现只不过改变了人类的居家生活。然而实际上，烟囱让管理机构在冬天也能运转，人们有更多时间进行智力活动，经济由此增长，人们的生活水平提高，建筑业也随之兴旺，木材很快陷入短缺。木柴不够用了以后，人们急切地寻找新能源，更高效的煤炉应运而生；煤炉的高温帮助工人实现了大规模熔铁，于是他们铸造出了早期蒸汽机的活塞圆筒；蒸汽机对气压的运用促使科学家开始研究气体的性质，接下来开始研究石油，使其成为现代汽车发动机的基础能源；如果没有汽车发动机技术，今天的飞机也不可能存在。

在这看似纷繁芜杂的事件集合中，我们也能够分辨出，一些反复出现的因素一次次影响着变革的进程。第一个因素想必在意料之中：有明确的创新目标时，这项创新就会诞生。拿破仑成立法国工业促进委员会时设定了几个明确的目标，找到保存食物的方法是其中之一，它随后就由阿佩尔的瓶装工艺完成了。爱迪生研究白炽灯也有明确的目的：为了弥补弧光灯的缺陷。其实在他之前，发明白炽灯所需的各个元素都已齐备：抽空灯泡的真空泵、电流、灯丝的概念（弧光灯已经采用了这个设计）以及用碳充当灯丝材料的想法。迈布里奇的奔马照片让人们看到了“会动的图片”，而经过爱迪生的发酵，两人决定将跑马灯变成一种能日进斗金的机器，这才有了胶片放映机。冯·林德之所以会造出家用冰箱，更是为了满足一个具体的需求：慕尼黑酿酒商想要全年不间断地酿酒。

第二个因素是，新发现经常在探索另一领域时无意间诞生。威廉·珀金本想用煤焦油提取物制造奎宁，却得到了第一种人造苯胺染料；奥斯特希望证明罗盘指针不会受到电流的影响却适得其反，电磁铁就此问世；亨利·穆瓦桑本来打算在高温环境下用普通的碳制造人工钻石，虽然失败，却意外得到了电石，它后来成了乙炔和化肥的基本原料。

另一个因素是，对某一事件产生决定性影响的往往是看似毫无关联的东西。启发了布雄在织机上加装穿孔纸带的是控制自动乐器的插销圆筒；纺车和水平织机引发了中世纪的纺织业革命，亚麻产量大增，价格也一落千丈，以破布的形式促成了造纸业的革新；C. T. R. 威尔逊用来制造云雾的云室，最终为物理学家提供了研究原子裂变的工具。

战争和宗教因素也可能成为变革的主要驱动力。14－15 世纪，大炮的出现促进了防御建筑的演化，于是天文学仪器有了新的用途，成了测绘地图的基础工具；马镫造就了中世纪重骑兵，他们的诞生一定程度上改变了欧洲的社会与经济结构；修士希望知道确切的时间，好在夜间祈祷，他们还需要了解庆典的日期，于是开始钻研阿拉伯天文学，直接催生了水力闹钟和立轴横杆式机械钟。

意外和不可预知的突发事件主导着变革的历程。乙炔市场突然一落千丈，人们不得不为欧洲和美国堆积如山的电石寻找新的出路，于是农民得到了便宜的肥料；邓唐纳德伯爵的干馏窑不幸爆炸，最终让科学家发现了煤气；中国的罗盘偶然抵达欧洲，欧洲人开始探索磁力，并由此发现了电；另一件来自中国的发明——火药，推动了欧洲采掘铁矿铸造大炮、挖掘银矿铸造货币的进程，矿井的排水问题因此备受关注，催生了气压计的诞生。

气候和人们的健康状况也是不容忽视的重要因素。罗马军团撤退、随后的数百年战乱也平息之后，欧洲需要开垦抛荒的林地和崎岖的荒野，老式的犁无法满足这样的需求，犁板和犁刃应运而生，于是到了9世纪，新式犁问世，直接导致欧洲的经济中心转移到了阿尔卑斯山以北。12－13世纪，欧洲北部遭遇严寒，人们迫切需要更高效的取暖方式，烟囱应运而生，整个欧洲的经济和文化生活都因此产生了翻天覆地的变化。19世纪初，美国阿巴拉契科拉周围沼泽里滋生的蚊子引发了佛罗里达州疟疾大流行，一心想医治病人的约翰·哥里因此发明了制冰机和空调——他误以为疟疾来自夏天的高温和植物腐质散发的瘴气。

以这种方式纵观创新与变革的历程，不难归纳出两个要点。第一，世界上并不存在单打独斗的发明家。“孤独的天才为追逐梦想殚精竭虑”是爱迪生刻意宣传的理念，但是如果没有众多同事和先行者的帮助，就连爱迪生自己也难以有所作为。以汽车为例，火花塞源自伏打的空气纯度测定管，圆筒活塞发动机的基础结构来自纽科门，化油器的理论基础是文丘里效应，传动装置的前身则是水车。孤独天才的神话将发明家捧上了与世隔绝的象牙塔尖，它不但否认了前人的努力，也在技术专家与普罗大众之间划出了一条难以逾越的鸿沟。

第二个要点是，信息传播的难易程度是影响变革速度的关键因素。西方技术掀起过 3 次发展浪潮。第一次是中世纪的工业革命，在那之前，欧洲刚刚摆脱了公元 10 世纪多次战争的阴影，社群之间重新建起了稳定的联络；第二次发生在 17 世纪，那时科学家开始利用印刷术展开大规模交流；第三次浪潮则紧接着 19 世纪远程通信技术的诞生。

正是在第二次技术革新的浪潮中，科学逐渐成为一件专业化的事情，研究者开始用外人听不懂的术语与同伴交流。某个领域的知识积累得越多，术语就会越艰深，原因很简单：日常语言已经无法涵盖那些全新的概念。所以，随着各领域积累的知识越来越多，只有同行才懂的术语渐渐占领了讨论。今天，外行人常常感觉难以参与到科技话题的讨论中去，这不是因为他们智力不足，而是他们缺乏对特定术语的了解。以如今的变革速度，业余爱好者是否已经不可能深入了解专业的科学知识，只能勉强看见周围事物的轮廓？有人说，等你彻底懂得了某样东西时，它一定已经过时了。然而，快速变革已经成为构建今日社会的基础元素之一。只要经济还在发展，那些蜉蝣般的事物就会源源不断，在我们身边迅速出现再消失。现代工业的命脉正是高周转率和精心规划的喜新厌旧。现代汽车的基本部件已经几十年没有变化了，但厂商仍在不断改进各种细节，例如燃油喷射系统、悬架、灯光、座椅覆面材质和车身样式。如果没有这些改进，消费者就没有动力换掉还能正常工作的旧车，要知道，如果精心照料，一辆车没准能一直开上好几十年。所以，变革通过促进货币流通、帮助工人就业的形式，造福了经济发展。但是，这样紧密联结、相互依存的社会，反过来也很容易因为其中某个元素的失效而一溃千里。如果某个供应汽车零部件的小厂发生罢工，整个汽车工业都可能陷入停滞。1965 年的那场纽约大停电，起因仅仅是尼亚加拉瀑布的一个继电器没有及时调整阈值。

流水线的生产方式正在越来越深入地影响我们的生活。许多领域中，枯燥的工作让人感到异化、疏离和不满；但与之相对，源源不断的产品和稳步提高的生活水平也与这种生产方式密不可分。世界发展的步伐越来越快，创新在技术社群中扩散的速度也因为技术本身的发展而加快。变革越来越频繁，原材料、货物和服务更新换代一浪接一浪，我们的生活越发舒适，也越发复杂。但与此同时，创新也在一个"隐形"的层面积累，那里是只有专家才能真正领会的行业前沿。不幸的是，那些对人类的未来影响重大的新发明，例如基因工程、放射性燃料、药物、城市规划，都诞生在这个层面。正是在这些与每个人都切身相关的领域里，普通人感到自己被剥夺了发言权。人们也许知道这些事情正在发生，却又知道得不够充分，无力参与这些事关自身的决策。事实上，某些时候，业内人士甚至会大力阻止普通民众参与决策。

于是，聪明的外行人意识到，周围的每一件人造物品，这无数创新的产物，都在不断地提醒他自己有多无知。也许正是因为这样的矛盾处境，以及利用技术本身来解决这一问题的可能性，人们越来越渴望了解如今快速的变革和迭代即将通向什么样的未来。

人们的看法大致可以分成 4 种。第一种认为，我们应该抛弃一味追求高科技的思路，回归“适中”的技术，利用那些不会枯竭的资源，例如风能、海浪能和太阳能——换句话说，我们应该回归土地。这个想法的诱人之处在于，它可能缩小技术专家与普通人之间的鸿沟，让我们的社会更加团结紧密。事情变得更简单、更基本以后，普通人有更多机会参与决策。这一理论无疑也会受到发展中国家的支持。问题在于，除了一些最简单的社群以外，我们现在的社会是否过于发达，已经无法脱离它赖以维持生存的高科技系统，完成这样的转型？

第二种看法是，我们应该严格地评估科研工作对社会的价值，并削减那些不必要的研究。但这会带来一系列棘手的新问题。比如说，谁来决定哪些研究该鼓励，哪些又该削减？正如我们在本书中看到的，对创新来说，意外发现是不可或缺的关键元素，如果没有阿波罗任务，今天的我们能用上笔记本电脑吗？要不是穆瓦桑一心想制造钻石，氰氨肥料难道会凭空出现？如果没有原子弹，人类如何触碰核聚变的门槛？

第三种方案是，我们应该继续发展科技，因为就像以前一样，很多问题会在发展中迎刃而解。人类将利用更便宜的能源生产出更便宜的产品，大众的生活水平将继续提升。然而就算这个法子行得通，我们依然需要面对两个重要问题。第一，核聚变等先进技术或许真能带来近乎免费的海量能源，但它将对环境产生什么影响？能源革命无疑将极大地刺激生产，但如此大规模地使用能源可能造成全球温度急剧上升。大量能源产生的废热总得找个地方排放，如果不想让它对生态环境造成长期、深远的影响，也许我们到时还是得限制能源的使用。

于是第二个问题来了，假若实施这样的限制，必将引发大众不满。负面情绪如此累积，最终可能造成破坏性的后果。

最后一条路是，我们可以改变产品研发的方向，追求更耐用的货品，而不是像现在这样刻意营造喜新厌旧的氛围。我们应该在那些尚未被消费品填满的市场，培育健康可持续发展的经济模式——换句话说，我们应该“分散财富”。这是一个乌托邦式的未来：要让全球社会达到均等的生活水平。接下来的几十年里，制造业将迎来无数机会；贫富之间的鸿沟将缩小乃至消弭，在这个过程中，地球上那些威胁人类生存的意见分歧也将逐渐消失；科技人才将致力于实现教育的根本目的：在一个物质和知识都分配得更平衡的世界上，将广大的人类社会凝聚在一起。这样的愿景看起来如此美好，但要想真的实施，第一步就将面临极大的障碍：怎样才能说服那些富人，让他们心甘情愿地相信自己拥有的已经足够多了？穷人看到较富裕的社群不肯接受更低的生活标准，又会作何反应？ 1973 年的原油价格暴涨清楚地表明，拥有原材料资源的欠发达国家完全有能力引发持续数月的全球性衰退。

无论选择哪种方案，成功的关键都取决于能否运用好同一个元素：信息。毫无疑问，信息是未来最重要的商品。除非信息传播的方式出现重大变革，否则未来的社会似乎将不可避免地分裂为两个阶级：占有信息的精英和剩下的庸众。这样的倾向蕴含着极大的危险。

这个时代，我们似乎再次走到了人类历史上关键的十字路口。我们越来越迫切地希望评估自己使用技术的方式以及它造成的影响，然而我们所能使用的评估工具，归根结底依然是技术的产物。不过，作为普通人我们也知道，自己的能力不足以完成这样的评估。现在，大部分组织和许多个人都买得起电脑，每个人都有机会接触海啸般涌来的信息；然而若是不能理解这些信息，它又有什么用呢？

过去数十年来，电视把形形色色的事物送进了我们的客厅。其中的很多事件，例如核电站的选址、基因工程的道德困境以及堕胎问题，揭示了我们自相矛盾的窘境。我们希望通过电视增进对世界的了解，以便更好地做出推理和判断，而不是完全依赖情感与直觉；但电视的传播方式注定了它无法实现这个目标，只会让我们在这种自相矛盾中越陷越深。我们已经习惯了快速变化的世界，信息传递的方式也因此调整：新闻从业者发现观众看上几分钟节目就会觉得无聊，读者的耐心最多只够读上几个段落，所以选材时也只有牺牲内容的深度，注重刺激与轰动，由此培养出更加没有耐心的观众和读者。技术最根本的任务，是设法终结这个怪圈，让所有人都能更加了解我们赖以为生的技术系统。这个任务相当艰巨，因为我们需要翻越几个世纪以来逐渐筑起的藩篱。几百年来，我们一直坚信，艺术和哲学是人类存在的根基，而科学和技术只是文明的外延。这种前科技时代的信念仍深植在许多人心中，他们相信，前者应该是指引方向的明灯，后者只能追随它前进。

但是，正如我们在本书中看到的，情况可能恰好相反。如果不是发明了观测天空的工具，哥白尼的日心说革命如何能够发生？我们总是听人说，对美的体验和洞察只能通过艺术来获得，但艺术又从何而来？它难道不是一种二手的、有限的描绘，其源头正是对广阔世界直接的观察与体验？知识能为这些观察赋予重大的意义。看到昆虫振翅、阿米巴虫分裂、胎儿成形，你或许会惊叹于自然的奇妙；但只有去追寻这些现象背后的原理，你才能体验到最强烈的震撼。

科学和技术已经极大地丰富了我们的物质生活。与此同时，如果我们想迎接一种具有无限可能的未来，让社会能够与它创造出的种种系统和事物和谐共处，我们就必须——而且必须尽快——学习如何用科学和技术来丰富自己的精神生活。

致谢

这本书最终得以面世，仰赖许多人——尤其是诸位大学老师——的宝贵协助，人数众多，不胜列举，在此我将专诚感谢两位带来莫大帮助的学者，希望其他朋友可以宽恕我的不周。加州大学洛杉矶分校的小林恩·怀特教授，他以渊博的知识和智慧引导我沿着正确的轨迹探索；莱斯特大学的亚历克斯·凯勒博士，在我无数次遭遇恐慌时，都得到他及时的帮助。

我还要感谢约翰·林奇在调查资料方面精益求精、卓有成效的协助；感谢米克·杰克逊和大卫·肯纳德频繁而让人愉悦的帮助，他们为本书的结构打造出天马行空的瑰丽表现力；感谢 BBC 制作组辛勤工作、打造了同名系列纪录片的同仁：约翰·多勒、希拉里·亨森、罗宾·门德尔松、希拉·辛克莱尔、戴安娜·史黛丝；尤其要感谢我的助理，玛丽莲·李斯特。

我还想夸赞麦克米伦出版公司的米歇尔·阿尔科克，他有一种非凡的才能，让写书的过程毫无痛苦；多谢安吉拉·戴尔为无数线索理清头绪，罗伯特·厄普德格拉夫和朱丽叶·布莱特摩尔为文字寻找到精彩的插图，让这本书大为增色。

最后，也是最重要的，感谢我长期饱受折磨的妻子，在我准备这本书的两年中，她克服了无数困难和挑战。

詹姆斯·伯克

伦敦，1978年

扩展阅读

Bishop, Morris, *Penguin Book of the Middle Ages* (Penguin: Harmondsworth, 1971).

Braudel, Fernand, *The Mediterranean and the Mediterranean World*, 2 vols (Collins, 1949).（中文版：《地中海与菲利普二世时代的地中海世界》，商务印书馆，2017 年）

Cipolla, Carlo, *Before the Industrial Revolution* (Methuen, 1976).

Crombie, A. C., *Scientific Change* (Heinemann, 1963).

Derry, T. K. and Williams, T. I., *A Short History of Technology* (Oxford University Press, 1960).

Duby, Georges, *Rural Economy and Country Life in the Mediaeval West* (Edward Arnold, 1968).

Hale, J. R., *Renaissance Europe* (Collins, 1971).

Harvey, John, *Medieval Craftsmen* (Batsford, 1975).

Krantzberg, M., *Technology in Western Civilisation* (Oxford University Press, 1967).

Landes, D.S., *The Unbound Prometheus* (Cambridge University Press,

1969).（中文版：《解除束缚的普罗米修斯》，华夏出版社，2007 年）

Leff, Gordon, *Medieval Thought* (Penguin: Harmondsworth, 1958).

Lopez, R. S., *The Birth of Europe* (Phoenix House, 1967).

Mathias, Peter, *Science and Society* (Cambridge University Press, 1972).

Morgan, Bryan, *Men and Discoveries in Electricity* (John Murray, 1952).

Pacey, Arnold, *The Maze of Ingenuity* (Allen Lane, 1974).

Parsons, W B., *Engineers and Engineering in the Renaissance* (MIT Press: Cambridge, Mass., 1939).

Pirenne, Henri, *Medieval Cities* (Doubleday: New York, 1956).

Singer, C. et al. (eds), *A History of Technology* (Oxford University Press, 1954).（中文版：《技术史》，上海科技教育出版社，2004 年）

Singer, C. and Underwood, E. A., *A Short History of Medicine* (Clarendon Press: Oxford, 1962).

Street, A. and Alexander, W, *Metals in the Service of Man* (Penguin: Harmondsworth, 1962).

第一章

Aldred, Cyril, *Egypt to the End of the Old Kingdom* (Thames and Hudson, 1965).

Breasted, J. H., *A History of Egypt* (Hodder and Stoughton, 1946).

Lucas, A., *Ancient Egyptian Materials and Industries* (Edward Arnold, 1926).

Moret, A., *The Nile and Egyptian Civilisation* (Kegan Paul, 1927).

第二章

Crossland, R. A. and Birchall, Ann (eds), *Bronze Age Migrations in the*

Aegean (Duckworth, 1973).

Johnson, F. R., *Astronomical Thought in Renaissance England* (Octagon: New York, 1968).

Johnson, Paul, *Elizabeth: A Study in Power and Intellect* (Weidenfeld and Nicolson, 1974).

Machlaurin, W. R., *Invention and Innovation in Radio* (Macmillan: New York, 1949).

Mann, Martin, *Revolution in Electricity* (John Murray, 1962).

Neugebauer, O., *The Exact Sciences in Antiquity* (Princeton University Press, 1952).

Parry, J. H. (ed.), *The European Reconnaissance* (Macmillan, 1968).

Parsons, E. A., *The Alexandrian Library* (Cleaver Hume Press, 1952).

Roller, Duane H., *The* De Magnete *of William Gilbert* (Menno Hertzburger: Amsterdam, 1959).

Taylor, E. G. R., *The Haven Finding Art* (Hollis and Carter, 1956).

Yass, Marion, *Hiroshima* (Wayland Publishers: Hove, Sussex, 1976).

第三章

Barber, Richard, *The Knight and Chivalry* (Longman, 1970).

Bath, B. H. Slicher van, *The Agrarian History of Western Europe* (Edward Arnold, 1963).

Blair, Claude, *European Armour* (Batsford,1958).

Bruce, R. V., *Bell: Alexander Graham Bell and the Conquest of Solitude* (Gollancz, 1973).

Butler, Denis, *1066: The Story of a Year* (Bland, 1966).

Cipolla, Carlo, *Guns and Sails in the Early Phase of European Expansion*

(Collins, 1965).

Mesnard, Jean, *Pascal, His Life and Works* (Harvill Press, 1952).

Middleton, W. E. Knowles, *The History of the Barometer* (Johns Hopkins: Baltimore, 1964).

Tannahill, Reay, *Food in History* (Eyre Methuen, 1973).

第四章

Febvre, Lucien and Martin, Henri, *The Coming of the Book* (New Left Books, 1976).

Gimpel, Jean, *The Medieval Machine* (Gollancz, 1977).

Laver, James, *Taste and Fashion* (Harrap, 1937).

Pitkin, Thomas M., *Keepers of the Gate* (New York University Press, 1975).

Przywara, Eric, *An Augustine Synthesis* (Sheed and Ward, 1945).

Rouse, Hunter and Ince, Simon, *History of Hydraulics* (Dover Publications, 1957).

Sumner, William L., *The Organ* (MacDonald, 1973).

Wallace-Hadrill, J. H., *The Long-Haired Kings* (Methuen, 1962).

Walton, Perry, *The Story of Textiles* (Tudor Publishing Company: New York, 1925).

White, L., Jr., *Machina Ex Deo* (MIT Press: Cambridge, Mass., 1968).

Ziegler, Philip, *The Black Death* (Collins, 1969).

第五章

Ashton, T. S., *Iron and Steel in the Industrial Revolution* (Manchester University Press, 1963).

Cipolla, Carlo, *Clocks and Culture 1300-1700* (Collins, 1967).

Copley, F. Barkley, *Frederick W. Taylor*, Vols I, II (A. M. Kelly: New York, 1923).

Daumas, M., *Scientific Instruments of the Seventeenth and Eighteenth Centuries* (Batsford, 1972).

Grane, Leif, *Peter Abelard. Philosophy and Christianity in the Middle Ages* (Allen and Unwin, 1970).

Haskins, C. H., *The Renaissance of the Twelfth Century* (Harvard University Press, 1973).

O'Leary, De Lacy, *How Greek Science Passed to the Arabs* (Routledge and Kegan Paul, 1949).

Pannekoek, A., *A History of Astronomy* (Allen and Unwin, 1961).

Rolt, L. T. C., *Tools for the Job* (Batsford, 1965).

Rosenberg, N., *The American System of Manufacturers, 1854-5* (Edinburgh University Press, 1969).

Smith, Merritt Roe, *Harpers Ferry Armory and the New Technology* (Cornell University Press, 1977).

Woodbury, R. S., *History of the Lathe* (MIT Press: Cambridge, Mass., 1961).

第六章

Cardwell, D. S. L., *Steam Power in the Eighteenth Century* (Sheed and Ward, 1963).

Day, Joan, *Bristol Brass: History of the Industry* (David and Charles: Newton Abbot, 1973).

Dibner, Bern, *Alessandro Volta and the Electric Battery* (Franklin Watts:

New York, 1964).

Donald, M. B., *Elizabethan Monopolies* (Oliver and Boyd, 1961).

Gunston, Bill, *The Jet Age* (Arthur Barker, 1971).

Nixon, St John C., *Daimler 1896-1946* (Foulis and Co.: Sparkford, Somerset, 1947).

Quennell, M. and C. H. B., *Everyday Life in Anglo-Saxon, Viking and Norman Times* (Batsford, 1955).

Raistrick, A., *Quakers in Science and Industry* (David and Charles: Newton Abbot, 1950).

Rolt, L. T. C., *Thomas Newcomen: Prehistory of the Steam Engine* (David and Charles: Newton Abbot, 1963)

Sanderson, Ivan T., *Follow the Whale* (Cassell, 1958).

Savage, George, *Glass* (Weidenfeld and Nicolson, 1965).

Wood, Margaret, *The English Medieval House* (Dent, 1965).

第七章

Albion, R. G., *Forests and Sea Power* (Archon Books, 1965).

Beer, J. J., *The Emergence of the German Dye Industry* (University of Illinois Press, 1959).

Black, George, *Lloyds Register of Shipping 1760-1960* (Lloyds Register of Shipping, 1960).

Clow, A., *The Chemical Revolution* (Batchworth Press, 1952).

Dickson, P. G. M., *Financial Revolution in England* (Macmillan, 1967).

Gerschenkron, A., *Bread and Democracy in Germany* (Fertig: New York, 1943).

Keeble, Frederick, *Fertiliser and Food Production* (Oxford University

Press, 1932).

Lloyd, Christopher, *Lord Cochrane* (Longman, 1947).

Macintosh, George, *Biographical Memoirs of Charles Macintosh* (Blackie: Glasgow, 1847).

O'Dea, William, *A Social History of Lighting* (Routledge and Kegan Paul, 1958).

Read, J., Paine, C., Evans, J. C. and Todd, A. *Perkin Centenary, London* (Pergamon Press: Oxford, 1958).

第八章

Bryan Donkin F. R. S. (Bryan Donkin Company Ltd, 1953).

Chandler, D. G., *The Campaigns of Napoleon* (Weidenfeld and Nicolson, 1967).

Clapperton, R. H., *The Papermaking Machine* (Pergamon Press: Oxford, 1967).

Critchell, J. T. and Raymond, J., *A History of the Frozen Meat Trade* (Constable, 1912).

Howard, M., *War in European History* (Oxford University Press, 1976).（中文版：《欧洲历史上的战争》，中信出版社，2017 年）

Oman, C. W. C., *The Art of War in the Middle Ages* (Cornell University Press, 1885).

Ricketts, Howard, *Firearms* (Weidenfeld and Nicolson, 1964).

Taylor, F. L., *Art of War in Italy 1494-1529* (Cambridge University Press, 1921).

Vaughan, Richard, *Valois Burgundy* (Penguin: Harmondsworth, 1975).

Wedgwood, C. V., *The Thirty Years War* (Cape, 1938).

第九章

Bowen, J. P., *British Lighthouses* (British Council/Longman, 1947).

Harvey, E. Newton, *A History of Luminescence* (American Philosophical Society: Philadelphia, 1957).

Hughes, Quentin, *Military Architecture* (Hugh Evelyn, 1974).

Josephson, Matthew, *Edison. A Biography* (McGraw Hill: New York, 1959).

Kiely, E. R., *Surveying Instruments* (Columbia University: New York, 1947).

Salmond, J. B., *Wade in Scotland* (Moray Press, 1934).

Tooley, R. V., *Maps and Mapmakers* (Batsford, 1949).

Warner, Philip, *The Medieval Castle* (Arthur Barker, 1971).

Webb, H. J., *Elizabethan Military Science* (University of Wisconsin, 1965).

Zworykin, V. K. and Morton, G. A., *Television* (Wiley: New York, 1940).

第十章

Bell, D., *The Coming of the Post-Industrial Society* (Heinemann, 1974).（中文版：《后工业社会的来临》，江西人民出版社，2018 年）

若无其他说明，除各大学出版社所出版的作品外，所有著作的英文版出版地点均为英国伦敦。

图片来源

Ann Ronan Picture Library: 37, 51, 56 (下图) , 58, 60, 62, 102, 111, 113, 128 (下左图、下右图) , 170, 197, 203, 226, 267, 274, 283, 286, 318, 325, 326, 346, 364, 365, 366. Ann Ronan Picture Library and E. P. Goldschmidt & Co. Ltd: 152, 342, 347. BASF Ludwigshafen: 278, 285. Bavaria Verlag/photo Emil Bauer: 150. Bayerische Staatsbibliothek: 54. Bettmann Archive: 158, 376. Biblioteca Estense, Modena/photo Scala: 138. Biblioteca Nazionale, Florence/photo Scala: 189. Bibliothèque de l'Arsenal/photo Giraudon: 92. Bibliothèque Municipale, Dijon: 131. Bibliothèque Nationale Service Photographique: 98, 100, 132, 137, 168, 252, 339. Bildarchiv Preussischer Kulturbesitz Kupferstichkabinett: 304, 305. Bodleian Library, Oxford: 39 (左图) *MS. Marsh 144.-p43, 88 MS. Bod.968.fl73r, 90 MS. Bod.264. fl70v*, 97 *MS. Douce.88.f51. 265 MS. Douce.353.f31*. British Airways: 254. British Industrial Plastics: 292. Reproduced by permission of The British Library: 35, 40, 72 *MS. Harley 4205*, 78, 83, 84, 87, 89, 103, 130, 220, 340. Reproduced by courtesy of The Trustees of the British Museum/photo Michael Holford: 21, 263. Brown Brothers: 321, 381. Burgerbibliothek, Bern: 300. From Chapuis, A. and Gelis, E., *Le Monde des Automates*, Paris 1928: 151. Château Versailles/photo Giraudon: 307. Chevrolet: 213. Peter Clayton: 31. Clichés Musées Nationaux: 313. Mike Coles: 24, 121, 279. Copyright Bibliothèque Royale Albert Ier, Bruxelles: 185 *MS.IV.lll.fl3v*, 296 *MS.9.028.f6r*. Crown Copyright, Science Museum, London: 46, 53 (下图) , 59, 66, 107, 109 (上图) , 133, 199, 201, 221 (下图) , 233, 235, 236, 242, 324, 359, 374. Crown Copyright, Victoria and Albert Museum, London: 82, 95, 153, 154, 358. Director-General Meteorological Office: 61, 63. Drake Well Museum, Titusville:

246. Emidata: 293. Fotomas Index: 96, 353. Dr Georg Gerster/John Hillelson Agency: 212. Guildhall Library, City of London: 272 (photo Cooper-Bridgeman Library), 355, 370 (photo Cooper-Bridgeman Library). Hamburger Kunsthalle: 221 (上图) . Michael Holford: 23, 53 (上图) , 80. Imperial War Museum, London: 331. Istanbul University Library/photo Erkin Emiroglu: 162. David Jewitt: 375. From Jondet, M.G., *Atlas Historique de la Ville et des Ports d'Alexandrie*, Cairo 1921: 33. A. F. Kersting: 223, 224. Copyright © Dimitri Kessel, LIFE Picture Service: 10. Kunsthistorisches Museum, Vienna: 123, 302. Erich Lessing/ Magnum from John Hillelson Agency: 20, 22. Macmillan London Ltd: 41, 42, 65, 67, 74, 75, 79, 85, 94, 109 (下图) , 113 (上图) , 114, 116, 124, 125, 134, 136, 140, 145, 155, 158 (右图) , 171, 180, 182, 186, 190, 192-93, 195, 196, 197 (右图) , 200, 203, 238, 239, 244 (下图) , 247, 255, 284, 287, 288, 299, 303, 308, 310, 312, 322, 327, 336, 344, 350, 368, 369, 377, 379, 380. Macmillan London Ltd, courtesy Michealjohn Harris/BBC Television: 36, 45 (左图) , 55, 243, 244, 363. Malaysian Rubber Research and Development Board (London): 275. Mansell Collection: 28, 30, 34, 44, 57, 99, 112, 128 (上图) , 149, 157, 261, 341, 367, 371. Mary Evans Picture Library: 56 (上图) , 361. Mercedes-Benz (UK) Ltd: 248. Musée Condé, Chantilly/photo Giraudon: 290. Musées Royaux des Beaux Artsde Belgique: 229. Museo Civico, Bologna/photo Scala: 118. Museo del Prado, Madrid: 216 (photo Michael Holford), 345 (photo Mas). Museo de Storia Veneziana/photo Scala: 258. Museum of the History of Science, Oxford University: 39 (右图) , 50, 187. Museum of London: 273. NASA: 13, 334. National Maritime Museum, London/photo Michael Holford: 45 (右图) , 47, 257. Nederlansch Historisch Scheepvaart Museum, Amsterdam: 260. New York Public Library, Astor, Lenox and Tilden Foundations: 205. Osterreichische Nationalbibliothek: 49, 105. Patrimonio Nacional/photo Mas: 173. Photri: 14. Pierpont Morgan Library: 86. Plessey Microsystems Ltd: 165. Radio Times Hulton Picture Library: 241, 268, 309, 330, 373. Gerhard Reinhold, Leipzig-Mölkau: 219. Rijksmuseum, Amsterdam: 210. Reproduced by courtesy of The Royal Institution, London/photo Michael Holford: 328. Royal Scottish Geographical Society, Edinburgh: 348. St Bride Printing Library: 146. A. J. Samson: 64. Scala: 150, 295. Spartan Sheffield: 194. Staatsarchiv, Hamburg: 43. Stiftsbibliothek, St Gallen: 77. The Master and Fellows of Trinity College, Cambridge: 175. U.S. Air Force: 68. Yale University Art Gallery, Mabel Brady Garvan Collection: 207. Zentralbibliothek, Zurich: 177 *MS. C.54.ff 34v, 35r, 3v. 36r.*

图书在版编目（CIP）数据

联结：通向未来的文明史／（英）詹姆斯·伯克著；阳曦译．-- 北京：北京联合出版公司，2019.3
ISBN 978-7-5596-2818-3

Ⅰ．①联… Ⅱ．①詹… ②阳… Ⅲ．①世界史－文化史 Ⅳ．①K103

中国版本图书馆CIP数据核字（2018）第270730号

著作权合同登记图字：01-2017-6990号

Simplified Chinese Translation copyright
© 2019 by **James Burke**
ThinKingdom Media Group Ltd
CONNECTIONS
Original English Language edition Copyright © **1978, 1995 by James Burke**
Preface copyright © 2007 by London Writers
All Rights Reserved.
Published by arrangement with the original publisher, Simon & Schuster, Inc.

联结：通向未来的文明史
作　　者：［英］詹姆斯·伯克 著
　　　　　阳曦 译
策划编辑：黄宁群　陈　蒙
责任编辑：牛炜征
特邀编辑：郑小希
封面设计：李照祥
版式设计：杨兴艳

北京联合出版公司出版
（北京市西城区德外大街83号楼9层　100088）
新经典发行有限公司发行
电话（010）68423599　邮箱 editor@readinglife.com
北京中科印刷有限公司印刷　新华书店经销
字数290千字　635毫米×975毫米　1/16　26印张
2019年3月第1版　2019年3月第1次印刷
ISBN 978-7-5596-2818-3
定价：88.00元

未经许可，不得以任何方式复制或抄袭本书部分或全部内容
版权所有，侵权必究
本书若有质量问题，请与本公司图书销售中心联系调换。电话：010-68423599